Herausgegeben von
Dr. Thomas Berger-v. d. Heide
Prof. Dr. Hans-Gert Oomen

Geschichte Differenzierende Ausgabe

entdecken
und
verstehen

1

Von der Urgeschichte bis zum Ende des Mittelalters

Herausgegeben von
Prof. Dr. Hans-Gert Oomen

Bearbeitet von
Dr. Thomas Berger-v. d. Heide
Wolfgang Humann
Ilse Lerch-Hennig
Prof. Dr. Hans-Gert Oomen
Martina Quill
Manfred Thiedemann
Dr. Birgit Wenzel

Beratende Mitarbeit
Eva Maria Hanel
Prof. Dr. Manfred Seidenfuß

Dieses Buch gibt es auch auf
www.scook.de

Es kann dort nach Bestätigung der
Allgemeinen Geschäftsbedingungen
genutzt werden.

Buchcode: **76nd5-2ftxn**

Inhaltsverzeichnis

* Inhaltlicher Schwerpunkt
nur für die Gesamtschule

** Inhaltlicher Schwerpunkt
nur für die Realschule

Inhaltsverzeichnis

✲ Inhaltlicher Schwerpunkt
   nur für die Gesamtschule

✲✲ Inhaltlicher Schwerpunkt
   nur für die Realschule

entdecken und verstehen

Liebe Schülerinnen, liebe Schüler,
wir möchten euch die verschiedenen Seiten dieses Buches vorstellen.

Auftaktseiten
Jedes Kapitel startet mit einem großen Bild.
Darauf gibt es viel zu entdecken: Ihr könnt
Eindrücke sammeln und zusammentragen,
was ihr schon wisst.

Darum geht es …
Diese Seite gibt euch einen Überblick
– über wichtige Daten und Räume,
– über die Themen des Kapitels und
– was ihr am Ende wissen und können sollt.

Das kann ich …
Am Ende des Kapitels könnt
ihr euer Wissen und Können
testen.

Methode
– Hier könnt ihr **Schritt für Schritt** erlernen, wie ihr
  z. B. Geschichtskarten oder Textquellen entschlüsselt
  oder wie ihr euch ein Urteil bildet.
– **Lösungsbeispiele** helfen euch.
– Eine Übersicht der Methoden findet ihr im Anhang,
  S. 236 ff.

Inhaltsseite

Oben links steht immer die **Frage**, um die es auf der Doppelseite geht. Dann folgen **Autorentexte**.

Bei den **Materialien** werden Reden von Politikern, Zeitzeugenberichte und andere Schriften aus der Vergangenheit als Quellen mit einem **Q** versehen. Texte, in denen Wissenschaftler oder Journalisten aus heutiger Sicht etwas darstellen, tragen ein **M**.

Auch findet ihr hier **Bilder, Karten und Grafiken**.

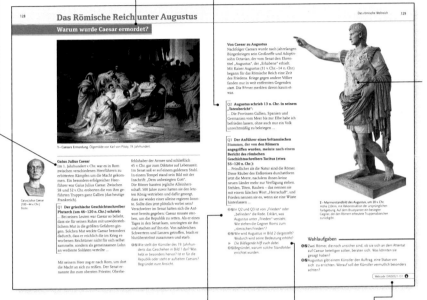

Mit den **Aufgaben** könnt ihr Fragen, Autorentexte und Materialien bearbeiten. Hinter dem Pfeil ▶, ▶ findet ihr **Arbeitshilfen**.

Der **Webcode** rechts unten auf der Seite führt Euch zum Weiterarbeiten ins Internet. Geht einfach auf folgende Webseite und gebt den Code ein: *www.cornelsen.de/entdecken-verstehen*

Geschichte vor Ort
Hier erfahrt ihr etwas über die Geschichte von Nordrhein-Westfalen.

Geschichte vor Ort
Funde aus der Urgeschichte

Individuell lernen und fördern

Von leicht bis schwierig …

Bei allen Aufgaben dieses Buches findet ihr Würfel 🎲.
Sie zeigen unterschiedliche Schwierigkeitsgrade an:

🎲 einfacher Schwierigkeitsgrad
🎲 mittlerer Schwierigkeitsgrad
🎲 erhöhter Schwierigkeitsgrad

> ❶🎲 Seht euch die Bilder 1–8 an und prüft, welche Informationen man ihnen entnehmen kann.
> ❷🎲 Ordnet die auf dieser Doppelseite gezeigten Quellen den Quellenarten zu.
> ▶ *Bild 1: nichtschriftliche Quelle, Bildquelle …*
> ❸🎲 Nennt zu jeder Quellenart mindestens zwei Beispiele aus diesem Schulbuch.

Aufgaben – kreativ und zur Auswahl

– Bei den rot markierten Wahlaufgaben am Ende jeder Inhaltsseite
– auf den roten entdecken-Seiten und
– auf den roten Schauplatz-Seiten

findet ihr interessante kreative Wahlangebote, die ein Thema vertiefen und die unterschiedlich schwierig sind. Wahlaufgaben sind immer mit Buchstaben gekennzeichnet: ⓐ, ⓑ … .

> ### Wahlaufgaben ——————
>
> ⓐ🎲 Bauern und Hirten siedelten sich gern in Rom an. Notiert euch hierfür eine Erklärung mithilfe des Textes und Bild 2.
> ⓑ🎲 Wir leben in der Bundesrepublik Deutschland. Schülerinnen und Schüler, deren Familien aus anderen Ländern stammen, erklären der Klasse die Bezeichnung ihres Heimatlandes. Tragt die genauen Ländernamen in eine Wandkarte ein.

Schauplatz-Seiten:
Wahlaufgaben zu einem spannenden Großbild

Auf Schauplatz-Seiten findet ihr immer passend zum Kapitelthema ein großes Bild mit Wahlaufgaben.

▶ ▶ Arbeitshilfen – unterstützen und fördern

Auf den Seiten dieses Buches findet ihr Arbeitshilfen, die euch bei der Lösung von Aufgaben unterstützen. Sie tragen ein oranges ▶ oder rotes ▶ Dreieck und sind in *kursiver* Schrift gesetzt.

❸ 🔲 Vergleicht die Gründungssage mit den Ergebnissen der Wissenschaftler.

▶ *In der Sage heißt es, dass Rom im Jahre 753 v. Chr. gegründet wurde. Die Archäologen aber konnten nachweisen, dass ...*

Wahlaufgaben

Ⓐ 🔲 Seneca (Q2) unterhält sich mit einem Großgrundbesitzer, der seine Sklaven wie Sachen behandelt. Entwickelt ein Gespräch. Bezieht Bild 1 und Q1 mit ein.

▶ *Sammelt Argumente für und gegen die Behandlung der Sklaven als Sachen.*

Ⓑ 🔲 VDer Schüler Alypius verabscheut die Gladiatorenkämpfe. Seine Freunde bedrängen ihn und wollen ihn überreden, sich die Kämpfe anzuschauen. Er aber lehnt ab, weil ... Notiert einige Argumente, die Alypius vorbringen könnte.

Entdecken-Seiten: Wahlaufgaben mit unterschiedlichen Materialien

Auf den entdecken-Seiten können alle zu einem vertiefenden Thema arbeiten. Unterschiedliche Materialien (Texte, Bilder) erschließen das Thema.

Geschichte
betrifft **uns**

Geschichte umgibt uns, wohin wir auch gehen. Bei einem Ausflug, hier zum Beispiel nach Köln, können wir immer wieder Spuren der Vergangenheit erkennen. Oft sind das alte Gebäude und wir fragen uns: Wie alt ist das Haus? Wer hat das gebaut? Wer hat darin gewohnt?

Wir Menschen beschäftigen uns immer wieder mit unserer Geschichte. Dafür müssen wir in der Zeit gar nicht so weit zurückgehen. Wir können gleich bei uns vor der Haustür beginnen.

Geschichte
betrifft uns

vor 2 Mio. Jahren	3000 v. Chr.
Urgeschichte	Frühe Hochkulturen

1 – Mumienmaske des ägytischen Königs Tutanchamun (1334 – 1327 v. Chr.).

2 – Römische Soldaten im ersten Jahrhundert nach Christus. Rekonstruktion einer römischen Truppe. Foto.

Geschichte – damit ist all das gemeint, was seit dem ersten Auftreten der Menschen geschehen ist. Es wird berichtet und erzählt, was sich im Laufe der Menschheitsgeschichte verändert hat, aber auch, was bis heute geblieben ist und damit auch uns betrifft.

Bei der Arbeit mit diesem Kapitel könnt ihr euch mit folgenden Fragen beschäftigen:
- Warum befassen wir uns mit Geschichte?
- Woher erfahren wir, was früher passiert ist?
- Wer kann mir etwas über früher erzählen?

- Was hat Geschichte mit mir zu tun?
- Wie kann ich Geschichte „darstellen"?

❶ ▸ Ordnet die Bilder dieser Doppelseite den einzelnen Abschnitten auf der Zeitleiste oben richtig zu.

❷ ▸ Seht euch die Bilder auf dieser Doppelseite genau an und erzählt, was euch dazu einfällt.

500 v. Chr.	Christi Geburt	500 n. Chr.	1500 n. Chr.	2000 n. Chr.
Altertum		Mittelalter	Neuzeit	heute

3 – Ein mittelalterlicher Ritter. Buchmalerei, um 1350.

4 – Malerei aus der Höhle von Lascaux (Frankreich), 17000 v. Chr. Foto, 2004.

5 – Unterricht einer einklassigen Dorfschule, 1848. Gemälde von Albert S. Anker, 1896.

6 – Eine Schülerin lernt am Computer. Foto, 2012.

Geschichte begegnet uns …

Wo finden wir Geschichte in unserer Nähe?

1 – Burg Vischering in Lüdinghausen. Foto, 2010.

2 – Reste der römischen Stadtmauer in Köln. Foto, 2009.

3 – Kölner Dom. Foto, 2010.

4 – Im Freilichtmuseum Oerlinghausen. Foto, 2009.

5 – Fußballstadion. Foto, 2010.

6 – Reiterdenkmal in Köln. Foto, 2010.

7 – Moderne Gebäude im alten Düsseldorfer Hafen. Foto, 2009.

8 – Kraftwerk in Niederaussem. Foto, 2010.

Die Geschichte unseres Ortes

Einige Bilder auf dieser Seite erscheinen euch möglicherweise vertraut. Ähnliches gibt es vielleicht auch in eurer Stadt oder in eurer Gemeinde. Häufig geht man an derartigen Häusern, Kirchen, Stadtmauern einfach vorbei; man kennt sie ja. Stimmt das wirklich?

❶ ▣ Berichtet, ob ihr die Bauwerke auf dieser Doppelseite schon einmal gesehen oder besucht habt. Erzählt, was ihr zu den Bauwerken und ihrer Entstehung wisst.

❷ ▣ Bringt Gegenstände oder Bilder mit, die etwas über vergangene Zeiten erzählen, und stellt sie in der Klasse vor.

▶ *Besonders eignen sich z. B. alte Bücher, alte Fotos oder alte Haushaltsgegenstände.*

Wahlaufgaben

Ⓐ ▣ Erstellt in der Klasse eine Liste mit Gebäuden, Denkmälern, Brücken usw. aus eurem Heimatort, die aus früherer Zeit stammen. Besorgt euch dazu einen Prospekt aus dem Rathaus oder beim Verkehrsverein.

Ⓑ ▣ Erstellt eine Wandzeitung zum Thema: „Die Geschichte unserer Stadt, unserer Gemeinde." Auf dieser Wandzeitung könnt ihr Bilder aus Prospekten oder eigene Fotos aufkleben. Schreibt zu den Bildern kurze Erklärungen.

▶ *Nehmt die Methode „Tipps beim Plakate- und Folienerstellen" von S. 245 zu Hilfe.*

Webcode: EV650521-015

Methode

Wir erstellen eine Zeitleiste

Familiengeschichte wird sichtbar: die Zeitleiste

Wenn ihr zu Hause in euren Fotoalben blättert, werdet ihr auf Bilder aus eurer Vergangenheit stoßen. Nicht an alles werdet ihr euch erinnern. Zu manchen Bildern können euch nur eure Eltern oder Großeltern etwas erzählen.

Eure Fotografien sind wichtige Bildquellen eurer eigenen Geschichte. Wenn ihr sie zeitlich ordnet, könnt ihr mit ihnen eure Lebensgeschichte und die Geschichte eurer Familie darstellen.

Auf der rechten Seite seht ihr wie Marc versucht hat, eine Zeitleiste seiner eigenen Familiengeschichte herzustellen.

Die folgenden vier Schritte helfen euch bei der Erarbeitung einer Zeitleiste zur Geschichte eurer Familie:

Schritt 1 **Bilder sammeln**	■ Sucht zu Hause Bilder von eurer Familie. Fragt dazu auch eure Eltern und Großeltern. ■ Lasst euch dazu von euren Eltern und Großeltern aus deren Leben erzählen.
Schritt 2 **Material ordnen**	■ Sortiert ähnliche Bilder aus und macht Fotokopien von den ausgewählten Bildern. ■ Schreibt zu jedem Bild auf, aus welchem Jahr es stammt. ■ Berechnet, wie viele Jahre seitdem bis heute vergangen sind.
Schritt 3 **Zeitleiste anlegen**	■ Nehmt eine Tapetenbahn und zeichnet darauf einen Zeitstrahl (siehe Bild 1). ■ Unterteilt den Zeitstrahl auf der Tapetenbahn in mindestens zehn gleiche Abschnitte. ■ Schreibt von rechts nach links unter die Markierungen die Jahreszahlen 2020, 2010, 2000, 1990, 1980 … ■ Markiert dann die Jahreszahl des aktuellen Jahres.
Schritt 4 **Zeitleiste gestalten**	■ Legt eure Bilder auf den richtigen Platz auf dem Zeitstrahl. Probiert aus, wie ihr die Bilder am besten platziert. ■ Klebt die Bilder auf und beschriftet sie.

❶ Schaut die Bilder auf der rechten Seite an. Erzählt, wovon die Fotos berichten.

❷ Erkundigt euch, welche Ereignisse in der Geschichte eurer Familien besonders wichtig waren.

❸ Erstellt nach dem Beispiel auf der rechten Seite eine bebilderte Zeitleiste zu eurer Familiengeschichte.

❹ Tragt in diese Zeitleiste die für eure Familie wichtigen Ereignisse ein.

1 – Marcs Zeitleiste.

Viele alte Bilder aus dem Fotoalbum

Marc hat zu Hause auf dem Dachboden ein altes Fotoalbum gefunden und in den Unterricht mitgebracht.

M1 Fotoalben „erzählen"

„Schaut mal, was auf der Rückseite des Fotos steht: Foto Tischner – 1905. Das kleine Kind auf dem Foto muss meine Ururgroßmutter sein. Wie komisch die Kinder damals angezogen waren!"

Marc blättert zurück und findet ein Foto mit dem Eintrag „1928". Das Foto zeigt meinen Ururgroßvater bei der Feldarbeit. „Meine Oma hat mir mal erzählt, dass es damals bei uns noch keinen Traktor gab. Der Pflug wurde von einem Ochsen gezogen."

Auf einem anderen Bild, das lose im Album liegt, fehlt das Datum. Marc glaubt zu wissen, was dargestellt ist: „In einem Fotoalbum meiner Oma ist ein ähnliches Bild. Es zeigt, wie meine Familie zusammen mit vielen anderen damals kurz nach dem Krieg aus dem Sudetenland geflüchtet ist. Der Krieg war 1945 zu Ende."

Hinten im Album gibt es auch Farbfotos. Marc sagt: „Das Bild kenne ich. Es zeigt meinen Opa mit meiner Mutter bei einem Urlaub an der Nordsee. Meine Mutter wurde 1972 geboren. Das Foto muss also etwa 1985 entstanden sein."

Marc ruft begeistert: „Und hier ist noch ein Bild mit meiner Schwester und ihren Freundinnen."

Orientierung in der Zeit

Wie unterteilen die Menschen die Zeit?

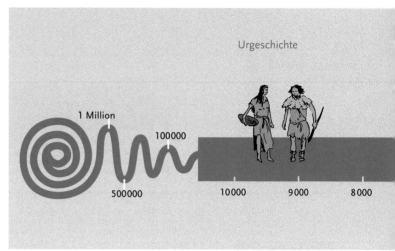

1 –Lebensuhr.

2 –Zeitleiste.

Die Lebensuhr

Menschen gibt es nicht nur seit einigen 100 oder 1000 Jahren, sondern schon seit mindestens 2 Millionen Jahren. Noch viel älter ist die Erde, ungefähr 5 Milliarden Jahre alt. Unter diesen Zahlen kann man sich eigentlich nichts vorstellen. Etwas leichter fällt uns dies, wenn wir diese Zeit in den 12 Stunden eines Zifferblattes darstellen:

0 Uhr	Die Erde entsteht – vor etwa 5 Milliarden Jahren.
3.30 Uhr	Im Wasser regt sich das erste Leben.
11.30 Uhr	Die ersten Säugetiere treten auf. Es ist dies die Zeit der Saurier.
11.53 Uhr	Jetzt gibt es die ersten Menschenaffen.

Es war 11.00 Uhr, 59 Minuten und 42 Sekunden, als die ersten Menschen lebten. Allein von diesen 18 Sekunden auf der Lebensuhr will dieses Buch berichten.

❶ ▣ Die „Lebensuhr" ist eine Möglichkeit, die Zeit darzustellen. Nennt noch andere Möglichkeiten.

Die Geschichte der Menschheit

Wer sich mit Geschichte beschäftigt, muss das, was „früher" war, genau ordnen. Wissenschaftler haben die Geschichte der Menschheit daher in verschiedene Zeitabschnitte (Epochen) eingeteilt.

– Am Anfang steht die Urgeschichte. Das ist der Zeitraum vom Beginn der Menschheit bis zum Auftauchen der ersten schriftlichen Zeugnisse.

– Es folgen: frühe Hochkulturen – Altertum – Mittelalter und Neuzeit (siehe Grafik 2).

Will man angeben, wann ein bestimmtes Ereignis genau stattgefunden hat, dann sprechen wir von den Jahren vor oder nach der Geburt Christi.

Für andere Religionen gibt es andere Ausgangspunkte. Nach der Überzeugung der Juden wurde die Welt im Jahre 3761 (v. Chr.) erschaffen. Das ist also das Jahr „1". Um heute das Jahr nach jüdischer Zeitrechnung zu bestimmen, zählt man zur christlichen Zeitrechnung 3760 Jahre hinzu. Die Zeitrechnung im Islam beginnt mit der Flucht Mohammeds aus Mekka im Jahre 622 n. Chr.

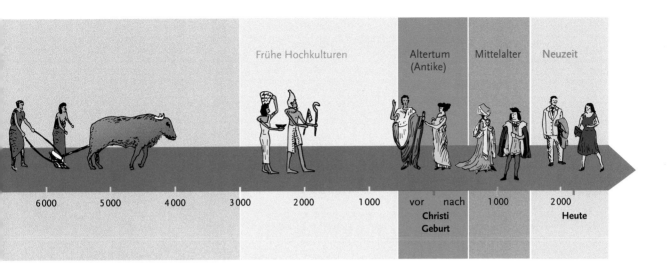

Frühe Hochkulturen   Altertum (Antike)   Mittelalter   Neuzeit

| 6 000 | 5 000 | 4 000 | 3 000 | 2 000 | 1 000 | vor   nach | 1 000 | 2 000 |
| | | | | | | **Christi Geburt** | | **Heute** |

Die Zeitmessung

Um erkennen zu können, welche Entwicklung die Geschichte der Menschheit genommen hat, müssen wir alle Ereignisse in die richtige Reihenfolge bringen. Wie für die Familiengeschichte brauchen wir also auch hier eine Zeitleiste. Man kann die Zeit in etwa gleich große Abschnitte einteilen.

In früheren Zeiten ordnete man die Zeit nach den Naturerscheinungen:

– Die Länge eines Tages wurde bestimmt durch die Zeit zwischen zwei Sonnenaufgängen.

– Die Länge eines Monats durch die Zeit zwischen zwei Vollmonden.

– Die Länge eines Jahres durch den Umlauf der Erde um die Sonne: die Zeit zwischen zwei Frühlingsanfängen beträgt fast genau 365 Tage.

Geschichtswissenschaftler rechnen aber meist in größeren Einheiten: in Jahrzehnten, Jahrhunderten oder Jahrtausenden. In dem Zeitstrahl oben lassen sich nur die großen Zeiteinheiten darstellen. Es stehen dort 2 cm für 1000 Jahre. Die Jahre nach der Geburt Christi stehen rechts, die Jahre vor der Geburt Christi stehen links davon. Das Jahr „Null" gibt es nicht.

❷▪ Berechnet, wie alt der römische Kaiser Augustus wurde, der von 63 v. Chr. bis 14 n. Chr. lebte.

❸▪ Die ältesten Schriften stammen aus der Zeit um 3150 v. Chr. Wie alt sind sie jetzt?

❹▪ Ordnet die in den Aufgaben 2 und 3 genannten Angaben den in der Zeitleiste genannten Epochen zu.

❺▪ Informiert euch mithilfe des Internets, in welchem Jahr wir uns jetzt nach der islamischen Zeitrechnung befinden.

▶ *Nehmt die Methode „Im Internet etwas suchen / Mit Suchmaschinen umgehen" von S. 244 zu Hilfe.*

Wahlaufgaben

Ⓐ▪ Seht im Inhaltsverzeichnis nach, welche Epochen in diesem Buch behandelt werden. Stellt mithilfe der Zeitleiste fest, wie lange diese Epochen jeweils dauerten.

Ⓑ▪ Christliche, muslimische oder jüdische Schülerinnen und Schüler können erklären, warum in ihrer Religion die Geburt Jesu, die Flucht Mohammeds aus Mekka oder die Erschaffung der Welt zum Ausgangspunkt der Zeitrechnung genommen wurde.

Woher wissen wir, was früher war?

1 – Kinderspiele. Gemälde von Pieter Bruegel dem Älteren von 1560.

2 – Gladiatoren im Kampf. Detail eines Fußboden-mosaiks einer Villa bei Tusculum (Italien), 3. Jh. n. Chr.

Spuren der Vergangenheit

Wenn wir etwas über die Vergangenheit er-fahren wollen, dann müssen wir erkunden, welche Spuren die Menschen, die vor uns lebten, hinterlassen haben. Man nennt die-se Spuren auch Quellen.

Es gibt unterschiedliche Quellenarten, näm-lich:

Schriftliche Quellen: Dazu zählen Briefe, Tagebücher, Urkunden, Inschriften, alte Schulbücher oder Schulzeugnisse.

Nichtschriftliche Quellen: Dazu gehören Bildquellen (Gemälde, Zeichnungen, Filme, Fotos), Sachquellen (Gebäude, Schmuck, Skelette, Werkzeuge, alte Münzen oder Geldscheine) und mündliche Quellen (Volkslieder, Sagen, Berichte von Zeitzeu-gen).

Wir brauchen diese Quellen, wenn wir Wis-sen über die Vergangenheit erlangen wol-len. Viele Quellen liefern uns allerdings erst dann wichtige Informationen, wenn wir an sie Fragen stellen.

3 – Keramik aus der Römerzeit.

4 – Blick in eine mittelalterliche Küche. Buchmalerei, um 1500.

5 – Kistengrab mit Beigaben aus der Jungsteinzeit. Foto, 2008.

6 – Luftschiff über Berlin. Foto, 1936.

7 – Schülerinnen und Schüler befragen einen Zeitzeugen. Foto, 2012.

8 – Feiernde Berlinerinnen und Berliner auf der Berliner Mauer. Foto, November 1989.

Q (schriftliche Quellen)

Berichte damals lebender Menschen nennen wir schriftliche Quellen. Ihr erkennt sie in diesem Buch daran, dass sie mit einem „Q" beginnen. Außerdem verläuft an ihrem Rand eine Farblinie.

M (Materialien)

Texte von heutigen Historikern und weitere Materialien sind mit einem „M" gekennzeichnet.

Historiker sind Wissenschaftler, die sich mit der Vergangenheit beschäftigen.

❶ Seht euch die Bilder 1–8 an und prüft, welche Informationen man ihnen entnehmen kann.

❷ Ordnet die auf dieser Doppelseite gezeigten Quellen den Quellenarten zu.

▶ *Bild 1: nichtschriftliche Quelle, Bildquelle ...*

❸ Nennt zu jeder Quellenart mindestens zwei Beispiele aus diesem Schulbuch.

Wahlaufgaben

Ⓐ Sammelt Quellen zur Geschichte eures Schulortes und fertigt damit ein Plakat an. Schreibt unter jede Quelle, um welche Art von Quelle es sich handelt.

▶ *Nehmt die Methode „Tipps beim Plakate- und Folienerstellen" von S. 245 zu Hilfe.*

Ⓑ Erstellt eine kleine Ausstellung zur Geschichte eures Schulortes.

Methode

Wir legen ein Portfolio an

Ein Portfolio ist eine Mappe, in der ihr gelungene Arbeiten zusammenstellt. Im Unterricht klärt ihr, über welchen Zeitraum und zu welchem Thema das Portfolio angelegt wird. Das Portfolio ist aber mehr als eine „Sammelmappe". Bei der Arbeit mit dem Portfolio gehört es auch dazu, sich über seinen Lernweg, über Schwierigkeiten und persönliche Interessen Gedanken zu machen.

Folgende Schritte helfen euch, ein gelungenes Portfolio zu erstellen:

Schritt 1 **Absprachen treffen**	Besprecht gemeinsam vor Arbeitsbeginn mit eurer Lehrerin/eurem Lehrer: ■ Das **Thema**, die **Zeit**, die zur Erarbeitung zur Verfügung steht, die **Form** und die **Erwartungen** an das Portfolio. ■ Wie und wann erfolgt eine Beratung durch die Lehrerin/den Lehrer? ■ Wie wird das Portfolio bewertet?
Schritt 2 **Das Portfolio erarbeiten und fertigstellen**	■ Gestaltet eure Portfolio-Seiten passend zum Thema. ■ Schreibt eure **Lernerfahrungen** (Was war gut? Was war schwierig?) immer gleich bei der Arbeit auf. ■ Legt die fertigen **Portfolios** im Klassenzimmer zum Anschauen **aus** und gebt euch gegenseitig **Rückmeldungen** (Feedbacks).
Schritt 3 **Das Portfolio auswerten**	Das Portfoliogespräch mit der Lehrkraft gibt euch eine Rückmeldung: ■ Wie ist der **Gesamteindruck**? Ist euer Portfolio **vollständig**? ■ Die **Einzelheiten**: Was ist euch schon gut oder bestens gelungen? Woran könnt ihr noch arbeiten? ■ Im **Bewertungsbogen** können **Ergebnisse** und **Ziele** für das nächste Portfolio festgehalten werden.

Das sollte euer Portfolio „Geschichte betrifft uns" enthalten:

☐ *Deckblatt mit Thema, Namen und ansprechender Gestaltung.*

☐ *Fünf Fragen an die Geschichte zu Themen, die euch interessieren.*

☐ *Eine Übersicht oder Erzählung zur Geschichte*
 a) eurer Familie;
 b) eurer Schule;
 c) eures Ortes/Stadtteils.
(b und c sind auch in Partnerarbeit möglich)

☐ *Eine Seite zu den verschiedenen Arten von Quellen.*

☐ *Eigene Aufgabenstellungen, die ihr euch überlegt habt.*

☐ *Ein Denkblatt über eure Lernwege und Erfahrungen:*
 – Besonders interessiert hat mich ...
 – Das hat mir an der Arbeit gefallen/weniger gefallen ...
 – Probleme bereitet hat mir ...

1 – Checkliste Portfolio.

Ergebnisse von Schülerinnen und Schülern:

Tatjana – Das interessiert mich:

▶ *Seit wann gibt es eine Schrift?*
▶ *Wer hat die Schule erfunden?*
▶ *Wie wird man eigentlich Geschichtsforscherin?*
▶ *Kann man mit Feuersteinen Feuer machen?*
▶ *…*

3 – Tatjanas Fragen an die Geschichte.

2 – Antons Deckblatt.

4 – Hatice schreibt zu Quellen.

5 – Nils hat mit Familienfotos gearbeitet.

❶ 🖿 Ordnet die Schülerarbeiten in den Bildern 2–5 der Checkliste (Abb. 1) zu.

❷ 🖿 Erstellt anhand der Schritte 1–3 ein eigenes Portfolio.

Das kann ich ...

Geschichte betrifft uns

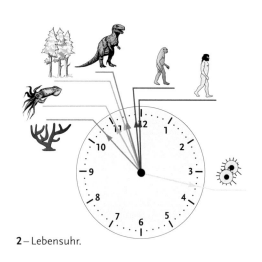

2 – Lebensuhr.

Richtig oder falsch?

1 *Die Erde ist ungefähr fünf Millionen Jahre alt.*

2 *Kurz nach der Entstehung der Erde gab es auch schon die ersten Menschen.*

3 *Tagebücher, Inschriften, Verträge, Briefe und Urkunden nennt man schriftliche Quellen.*

4 *Bei Bild 5 handelt es sich um eine Sachquelle.*

5 *Wenn meine Großeltern von ihrer Kindheit erzählen, dann sind diese Berichte mittelalterliche Quellen.*

6 *Es gibt auch heute noch verschiedene Ausgangspunkte für den Beginn der Zeitrechnung.*

7 *Das Jahr 250 n. Chr. liegt weiter in der Vergangenheit zurück als das Jahr 70 v. Chr.*

1 – Aussagen zur Geschichte.

3 – Familie mit mehreren Generationen. Foto, 2010.

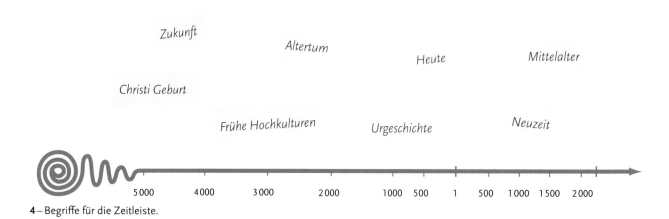

Zukunft   Altertum   Heute   Mittelalter

Christi Geburt

Frühe Hochkulturen   Urgeschichte   Neuzeit

5 000   4 000   3 000   2 000   1 000   500   1   500   1 000   1 500   2 000

4 – Begriffe für die Zeitleiste.

5 – Ein Zeugnis von 1930.

6 – Römische Glaswaren aus dem Rheinland.

Wichtige Begriffe

schriftliche Quellen
nichtschriftliche Quellen
Erinnerung
Bildquellen
Sachquellen
Zeitrechnung
Epochen
Mittelalter
Urgeschichte
Altertum/Antike
Historiker

Wissen und erklären

❶ ▣ Erklärt euch gegenseitig die wichtigen Begriffe und schreibt die Bedeutung der Begriffe in euer Geschichtsheft.

❷ ▣ Besprecht in Partnerarbeit, welche Aussagen in der Übersicht 1 richtig oder falsch sind.

❸ ▣ Erläutert mithilfe von Bild 2 die Geschichte des Lebens auf der Erde und gebt an, vor wie vielen Jahren ungefähr die ersten Menschen lebten.

❹ ▣ Benennt mit den Bildern 3, 5 und 6 verschiedene Arten von Quellen.

Anwenden

❺ ▣ Übertragt die Zeitleiste (Bild 4) in euer Geschichtsheft und setzt die Begriffe an die richtigen Stellen.

Beurteilen und handeln

❻ ▣ In vielen Orten gibt es historische Feste, die an frühere Ereignisse erinnern, oder an Menschen, die hier lebten. Nennt Beispiele aus eurer Umgebung und erklärt ihre Bedeutung.

❼ ▣ Stellt euch gegenseitig die Eintragungen in eurem Portfolio vor.

Leben in urgeschichtlicher Zeit

Steinzeitmenschen auf der Nahrungssuche. Männer, Frauen und Kinder helfen mit. Für diesen Tag scheint die Ernährung gesichert. Doch was wird morgen sein oder übermorgen? Die Sorge, nicht genügend zu essen zu haben, ist ständiger Begleiter.

Darum geht es ...

Leben in urgeschichtlicher Zeit

ca. 4 Mio. Jahre	ca. 2 Mio. Jahre
Entwicklung des Vormenschen	Altsteinzeit Auftreten des Frühmenschen

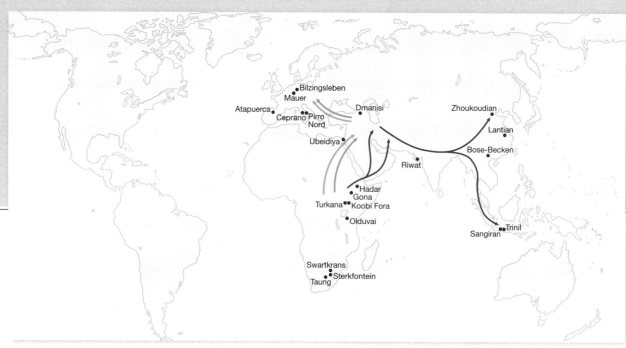

1 – Ursprungsgebiete des Frühmenschen (Homo erectus) und die Ausbreitungswege.

Die Ausbreitung des Frühmenschen (Homo erectus) von Afrika nach Asien und Europa begann schon vor mehr als 2 Millionen Jahren und vollzog sich in mehreren Wellen:

vor 2 – 1,5 Mio. Jahren   vor 500000 – 100000 Jahren

vor 1 – 0,5 Mio. Jahren   • wichtige Fundstellen

Über das Leben der Menschen in der Steinzeit gibt es keine Berichte. Anhand von Skelettresten, Werkzeugen oder Siedlungsspuren gelingt es den Forschern aber immer besser, das Leben unserer Vorfahren wieder lebendig werden zu lassen.

Bei der Arbeit mit diesem Kapitel könnt ihr euch mit folgenden Fragen beschäftigen:

- Seit wann gibt es Menschen?
- Wie lebten die Menschen in urgeschichtlicher Zeit?
- Wie beeinflusste das Klima das Leben der Menschen?
- Welche Vorteile brachte die Sesshaftigkeit?
- Welche „Berufe" und Techniken gab es damals?
- Außerdem lernt ihr, wie ihr Sachtexte besser versteht und mit eigenen Worten wiedergeben könnt.

❶ Seht euch die Karte an und stellt fest, wo die ersten Menschen lebten. Sucht diese Orte in eurem Atlas und findet heraus, in welchen heutigen Ländern sie liegen.

❷ Ordnet die Bilder 2 bis 4 den Angaben in der Zeitleiste zu. Welche Unterschiede in der Lebensweise der Menschen kann man in den Bildern erkennen?

❸ In Zeitschriften und Filmen wird immer wieder von Naturvölkern berichtet, die heute noch so leben wie Menschen in urgeschichtlicher Zeit (Bild 5). Erzählt, was ihr darüber schon gehört habt.

ca. 100 000 Jahre

Neandertaler
in Europa

ca. 40 000 Jahre

Moderner Mensch
in Europa

ca. 6000 v. Chr.

Jungsteinzeit
in Europa

ca. 3000 v. Chr.

In Europa
beginnt die
Metallzeit

2 – Jäger der Altsteinzeit. Rekonstruktionszeichnung.

3 – „Hochofen" während der Metallzeit. Rekonstruktionszeichnung.

4 – In einem Dorf der Jungsteinzeit. Rekonstruktionszeichnung.

5 – Ureinwohner im Regenwald Brasiliens nach erfolgreicher Jagd. Foto, 2009.

Die Altsteinzeit

Seit wann gibt es Menschen?

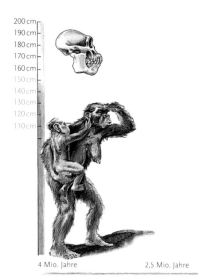

Vormensch – Australopithecus
(Südaffe)
– 1,10–1,50 m
– keine Werkzeugherstellung
– Afrika

Geschickter Mensch – Homo habilis
– 1,45 m
– einfache Werkzeuge
– Ostafrika

Frühmensch – Homo erectus
(der aufrecht gehende Mensch)
– 1,65 m
– Faustkeilkultur
– siedelte erstmals in Europa und Asien

1 – Die Entwicklung des Menschen.

✻ Anthropologe
Erforscher der mensch-
lichen Entwicklung.

Spuren der ersten Menschen?

Es geschah in Südafrika, 40 km nördlich von Johannesburg, vor etwa 2 Millionen Jahren. Wald und Graslandschaften gab es hier, durchzogen von Bächen und Flüssen.

M1 Der amerikanische Grabungsleiter Lee Berger vermutete 2011, dass hier Folgendes passiert sein könnte:

... Die kleine Frau, vielleicht Ende 20, streift mit dem etwa 13-jährigen, fast gleich großen Jungen durch die zerklüftete, be-waldete Hügellandschaft. Sie suchen nach Wasser. Die Trockenheit und die Hitze der südafrikanischen Sonne haben den Fluss weiter unten am Hang versiegen lassen. Sie hoffen, in einer der Höhlen im Berg Wasser zu finden. ... Doch dann übersehen die bei-den die Öffnung im Boden. Sie fallen zehn, fünfzehn Meter in die Tiefe. Dicht beieinan-der bleiben sie liegen.

❶▶ Gebt wieder, was Lee Berger in M1 beschreibt.

M2 Der Wissenschaftsjournalist Hubert Filser schrieb dazu 2011:

... Das Unglück von damals ist das Glück der Forscher von heute, insbesondere das des ✻Anthropologen Lee Berger. ... Er hat die knapp zwei Millionen Jahre alten Überreste ... gefunden: Zähne, zahlreiche Knochen, die Kiefer und ein kompletter Schädel sind erhalten. ... „Ich glaube, wir haben es hier mit einem guten Kandidaten für die Übergangsart vom südafrikanischen Affen-Menschen Australopithecus africanus entweder zum Homo habilis oder vielleicht sogar zu unserem direkten Vorfahren, dem Homo erectus, zu tun", sagt Berger. ... Beide Vormenschen waren 1,27 m groß, die Frau wog etwa 33 Kilogramm, der Junge 27 Kilogramm. Sie hatten schmale Körper mit langen, kräftigen Armen und kurzen Händen. Schädel und Hüfte ähneln bereits der Gattung Mensch, die beiden Wesen konnten bereits aufrecht gehen. Mit ihren langen Beinen liefen sie möglicherweise

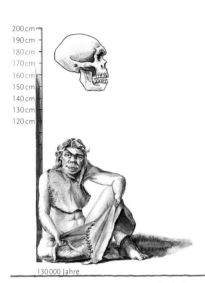

Neandertaler – Homo sapiens neanderthalensis
– bis 1,80 m
– vielfältige Werkzeugherstellung
– hatte religiöse Vorstellungen
– vor 130 000 – 30 000 Jahren

*Cromagnon-/moderner Mensch – Homo sapiens sapiens
– 1,60 – 1,85 m
– Schöpfer von Kunstwerken
– seit etwa 40 000 Jahren
– von ihm stammen alle heute lebenden Menschen ab.

ähnlich wie heutige Menschen. Doch ihr Gehirn war noch deutlich kleiner, ... kaum größer als das eines Schimpansen.

Seit wann es Menschen gibt, weiß man noch immer nicht genau. Mit jedem neuen Fund lässt sich die Frage, wann und wo die ersten Menschen lebten, besser beantworten.

❷ ▣ Ordnet den Fund in M2 auf dem Bild 1 ein.

Affen oder Menschen?
Von einem Affen unterscheidet sich der Mensch dadurch, dass er überlegt und planmäßig Werkzeuge herstellen kann, die das tägliche Leben erleichtern.
Zu den wichtigsten Werkzeugen der ersten Menschen zählen die Faustkeile, die etwa 2 Millionen Jahre alt sind.
Anfangs nur grob behauen, entwickelte der „aufrecht gehende Mensch" (siehe Bild 1) eine Technik, Steine so zu behauen, dass das zugespitzte Ende für viele Zwecke

verwendet werden konnte: für das Graben, Schneiden von Fleisch, Abschaben von Fellen und vieles mehr. Da die Werkzeuge, die die frühen Menschen herstellten, in erster Linie aus Stein waren, nennen die Archäologen diese Zeit „Steinzeit".

❸ ▣ Schildert mit eigenen Worten die Entwicklung vom Vormenschen zum modernen Menschen.
▶ *Die Entwicklung vom Affen zum modernen Menschen beginnt mit dem „Vormenschen", der ... Etwa 2 Millionen Jahre später ...*

* Cromagnon-Mensch
1898 fanden Forscher in einer Höhle die Skelette von fünf Menschen. Die Höhle heißt Cro-Magnon und liegt in der Dordogne, Frankreich.

Wahlaufgaben

Ⓐ ▣ Der Mensch unterscheidet sich unter anderem vom Affen, weil er nachdenken und planmäßig vorgehen kann. Erläutert dies anhand von Beispielen.
▶ *Berücsichtigt z. B. die Jagd, den Gebrauch des Feuers, die Werkzeugherstellung ...*
Ⓑ ▣ Wählt aus der Zeitleiste jeweils einen Menschentyp heraus und sucht in Sachbüchern, Lexika oder im Internet nach weiteren Informationen über Nahrung, Wohnen usw. Tragt eure Ergebnisse in der Klasse vor.

Wie lebten die Menschen in der Altsteinzeit?

1 – Jäger in der Altsteinzeit. Rekonstruktionszeichnung.

2 – Sammler und Sammlerinnen. Rekonstruktionszeichnung.

❶ ▣ Beschreibt die Bilder 1 und 2.

Frauen kochen, Männer jagen?
Bilder über die Steinzeit zeigen Frauen
beim Sammeln von Kräutern oder Beeren.
Außerdem – so glaubt man – waren sie zuständig für Kochen, Nähen und die Kindererziehung. Männer hingegen gingen auf
die Jagd oder stellten Werkzeuge und
Waffen her. – Stimmt dieses Bild?

**M1 Die Wissenschaftlerin Linda R. Owen
schrieb über den Alltag von noch heute
lebenden Jäger- und Sammler-Stämmen:**
… In vielen Gesellschaften haben sich aber
die Frauen an der Großwildjagd beteiligt,
sei es als Jägerinnen oder beim Sichten
und Zerlegen von Tieren. Die Frauen haben auch Kleinwild aktiv gejagt und es mit
Schlingen und Fallen gefangen, entweder
allein oder zusammen mit Männern oder
älteren Kindern …

**M2 Die Wissenschaftlerin kommt
aufgrund ihrer Forschungen zu dem
Ergebnis:**
… (Es gab in der Altsteinzeit) aktive, starke
Frauen, die große Entfernungen laufen,
schwere Lasten tragen oder stundenlang
Wurzeln ausgraben; Mütter, die Kinder
erziehen und ihnen ihre Kenntnisse und
ihr Handwerk beibringen; Sammlerinnen,
Jägerinnen und Fischerinnen, die erheblich
zur Ernährung und zur Gewinnung von
Rohmaterialien beitragen; Frauen, die
Werkzeuge herstellen und für eine Vielzahl
von Tätigkeiten verwenden …

Frauen besaßen darüber hinaus vermutlich
auch ein hohes Ansehen als Hebammen
oder Heilerinnen.

❷ ▣ Erklärt, was nach Ansicht der Wissenschaftlerin auf den Bildern 1 und 2
verändert werden müsste.

a Tiersehnen
b Pfeile
c Herdstein
d Hacke
e Speere
f geräuchertes Fleisch
g Stein zum Mahlen
   von Körnern
h Bogen
i Muscheln
j Tierzähne und
   Schnecken als Schmuck
k Harpunen
l Brennholz
m Speer- und Pfeilspitzen
   aus Feuerstein

3 – Techniken und Werkzeuge in der Altsteinzeit. Rekonstruktionszeichnung.

Alltag in der Altsteinzeit

Überleben konnten die Menschen in der Altsteinzeit nur in kleinen Gruppen, in Horden, von etwa 20 bis 30 Mitgliedern. Sie lebten in Zelten oder einfachen Hütten, die schnell und einfach auf- und abgebaut werden konnten. Gab es in einem Gebiet nicht mehr genügend Tiere, die man erlegen konnte oder andere Nahrungsmittel, zog man weiter.

Das Leben war von der täglichen Beschaffung von Nahrung bestimmt. Daneben mussten die Menschen Werkzeuge herstellen oder reparieren, Tiere häuten und die Felle gerben, Feuer anzünden, Kranke und Verletzte versorgen, Verstorbene bestatten. Die vielfältigen Tätigkeiten mussten miteinander abgesprochen werden. Viele Wissenschaftler sind überzeugt, dass die Menschen der Altsteinzeit schon vor mindestens 500 000 Jahren miteinander sprechen konnten.

In ihrer „Freizeit" – das zeigen Funde von Flöten – spielten vermutlich Musik und Tanz eine große Rolle.

Bislang fanden Forscher keine eindeutigen Hinweise auf kriegerische Auseinandersetzungen zwischen verschiedenen Gruppen in der Altsteinzeit. Möglicherweise begannen die gegenseitigen Überfälle erst, als die Menschen Eigentum besaßen, wie z. B. kostbaren Schmuck oder Tierherden.

❸ ▣ Schreibt die Begriffe rechts von Bild 3 ab und ordnet sie den Zahlen in Bild 3 richtig zu.

❹ ▣ In den Horden der Altsteinzeit verrichteten nicht alle Menschen dieselbe Arbeit. Es gab unterschiedliche Arbeitsbereiche: Sammeln, Jagen, Verwertung der Jagdbeute, Waffen- und Werkzeugherstellung, Haushalt, Familie … Erklärt, welche Vorteile eine Aufgabenteilung brachte.

Wahlaufgaben

Ⓐ ▣ Spielt folgende Situation: Eine Horde berät, ob sie bleiben oder ein neues Jagdgebiet aufsuchen soll.
▶ *Ein Mitglied der Horde sagt: Ich bin dafür, dass wir weiterziehen, denn …*

Ⓑ ▣ Das Leben der Menschen in der Altsteinzeit war voller Gefahren und Probleme. Schildert den Alltag einer altsteinzeitlichen Horde und zeigt, warum die Menschen schnell in Not geraten konnten.

Webcode: EV650521-033

Wer waren die Neandertaler?

1 – Rekonstruktion eines Lagerplatzes der Neandertaler. Rheinisches Landesmuseum in Bonn. Foto, 2008.

2 – Neandertaler vor ihrem Zelt. Rekonstruktion im Neandertal Museum. Foto, 2008.

❶ 🞂 Beschreibt die Rekonstruktionen auf den Bildern 1 und 2 und tragt zusammen, welche Informationen sie über das Leben der Neandertaler liefern.

Der Fund im Neandertal

In der Nähe von Düsseldorf gab es einst ein kleines Tal. Rechts und links des Tales stiegen steile Felsen auf, in denen sich Höhlen befanden. In einer dieser Höhlen wohnte oft in den Sommermonaten Joachim Neander (1650–1680), um hier in Ruhe Kirchenlieder zu schreiben. Nach ihm heißt dieses Tal das „Neandertal". Um 1850 wurden die Felsen und Höhlen abgetragen. Dabei entdeckten Arbeiter Knochen und Reste eines Schädels, die zu einer unbekannten Menschenart gehörten, die man einfach „Neandertaler" nannte. Neandertaler – das zeigten spätere Funde – lebten vor etwa 130 000 – 30 000 Jahren im Vorderen Orient und in Europa. Lange Zeit hielt man den Neandertaler für einen primitiven affenähnlichen Menschen, der sich kaum verständigen konnte. Neuere Forschungen beweisen das Gegenteil: Neandertaler waren geschickte Jäger und Sammler und hervorragende Werkzeughersteller. In ihrem Aussehen ähnelten sie den heutigen Menschen. Sie waren – soweit wir das bis jetzt wissen – die ersten Menschen, die ihre Toten sorgfältig bestatteten. Vermutlich glaubten sie an ein Weiterleben nach dem Tod.

Sorge um Verletzte und Kranke

Viele Neandertaler litten offenbar unter löchrigen Zähnen und eitrigen Entzündungen des Zahnfleisches. Häufige Folge waren der Verlust der Zähne oder eine Blutvergiftung, die zum Tod führen konnte. Zahlreiche Skelette zeigen zudem Spuren von Wunden, die meistens aber gut verheilten. Der Bruch eines Kieferknochens, der das Kauen stark behindert haben muss, gebrochene Rippen, dauerhafte Behinderungen durch Verletzungen an Kopf, Armen und Füßen, Schädelbrüche – all dies fand man bei Skeletten von Neandertalern. Bei Kindern gab es Zwergwuchs ebenso wie Lungenerkrankungen oder chronische Ohrenentzündungen.

Kranke und Schwache wurden aber offensichtlich nicht allein gelassen. Sie gehörten zur Gruppe und man versorgte sie ausreichend mit Nahrung und Kleidung, wenn sie nicht mehr selbst für sich sorgen konnten.

Verbreitungsgebiet
• wichtige Fundstätte

500 km

3 – Verbreitungsgebiete und wichtige Fundstätten des Neandertalers.

Neandertaler und moderner Mensch

Vor etwa 40 000 Jahren wanderte aus Afrika der „Jetztzeitmensch", unser direkter Vorfahre, nach Europa ein (siehe Karte Seite 28). Einige tausend Jahre lebten beide Menschenarten hier gleichzeitig, dann verschwand der Neandertaler. Wie es dazu kam, konnten die Wissenschaftler noch nicht eindeutig klären. Wurden die Neandertaler vom „modernen" Menschen ausgerottet oder gab es Hungersnöte und Seuchen, denen die Neandertaler zum Opfer fielen?

Neueste Forschungen lassen erkennen, dass Neandertaler und moderner Mensch sich wenigstens manchmal auch vermischt haben. Da alle heutigen Menschen vom modernen Menschen abstammen, kann man zu Recht behaupten: „Wir alle sind – wenigstens ein klein wenig – Neandertaler."

❷ Notiert mithilfe der Karte 3 und eines Atlas', in welchen heutigen Ländern die Neandertaler lebten.

❸ Arbeitet die Texte auf dieser Doppelseite sorgfältig durch. Beschreibt, wie die Forschungen der Wissenschaftler das Bild vom Neandertaler verändert haben. Notiert auch, welche wichtige Frage noch nicht sicher beantwortet werden kann.

▶ *Ihr könnt so beginnen: „Ursprünglich nahm man an, dass …"; so fortfahren: „Die Wissenschaft hat jedoch herausgefunden, dass …" und so abschließen: „Ungeklärt bleibt weiterhin …"*

Wahlaufgaben

Ⓐ Viele Menschen denken, wenn sie den Begriff „Neandertaler" hören, an einen primitiven Menschen. Erläutert, warum diese Vorstellung falsch ist.

Ⓑ Wir wissen heute, dass es Kontakte zwischen Neandertalern und Jetztzeitmenschen gegeben hat. Entwickelt Szenen, wie diese Begegnungen möglicherweise stattgefunden haben.

Webcode: EV650521-035

Werkstatt Geschichte

Höhlenbilder malen – Figuren schnitzen

Die Maler der Steinzeit zeichneten mit Holzkohle geheime Zeichen oder die Umrisse wilder Tiere auf die Felswände. Dann trugen sie mit einem Stück Fell oder mit gebündelten Blättern Farbe aus zerriebenen Mineralien auf. Solche Felsmalereien könnt ihr auch selbst herstellen.

2 – Pferdefigur aus der jüngeren Altsteinzeit.

1 – Höhlenmalereien entstehen. Rekonstruktionszeichnung.

Dazu braucht ihr:
– farbige, pulvrige Materialien: Erde, Mehl, Sand, Tee- oder Kaffeesatz, Gewürze (Paprika, Curry ...), Sägemehl oder Ähnliches
– Tapetenkleister
– ein großes Einmachglas, möglichst verschließbar
– feste Pappen und Zeitungspapier
– Pinsel oder Löffel.

So geht ihr vor:
1. Seht euch Höhlenmalereien aus der Steinzeit an. Motive findet ihr in einem Jugendsachbuch oder im Internet.
2. Rührt Tapetenkleister in dem Einmachglas an.
3. Vermischt euer Pulver mit dem Kleister.
4. Zerknüllt euer Zeitungspapier. Bestreicht es dann mit Kleister und klebt es auf die Pappe. Klebt das Papier so auf, dass kleine Berge und Täler entstehen (so wie die Oberfläche einer echten Felswand).
5. Jetzt könnt ihr euer Bild malen: Tiere, Landschaften, Geheimzeichen ... Die Farbe könnt ihr mit dem Finger, einem Löffel oder einem Pinsel auftragen.

3 – Mammutfigur aus der jüngeren Altsteinzeit. Fund aus den Lonetal-höhlen (Landkreis Heidenheim).

4 – Figur eines Mammuts, geschnitzt aus einem Stück Kernseife.

5 – Löwenmensch. Elfenbein, ca. 30 000 v. Chr. Fund aus den Lonetal-höhlen.

Die Menschen der jüngeren Altsteinzeit fertigten auch Figuren von Tieren oder Mischwesen aus Mensch und Tier an. Als Material verwendeten sie häufig das Elfenbein des Mammuts. Das Elfenbein musste zunächst gelagert werden, bis es die richtige Härte erhielt, um als Schnitzmaterial verwendet werden zu können. Auch solche Figuren könnt ihr selbst anfertigen.

Dazu braucht ihr:
– Kernseife (im Haushaltswarengeschäft erhältlich)
– einen Spatel oder ein einfaches Küchenmesser.

So geht ihr vor:
Schabt mit dem Spatel oder dem Küchenmesser vorsichtig kleine dünne Späne von dem Seifenstück ab.
Achtung! Versucht nicht, größere Stücke von dem Seifenstück abzuschneiden oder das Seifenstück zu durchbohren. Das Seifenstück kann dann leicht zerbrechen.

Die Jungsteinzeit

Wie änderte sich das Leben in der Jungsteinzeit?

1 – Bauern und Tierhalter in der Jungsteinzeit. Rekonstruktionszeichnung.

❶ ▶ Beschreibt Bild 1.

❷ ▶ Erklärt, was sich hier gegenüber der Altsteinzeit verändert hat.

▶ *Wenn man das Bild mit den Bildern der Seiten 32/33 vergleicht, fällt als Erstes das Haus auf. In der Altsteinzeit gab es nur ...*

Menschen werden sesshaft

Vor etwa 12 000 Jahren endete die letzte Eiszeit. Im Vorderen Orient kam es in dieser Zeit zu ergiebigen Regenfällen. Gerste und Weizen, die hier schon lange wild wuchsen, breiteten sich dadurch weiter rasch aus. Bald gab es mehr Wildgetreide, als die Menschen während der kurzen Reifezeit verbrauchen konnten. So begannen sie, die Getreidekörner in Erdgruben aufzubewahren. Mit diesen Vorräten konnten sie ihre Ernährung für mehrere Wochen oder Monate sichern. Sie mussten also in dieser Zeit nicht mehr als Nomaden umherziehen, um Nahrung zu suchen.

Feldbauern und Viehzüchter

Bei der Aufbewahrung der Getreidekörner in den Erdgruben machten die Menschen vermutlich die Beobachtung, dass das Korn auskeimt und sich daraus neue Pflanzen entwickeln konnten. Von dieser Beobachtung bis zur planmäßigen Aussaat war es nur noch ein kleiner Schritt.

Da sie nun längere Zeit an einem Ort lebten, lohnte sich für sie auch der Hausbau. Sie wurden sesshaft.

Etwa zur gleichen Zeit lernten die Menschen dieser Gegend auch Schafe und Ziegen, später Schweine und Rinder zu züchten. So waren sie nicht mehr nur auf das Jagdglück angewiesen.

Feldbau und Tierhaltung machten die Ernährung sicherer. Die Bevölkerungszahl wuchs. Bald reichte der fruchtbare Boden nicht mehr aus. So machten sich ganze Gruppen auf die Suche nach neuem Land. Etwa um 5600 v. Chr. ließen sich die ersten Feldbauern und Viehzüchter in Mitteleuropa nieder.

❸ ▶ Nennt mithilfe eines Atlas die heutigen Länder, in denen der Feldbau zuerst entstand (Karte 2).

❹ ▶ Erklärt, wie aus Sammlern und Jägern Feldbauern und Tierhalter wurden.

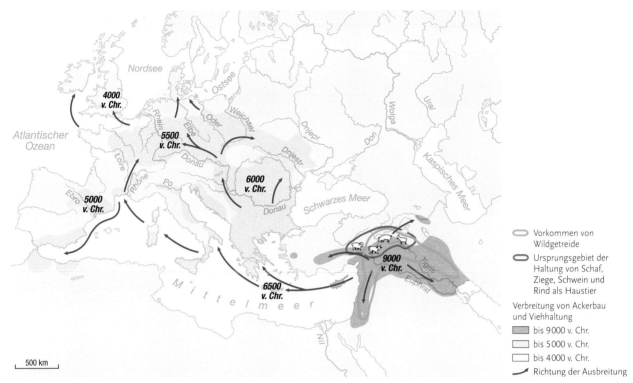

2 – Die Ausbreitung des Feldbaus nach Europa.

Revolution in der Jungsteinzeit

In der Jungsteinzeit spielten Familie und Verwandtschaft eine große Rolle, weil man jetzt etwas vererben konnte, nämlich Häuser, Werkzeuge, Felder und Tiere. Zum ersten Mal entstanden jetzt auch größere Dörfer, in denen mehrere hundert Menschen lebten. Gemeinsam bauten sie Palisaden zum Schutz vor wilden Tieren oder Überfällen. Immer wieder finden Archäologen auch Spuren von Versammlungsplätzen, die von den Menschen aus den Dörfern der Umgebung regelmäßig aufgesucht wurden, um hier gemeinsam zu feiern und die Götter zu verehren. Bekannt ist Urmitz am Niederrhein, etwa 1300 m lang, 840 m breit und 6300 Jahre alt. Urmitz war für ungefähr 6000 Menschen, die in einem Umkreis von 1000 Quadratkilometern lebten, der zentrale Versammlungsort. Für den Bau brauchte man damals ungefähr 100 000 Arbeitsstunden. Solche Arbeiten mussten sorgfältig geplant und organisiert werden. Dazu muss es Menschen gegeben haben, die die Macht besaßen, anderen Befehle zu erteilen und diese Arbeiten zu leiten. Ernährt wurden

die Arbeiter aus den Überschüssen, die die Bauern erwirtschafteten.

Fernhändler sorgten dafür, dass wichtige Materialien wie Feuerstein oder Kupfer überall hingebracht wurden.

Weil sich das Leben der Menschen in allen Bereichen in der Jungsteinzeit stark veränderte (siehe auch S. 40–41), spricht man heute von einer „Revolution" in der Jungsteinzeit, der *Neolithischen Revolution.

❺ ▣ Erläutert mit eigenen Worten, welche Veränderungen in der Jungsteinzeit „revolutionär" waren und wie sie das Leben völlig veränderten.

* neolithisch
  Wortbildung aus neos (griech. neu) und lithos (griech. Stein) zum Begriff „Jungsteinzeit".

Wahlaufgaben

Ⓐ▣ Bauern und Viehzüchter treffen auf eine Horde, die noch vom Sammeln und Jagen lebt. Spielt eine Situation, in der die beiden Gruppen die Vorzüge ihrer Lebensweise schildern.

▶ *Formuliert Fragen, die sich die Horden stellen könnten, und notiert sie. Schreibt mögliche Antworten auf. Denkt dabei an Hausbau, Feldanbau, Ernten, Nahrungsmittel, Viehhaltung.*

Ⓑ▣ Stellt in einer Tabelle die Vor- und Nachteile des Lebens in der Altsteinzeit und der Jungsteinzeit gegenüber.

Welche neuen Techniken entstanden?

a   Töpferwaren
b   Webstuhl
c   Steinbohrer
d   polierte Steinaxt
e   Räderwagen
f   Pflug

1 – Neue Techniken und Geräte in der Jungsteinzeit. Rekonstruktionszeichnung.

❶ ▣ Schreibt die Begriffe aus der Legende zu Bild 1 ab und ordnet sie den Zahlen zu.

Neue Techniken

Mit der Sesshaftigkeit veränderte sich das Leben der Menschen erheblich. Neue Techniken brachten Vorteile und erforderten gleichzeitig ✻Spezialisierung und Arbeitsteilung.

Der Häuserbau, das Roden von Wäldern für neue Anbauflächen und die Bearbeitung der Felder machten bessere Werkzeuge und Geräte nötig. Die Bohrtechnik und das Polieren von Steinwerkzeugen ermöglichten die Verbesserung wichtiger Werkzeuge wie der Steinaxt.

Der hölzerne Pflug ersetzte den Grabstock und den Spaten. Der Boden konnte besser gelockert werden. Die Bearbeitung der Felder erfolgte schneller und leichter. Der Ernteertrag stieg.

Gebrannte Tongefäße halfen bei der Vorratshaltung. Das Spinnen und Weben wurden weiter entwickelt und verfeinerten sich.

Wie aber in der Gemeinschaft Entscheidungen getroffen wurden, darüber wissen die Forscher wenig.

Als die ersten Räder rollten

In jedem Jahr mussten die Bäuerinnen und Bauern der Jungsteinzeit die Ernte der Felder oder das Stroh in ihre Dörfer bringen. Immer musste die gesamte Familie mithelfen und alles zu den Scheunen oder Vorratshäusern tragen. Eine Verbesserung kam um 3500 v. Chr. mit der Erfindung von Rad und Wagen. Jetzt konnte man schwere Lasten über größere Entfernungen befördern: landwirtschaftliche Geräte und die Ernten ebenso wie Baumaterialien für Häuser oder auch Personen. Gezogen wurden die Wagen von Ochsengespannen. Seit etwa 2000 v. Chr. spannte man auch Pferde vor die Wagen. Jetzt konnte man größere Strecken überwinden, was für den Fernhandel sehr wichtig wurde.

❷ ▣ Erläutert die Bedeutung der Erfindung von Rad und Wagen für den Alltag der Menschen.

✻ Spezialisierung
Sich mit einem bestimmten Bereich (z. B. der Herstellung von Bienenkörben) besonders vertraut machen.

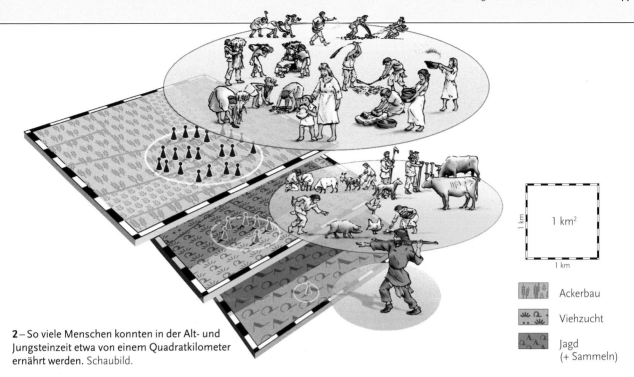

1 km² (1 km × 1 km)

Ackerbau

Viehzucht

Jagd
(+ Sammeln)

2 – So viele Menschen konnten in der Alt- und Jungsteinzeit etwa von einem Quadratkilometer ernährt werden. Schaubild.

Arbeitsteilung

Bereits in der Altsteinzeit hatte es eine Aufgabenteilung gegeben. Während ein Teil der Horde jagte, sammelte der andere Pflanzen und Kleintiere. Nun fand eine weitere Spezialisierung statt. Händler, vor allem Fernhändler und viele Handwerker hatten keine Zeit, gleichzeitig auch ihre Felder zu bestellen. Sie erhielten für ihre Waren und Werkzeuge aber Getreide von den Bauern, die meist mehr produzierten, als sie selbst und ihre Familien brauchten. So begann in dieser Zeit eine immer stärkere Arbeitsteilung.

Der Alltag der Kinder

Vermutlich ab dem 6. Lebensjahr mussten auch die Kinder in der Landwirtschaft mithelfen. Man erkennt dies an den Schäden ihrer Skelette, z. B. durch das Tragen zu schwerer Gegenstände.

M1 **Der Archäologe P. Walter schrieb im Jahre 2011 zum Alltag der Kinder in der Steinzeit:**
... Kinder halfen bei den Ernten, hüteten Tiere, reinigten Getreide, holten Wasser,

trockneten Vorräte und lagerten sie ein, sie fischten, sammelten Brennholz, Beeren und Pilze und was sonst so anfiel im Alltag. ... Trotz der vielen Arbeit taten auch damals Kinder sicher das Gleiche wie Kinder heute: Spielen. Bei Ausgrabungen finden sich immer wieder *Miniaturausgaben von Werkzeugen, Jagdwaffen, Wagen oder Einbäumen und kleine Tier- und Menschenfiguren aus Ton. Damit ahmten Steinzeitkinder das nach, was sie als Erwachsene täglich zu tun hatten: Jagen, Einbaumfahren, Tiere hüten usw.

* Miniaturausgabe
Sehr kleine Darstellungen oder Formen.

❸ ▣ Begründet mithilfe des Schaubildes 2, warum beim Ackerbau mehr Menschen durch einen Quadratkilometer Boden ernährt werden konnten als durch die Jagd.
▶ *In der Jungsteinzeit lebten von einem Quadratkilometer Ackerbau 21 Menschen. In der Altsteinzeit brauchten 21 Menschen ...*

Wahlaufgaben

Ⓐ ▣ Schreibt eine kurze Darstellung darüber, wie sich die Sesshaftwerdung auf das Leben der Menschen auswirkte.
Ⓑ ▣ Die „Neolithische Revolution" gilt für Forscher als eine der wichtigsten Veränderungen im Leben der Menschen. Erklärt diese Meinung der Forscher.

Jäger und Sammler treffen auf Bauern und Tierhalter

Schaupla tZ   Geschichte

Der Wandel von der Altsteinzeit zur Jungsteinzeit vollzog sich sehr langsam. Lange Zeit existierten beide Lebensformen nebeneinander. Nomadische Jäger und Sammler begegneten sesshaften Bauern und Tierhaltern. Solch eine Begegnung könnt ihr euch so vorstellen wie auf diesem Bild.

❶⬛ Beschreibt das Bild.
❷⬛ Sucht euch eine der Personen auf dem Bild aus. Schreibt auf, was sie bei der Begegnung mit der anderen Gruppe gedacht haben könnte.
▶ *Vorsicht! Da kommen Jäger! Haben sie nicht mehr genug zu essen und wollen deshalb unser Dorf überfallen? Oder sind sie nur neugierig und wollen wissen ...*

Wahlaufgaben
Entwerft ein Gespräch zwischen den Jägern und den Sesshaften. Entscheidet euch dazu für die Möglichkeiten A, B oder C.
Ⓐ⬛ Beide Gruppen versuchen die jeweils andere Gruppe von der eigenen Lebensweise zu überzeugen.
Ⓑ⬛ Die Gruppen begegnen sich feindlich und beanspruchen dasselbe Stück Land, um ihr Überleben zu sichern.
Ⓒ⬛ Die Gruppen begegnen sich freundlich und sehen in der Begegnung Vorteile.

Spielt eure Gespräche in der Klasse vor.

Die Metallzeit

Welche Neuerungen brachte die Metallzeit?

1 Zuerst werden die Erzgänge mit Feuer erhitzt und dann mit kaltem Wasser übergossen. Dadurch bilden sich Risse; Gesteinsbrocken können jetzt herausgeschlagen werden.

2 Die Erzbrocken werden zerkleinert und nach oben gebracht.

3 Das Erz wird von minderwertigem Gestein getrennt und zu einem Hochofen transportiert.

1 – Kupfergewinnung. Rekonstruktionszeichnung.

✳ **Gesellschaft**
Die Gesamtheit aller Menschen, die z. B. in einem Land zusammenleben. Gesellschaften unterscheiden sich danach, wie ihr politisches System aussieht oder das Wirtschaftsleben geprägt ist.

Bergwerke der Bronzezeit

❶ ▣ Ordnet die Arbeitsschritte 1–3 in der Legende den Buchstaben in Bild 1 richtig zu.

Steinwerkzeuge, mochten sie noch so gut und sorgfältig bearbeitet sein, mussten schon nach kurzer Zeit erneuert oder ersetzt werden. Haltbarer waren Werkzeuge aus Metall. Metall findet sich in einigen Gesteinsarten; man bezeichnet sie dann als Erze.

Wie die Menschen dies damals herausfanden, wissen wir nicht. Sicher ist aber, dass seit dem 3. Jahrtausend v. Chr. Gegenstände aus Metall hergestellt wurden, zunächst aus Kupfer, dann aus Bronze. Bronze besteht aus neun Teilen Kupfer und einem Teil Zinn. Man nennt diese Zeit, die von etwa 2200–750 v. Chr. dauerte, die Bronzezeit. War das Erz an die Oberfläche gebracht worden, wurde es auf Holzschlitten weiter befördert. Mit Hämmern aus Stein zerkleinerten die Bergarbeiter die großen Erzbrocken bis auf Nussgröße. Dann wurde das Gestein mit Handmühlen gemahlen. Das feine Erz kam jetzt in einen Holztrog, der mit Wasser gefüllt war.

Das schwere Metall sank schnell auf den Boden, die übrigen Teile wurden abgegossen. Anschließend wurde das feinkörnige Erz erhitzt, damit sich der Schwefel, der sich im Erz befindet, verflüchtigt. Zum Schluss kam das Kupfer zusammen mit Zinn in den Schmelzofen, der mit Holzkohle gefüllt war. Die Holzkohle wurde zum Glühen gebracht. Wenn die Hitze etwa 1100 Grad erreicht hatte, schmolz die Bronze, floss in die vorbereiteten Formen und erkaltete. Aus den Barren konnten nun Schmuck, Werkzeuge und Waffen hergestellt werden.

Frühgeschichtsforscher haben berechnet, dass in einem Bergwerk der Bronzezeit mindestens 180 Arbeiter beschäftigt waren u. a. 40 Bergleute, 60 Holzfäller und 30 Arbeiter an den Schmelzöfen.

❷ ▣ Erstellt eine Liste mit Vor- und Nachteilen von Werkstoffen aus der Steinzeit (Steine, Holz, Knochen) und aus der Metallzeit (Bronze).

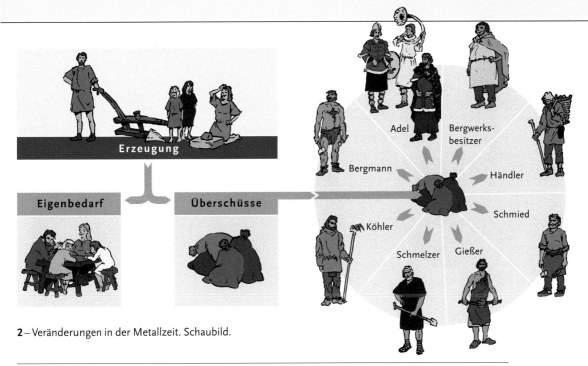

2 – Veränderungen in der Metallzeit. Schaubild.

Bronzezeit – eine „moderne" Zeit

❸ ▣ Vergleicht die Grafik 2 mit den Bildern auf den Seiten 32 und 38.
Welche neuen „Berufe" gab es jetzt?

Die Metallzeit hat das Leben der Menschen erneut stark verändert:

– Die Menschen mit den neuen Berufen konnten nicht mehr gleichzeitig auch Bauern sein. Sie mussten sich ihr Getreide jetzt „kaufen". Zahlungsmittel waren vermutlich Metallbarren oder Edelsteine.

– Getreide konnten sie von Bauern erhalten. Diese Bauern wurden vermutlich so wohlhabend und mächtig.

– Reich und mächtig wurden wahrscheinlich auch Händler, die die fertigen Produkte in der näheren Umgebung verkauften und ein weit verzweigtes Handelsnetz aufbauten.

– Bestattet wurden die Angehörigen dieser reichen und mächtigen Führungsschicht in den weithin sichtbaren Hügelgräbern, ausgestattet mit wertvollen Grabbeigaben. Wahrscheinlich herrschten diese „Fürsten" in ihrem Gebiet über die dort lebenden Menschen.

– Diese „Fürsten" knüpften sogar Handelsbeziehungen zu Herrschern im östlichen Mittelmeerraum an.

– So weit reichende Handelsbeziehungen waren nur mit einem gut ausgebauten Verkehrsnetz möglich. Man lernte auf diese Weise andere Lebensweisen und Vorstellungen kennen. So zeigen manche Funde in Mitteleuropa, dass offenbar religiöse Überzeugungen von dort übernommen wurden, die aus dem östlichen Mittelmeerraum stammen.

– Forscher sind der Ansicht, dass sich in dieser Zeit zum ersten Mal größere Gemeinschaften, also „Völker", bildeten.

❹ ▣ Bergarbeiter oder Handwerker konnten nicht gleichzeitig auch Bauern sein. Beschreibt mithilfe des Schaubildes oben, wie diese neue Berufsgruppen zu Nahrungsmitteln kamen.

Griff eines Bronzeschwertes. Foto.

Wahlaufgaben

Ⓐ ▣ „Die neuen Berufe in der Bronzezeit veränderten auch den Aufbau der Gesellschaft damals." Erklärt diese Aussage mithilfe des Textes und Bild 2.

Ⓑ ▣ Schreibt eine Erzählung: „Vom Händler zum Fürsten der Bronzezeit".

▶ Überlegt euch zuerst, wodurch genau der Händler reich geworden ist, zu was ihm der Reichtum verholfen hat. Denkt euch dann die Geschichte dazu aus.

Wie können Funde gedeutet werden?

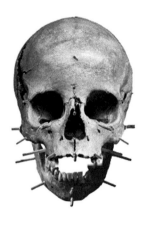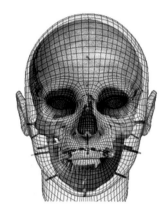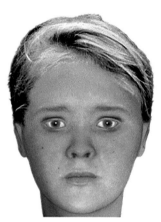

1 – Kopf eines getöteten Jungen vom Federsee. – Rekonstruktion. Foto, 2005.

Tod im Moor vor 3000 Jahren

Tatort „Wasserburg" am Federsee. Vor 80 Jahren entdeckten Archäologen hier den Schädel einer Frau und fünf Kindern. Sorgfältig mit Pinseln und kleinen Spachteln wurden die Schädel freigelegt. Zeichner hielten die genaue Lage fest. Heute spielt die Fotografie bei den Ausgrabungen eine wichtige Rolle. Vor wenigen Jahren griffen Archäologen zusammen mit vielen anderen Wissenschaftlern den Fall erneut auf. Sie wollten gemeinsam herausfinden, was hier eigentlich passiert war.

- **Das Tatgeschehen:** Die Schädel von zwei Kindern zeigten schwere Hiebverletzungen, die zum Tode führten.
- **Die Tatzeit:** Mithilfe weiterer Funde und der Dendrochronolgie konnte belegt werden, dass die „Wasserburg" von 1050–850 v. Chr. besiedelt war.
- **Alter und Geschlecht:** Bei beiden Kindern ließ sich das Alter durch ihre Milchzähne genau bestimmen; sie waren acht Jahre alt. Es handelte sich um einen Jungen und ein Mädchen. Da sich ihre Schädel sehr ähnelten, vermutet man, dass sie miteinander verwandt waren. Ob sie Geschwister waren, weiß man nicht.

- **Krankheiten:** In den Nasen fand man Hinweise auf eine Entzündung, die durch das ständige Einatmen des Rauchs von Kochfeuern entstehen kann.
- **Ernährung:** An den Knochen konnte man erkennen, dass die Kinder sich hauptsächlich von Pflanzen ernährt hatten.
- **Aussehen:** Mithilfe von Computerprogrammen und durch den Einsatz der Computertomographie konnte das Aussehen der Kinder rekonstruiert werden.

❶ Schaut euch die Rekonstruktion des Jungen auf Bild 1 an. Welche Einzelheiten stellen Vermutungen dar?

Widersprüchliche Aussagen

Mit den modernern Untersuchungsmethoden konnten die Wissenschaftler viele Einzelheiten zusammentragen. Aber auf die wichtigste Frage, warum die Kinder sterben mussten, wissen sie bis heute keine eindeutige Antwort. Diskutiert werden von den Archäologen folgende Möglichkeiten, die sie in erfundenen Geschichten vorstellen:

2 – Der Steinzeit auf der Spur. Ein Experte zeigt Kindern, wie Archäologen arbeiten. Foto, 2008.

A – Menschenopfer

„Etwas musste geschehen. Die Felder waren versumpft. Durch den dauernden Regen waren schon zwei Ernten ausgefallen. Zunächst war das Futter knapp geworden, und im letzten Winter waren dann viele Tiere gestorben. Jetzt forderte der Hunger auch die ersten Opfer unter den Dorfbewohnern. Der Medizinmann hatte sich vor drei Tagen zurückgezogen – gestern teilte er dann mit, dass die Siedlung von bösen Geistern heimgesucht wird. Nur das Opfer eines unschuldigen Kindes kann sie noch fernhalten. Ein schwerer Verlust, nicht nur für die armen Eltern – aber es gebe keinen anderen Ausweg, meinte er. Das Kind werde nicht leiden, hatten die Dorfältesten den Eltern versprochen."

B – Überfall

„Die großen fremden Männer rannten brüllend durch das Dorf. Sie waren mit Schwertern, Speeren und Knüppeln bewaffnet. Die Mutter stürzte aus dem Haus und schrie ihre Kinder an, sie sollten sich außerhalb des Dorfes verbergen. Die Kinder wollten fliehen, doch es war schon zu spät: Der Junge drängte seine Schwester zurück ins Haus. Von dort musste sie mitanschauen, wie ihr Bruder, der sie beschützen wollte, hart vom Speerschaft getroffen wurde und mit einem Schrei zu Boden fiel. Das Schwert, das dann auf sie einschlug, sah sie schon nicht mehr."

❷ ◫ Lest euch die Texte auf Seite 46 durch. Zählt die Ergebnisse der Archäologen auf, die als sicher gelten.

❸ ◫ Diskutiert, welche der beiden Erklärungsversuche euch am meisten überzeugt. Begründet eure Stellungnahme.

▶ *In der Jungsteinzeit gab es sicher häufig Unwetter und Hungersnöte. Vielleicht sahen die Menschen darin eine Strafe der Götter, die sie wieder versöhnen müssten. Daher glaube ich, dass …*

Wahlaufgaben

Ⓐ ◫ Fertigt einen „Steckbrief" für die beiden Kinder mithilfe der Forschungsergebnisse an.

Ⓑ ◫ Erzählt die Geschichten weiter oder erfindet eine neue. Achtet darauf, dass eure Erzählung den Ergebnissen der Wissenschaftler nicht widerspricht.

Webcode: EV650521-047

Methode

Wir lesen und verstehen Sachtexte

Arbeit mit Sachtexten

Ergebnisse von Forschungen in der Geschichte werden oft in Sachtexten zusammengefasst. Diese Sachtexte lesen wir, wenn wir über die Ergebnisse der Untersuchungen etwas erfahren wollen. Sie sind oft kompliziert, enthalten unbekannte Wörter, stellen den Sachverhalt kurz und stark zusammengefasst dar. Hilfreich für das Verständnis solcher Texte sind folgende fünf Schritte.

Die Fünf-Schritte-Methode zum Lesen und Verstehen von Sachtexten:

Schritt 1 **Text überfliegen und Thema erfassen**	Überfliegen und Thema erfassen. ■ Um welches Thema geht es? ■ Was wisst ihr schon darüber? ■ Was möchtet ihr noch wissen?
Schritt 2 **Fragen stellen**	■ W-Fragen beantworten: Wer? – Was? – Wann? – Wo? – Wie? – Warum?
Schritt 3 **Ein zweites Mal lesen, Unbekanntes klären, Schlüsselwörter markieren**	■ Unterstreicht schwierige/unklare Textstellen und unbekannte Wörter. Klärt diese Stellen in der Klasse oder mithilfe eines Lexikons oder des Internets. ■ Markiert die wichtigsten Wörter (Schlüsselwörter) im Text (Textmarker). ■ Markiert sparsam.
Schritt 4 **Zwischenüberschriften finden**	■ Notiert Überschriften für die einzelnen Abschnitte, die ihren Inhalt knapp zusammenfassen.
Schritt 5 **Inhalt des Textes wiedergeben**	■ Gebt mithilfe der Zwischenüberschriften und unterstrichenen Wörter den Inhalt des Textes wieder.

❶ Kopiert M1 auf der Seite 49. Bearbeitet den Text mithilfe der fünf Arbeitsschritte.

❷ Tragt eure Ergebnisse in der Klasse vor.

❸ Fragt nach, ob eure Inhaltsangabe gelungen ist. Tragt eure Ergebnisse jemandem vor, der den Sachtext nicht kennt.

1 – Der Fund von Syke in einer Vitrine. Foto, 2011.

M1 Über eine archäologische Sensation berichtete eine Zeitung 2012:

Etwa … dort, wo sich der Ortsteil Gessel der Stadt Syke befindet, vergraben Unbekannte (vor 3400 Jahren) einen Goldschatz. Sie holen ihn nie wieder ab. Ungestört ruht er dort etwa 3400 Jahre – bis im Frühjahr 2011 Bautrupps anrücken, um die Trasse für die Nordeuropäische Erdgasleitung (NEL) auszuheben … Bevor hier russisches Erdgas fließt, ist sie Schauplatz eines der größten Archäologieprojekte Europas …

Als am 4. April 2011 mal wieder ein Metalldetektor piepst, ahnt noch keine der Beteiligten, auf welche Sensation sie gerade gestoßen sind. Der Grabungstechniker … gräbt sich vorsichtig in die Tiefe. Zum Vorschein kommen … zwei Bronzenadeln und schließlich gar eine goldene Gewandspange … Die Forscher beschließen, das Erdreich als Block auszustanzen … Nun geht es darum, den Fund möglichst schonend freizulegen. Ein genaues Bild liefert den Forschern eine Computertomografie …

Nach und nach befreien sie aus dem Knäuel … Spiralen, Ketten, Spangen und einen Armreif – ein Schatz mit einem Gesamtgewicht von fast 1,8 kg (Gold) …

Waren es Händler gewesen, die ihre Ware sicher aufbewahren wollten? Krieger mit ihrer Beute? Priester mit einem Opferschatz? …

Das Gold stammt nicht aus Europa, sondern höchstwahrscheinlich aus Zentralasien.

Lösungsbeispiel zum Sachtext:

Zum Schritt 1: Das Thema dieses Textes ist ein Jahrhundertfund der Archäologen.

Zum Schritt 2: Es handelt sich um einen Zeitungsbericht. Beschrieben werden die Umstände des Fundes, der Fund selbst und die Fragen, die sich für die Archäologen stellen.

Zum Schritt 3: Folgende Wörter sind mir unbekannt: *Metalldetektor, Gewandspange, Computertomografie.*

Zum Schritt 4: Den Text kann ich in mehrere Abschnitte einteilen, z. B.:
– Die Pipeline und die Archäologen
– Archäologen sichern den Fund
– Ein sagenhafter Goldschatz gibt Rätsel auf.

Zum Schritt 5: Den Inhalt des Textes kann ich so wiedergeben: Es geht um eine archäologische Sensation in Niedersachsen, nämlich um den Fund eines Goldschatzes, der vor etwa 3400 Jahren vergraben wurde und jetzt zufällig wieder auftauchte. Es war im Jahre 2011, als …

2 – Goldfund von Gessel. Mit einem Pinsel legt die Restauratorin das Knäuel aus Fibel, Spiralen und Armreif frei. Foto, 2011.

Was wissen wir von „Ötzi"?

1 – Die Bergsteiger R. Kammerlander und R. Messner am Fundort des „Ötzi", 1991.

Ein sensationeller Fund

Es ist der 19. September 1991, als die Bergwanderer Erika und Helmut Simon aus Nürnberg in den Ötztaler Alpen in einem Schneefeld einen Leichnam finden. Es ist in diesem Gebiet schon die siebte Gletscherleiche im Jahr 1991. Die Polizei wurde informiert. Wahrscheinlich – so glaubte man – handelte es sich um einen Bergsteiger, der hier vor einigen Jahren tödlich verunglückte. Nur Reinhold Messner, der sich zufällig in der Nähe des Fundortes befand (siehe Bild 1), schätzte, dass der Tote vor mindestens 3000 Jahren gelebt habe.

Die Datierung des Fundes

M1 Die Archäologin Elisabeth Rastbichler Zissernig schrieb 2011:

... Konrad Spindler war der erste Archäologe, der den „Mann im Eis", den Ureinwohner des Ötztals, den „Urtiroler" zu Gesicht bekam. Der Fachmann erkannte den Fundkomplex sogleich als urgeschichtlich. „Mindestens 4000 Jahre oder älter" – das waren seine Worte beim ersten Anblick. Das Beil mit der Metallklinge und der Feuersteindolch ließen ihn nicht daran zweifeln. Aus einem Leichenfund im Hochgebirge wurde eine archäologische Sensation

Endgültige Gewissheit brachte die Untersuchung der Leiche mithilfe der C-14-Methode: Alle Lebewesen nehmen mit der Atmung und der Nahrung den Kohlenstoff C-14 auf. Dieser ist radioaktiv. Stirbt ein Lebewesen, hört die Aufnahme von C-14 auf. Die Atome zerfallen, in 5568 Jahren etwa die Hälfte. An den Knochen kann man feststellen, wie viele Atome bereits zerfallen sind und so das Alter von Funden ungefähr bestimmen. Ötzi lebte demnach zwischen 3350 und 3120 v. Chr., also vor jetzt über 5000 Jahren und damit in einer Zeit, als in Europa die Metallzeit mit der Verwendung des Kupfers begann.

2 – Die Rekonstruktion des „Ötzi".

enttdecken

Wahlaufgaben
Datierung des Fundes
A🔵 Schreibt mithilfe von Bild 1, M1 und des Textes einen kurzen Bericht unter der Überschrift: Sensationeller Fund in den Alpen.

Das Aussehen Ötzis
B🔵 Erstellt mithilfe von Bild 2 und Bild 3, M1 und M2 einen Steckbrief von Ötzi.
▶ *Berücksichtigt Angaben über Herkunft, Alter, Größe, Gewicht, Augenfarbe, Haaren und Kleidung sowie die Gegenstände, die er bei sich trug.*

Ötzis Tod
C🔵 Schreibt mithilfe von M3 eine Erzählung, in der Ötzi von seinen Stunden vor seinem Tod berichtet.

Werkzeug zum Schärfen von Feuersteinklingen (Retuscheur)

Pfeile

Dolch mit Scheide

Bärenfellmütze

Kupferbeil   Birkenrindenbehälter

Schuhe

3 – Funde aus der Nähe der Gletschermumie.

Das Aussehen

M2 Über das Aussehen heißt es in der Darstellung des Südtiroler Archäologiemuseums:
... Es handelt sich ohne Zweifel um einen Erwachsenen männlichen Geschlechts. Sein Alter beträgt aufgrund der Knochenstruktur ungefähr 45 Jahre. Der Mann war zu Lebzeiten etwa 1,60 m groß. Er war schlank ... und dürfte um die 50 kg gewogen haben. Seine Haare, die durch die Mumifizierung völlig ausgefallen sind, waren dunkel und gewellt. Er trug sie mindestens schulterlang und vermutlich offen. Neben Büscheln von menschlichem Haupthaar konnten an der Fundstelle auch kürzere krause Haare geborgen werden. Demnach trug der Mann mit großer Wahrscheinlichkeit einen Bart. DNA-Untersuchungen haben ergeben, dass er braune Augen hatte.

Sein Tod

M3 Der Mediziner Eduard Egarter-Vigl schrieb 2011:
... Der drahtige Mann ... ist müde vom Aufstieg aus dem Tal bis über die Baumgrenze. Unterwegs hat er Wasser von den umliegenden Bächen getrunken. In seinen Lungen und im Darminhalt konnten Pollen und Pflanzen nachgewiesen werden, die nur im Frühling und im Frühsommer blühen ... Der Mann sucht nach einer einigermaßen sicheren, nicht gleich einsehbaren Stelle zwischen den Felstrümmern, um sich auszuruhen ...
Über die weiteren Ereignisse ... kann nur mehr spekuliert werden. Ob sich der Pfeilschütze heimlich im Schutz der mannshohen Felsblöcke angeschlichen hat oder sein Opfer schon erwartet hat, wird sich wohl nie klären lassen ...
Der Pfeil trifft das Opfer wie ein Blitzschlag, unvorbereitet und mit enormer Wucht... Der Getroffene liegt am Boden... In weniger als einer Minute wird der Blutverlust aus der zerfetzten Oberarmschlagader so groß sein, dass das Gehirn nicht mehr ausreichend mit Blut und Sauerstoff versorgt sein wird. Dann überkommt ihn endgültig die Dunkelheit ...

Geschichte vor Ort

Funde aus der Urgeschichte

1 – Wichtige archäologische Funde und Museen in Nordrhein-Westfalen.

Archäologische Spuren in Nordrhein-Westfalen

Funde aus der Altsteinzeit, der Jungsteinzeit und der Metallzeit gibt es auch in Nordrhein-Westfalen.

Etwa 7000 Jahre ist es her, dass ein Bewohner eines jungsteinzeitlichen Dorfes mit mehr als 60 Häusern bei Merzenich in der Nähe von Düren eine Figur aus Ton (Bild 1) formte. Die Figur ist zerbrochen. Archäologen fanden 2008 nur den etwa 5,5 cm großen Kopf und den Rest eines Arms. Ob es Absicht oder Zufall war, dass die Figur zerbrochen wurde, ist nicht bekannt. Noch älter ist ein mit einem Elch verziertes Werkzeug aus der Altsteinzeit. Vor ungefähr 13 000 Jahren ritzte vielleicht ein Jäger die Figur in den Stein. Anhand der Abnutzungsspuren konnten Forscher feststellen, dass es sich um ein Werkzeug handelte, mit dem die Menschen der Altsteinzeit, z. B.

Feuersteine zu Speerspitzen, Messern, Kratzern oder anderen Werkzeugen formten. Bereits fertig gestellte Werkzeuge konnte man mit diesem Stein nachschärfen.

Im Jahre 2005 wurde auf einem Acker bei Windeck im Rhein-Sieg-Kreis ein Stein gefunden, der mit einem Gesicht verziert ist: Es ist das bislang „älteste Gesicht des Rheinlandes" (siehe Foto in der Randspalte).

❶ ▪ Seht euch die Karte oben genau an. Stellt fest, ob es auch in eurer Nähe wichtige Funde aus der Urgeschichte gibt.

❷ ▪ Klärt mit eurer Lehrerin oder eurem Lehrer, ob ihr ein archäologisches Museum besuchen könnt und überlegt, welche Vorbereitung ihr dafür treffen solltet.

▶ *Als Erstes informieren wir uns im Internet über die Öffnungszeiten ...*

Das „älteste Gesicht des Rheinlandes". Foto.

Zusammenfassung

Leben in urgeschichtlicher Zeit

Die ersten Menschen

Menschen gibt es – soweit wir heute wissen – seit ungefähr zwei Millionen Jahren. Skelette und Werkzeuge, wie der Faustkeil, die nur von Menschen stammen können, sind die ältesten Spuren, die Archäologen von ihnen gefunden haben.
Diese Menschen lebten in Afrika. Von hier zogen sie vor etwa zwei Millionen Jahren nach Asien und Europa.

vor ca. 4 000 000 Jahren

In Afrika entwickelte sich der Mensch.

Jäger und Sammler

Das Leben der Menschen war lange Zeit ein ständiger Kampf um Nahrung und Kleidung. Das Jagen großer Tiere und Sammeln pflanzlicher Nahrung war mühsam. Die Menschen lernten das Feuer als Wärmequelle, für die Nahrungszubereitung und für die Jagd zu nutzen.
Die Jäger und Sammler mussten das Gebiet, in dem sie sich ernährten, verlassen, wenn es dort keine Tiere mehr zu jagen und nicht mehr genügend pflanzliche Nahrung zu sammeln gab. Deshalb lebten sie als Nomaden.
Bereits vor 400 000 Jahren gingen die Menschen gezielt in Gruppen auf die Jagd und verfügten über hohe Intelligenz sowie über eine Sprache.

2 000 000 – 9 000 v. Chr.

In der Altsteinzeit lebten die Menschen von der Jagd und dem Sammeln.

Der Mensch als Bauer und Viehzüchter

Vor ca. 11 000 Jahren begann eine umwälzende Veränderung bei den Jägern und Sammlern im Vorderen Orient. Den Menschen wurde bewusst, dass sie sich besser ernähren konnten, wenn sie selbst Pflanzen anbauten, und dass man umso mehr erntete, je besser man den Boden bearbeitete. Die Menschen lernten auch Tiere zu züchten und zu halten: Schafe und Ziegen, bald auch Rinder und Schweine. Damit war die Fleischversorgung sicherer. Die Menschen wurden sesshaft. Dort, wo sie Felder anlegten, bauten sie sich Häuser. In den Dörfern lebten sie in Familien und kleineren Gemeinschaften zusammen.
Die neue Wirtschaftsform dehnte sich langsam auch nach Mitteleuropa aus. Um ca. 5 500 v. Chr. erreichte sie unsere Gegend. Nun gab es meist genügend Nahrung, und einzelne Menschen konnten sich als Handwerker spezialisieren. Neue Techniken wurden entwickelt.

9 000 – 5 000 v. Chr.

Ackerbau und Viehhaltung breiteten sich vom Vorderen Orient bis nach Europa aus.

Beginn der Metallzeit

Etwa 2200 v. Chr. begann die Metallzeit in Mitteleuropa. Das erste Metall, das die Menschen kannten, war Kupfer. Die Menschen lernten im Laufe der Zeit, aus Kupfer und Zinn Bronze herzustellen, die noch härter war. Als ein noch festeres Metall galt das Eisen, das etwa ab 800 v. Chr. hergestellt wurde. Die Arbeitsteilung verstärkte sich aufgrund der Spezialisierung der Menschen, die über besondere Fähigkeiten verfügten. Damit kam es auch zu einer stärkeren Gliederung der Bevölkerung in unterschiedliche Gruppen.

ab etwa 2 200 v. Chr.

Metallzeit in Mitteleuropa.

Das kann ich …

Leben in urgeschichtlicher Zeit

	Lebensgrundlage	Technik	Arbeitsteilung	Wohnen	Ernährung
Altsteinzeit					
Jungsteinzeit					
Metallzeit					

1 – Veränderungen in den Großabschnitten der Frühgeschichte.

2 – Ein Dorf entsteht in der Jungsteinzeit. Rekonstruktionszeichnung.

Nahrungsmittel damals

M1 Die Journalistin Christin Döring schrieb 2007:

Heutige Forscher können anhand winziger Pflanzenreste aus jungsteinzeitlichen Gruben die Vielfalt der steinzeitlichen Nahrungspalette ermitteln. So wissen sie, dass die Menschen in Mitteleuropa vor 7500 Jahren die Getreidearten Emmer, Einkorn und Gerste anbauten.

Mit Feuerstein-Sicheln schnitten die Bauern die Ähren und lagerten die Ernte in einfachen Erdgruben oder großen Tongefäßen im Haus. Wenn die Steinzeitfrauen Mehl brauchten, mussten sie das Korn zunächst von seiner harten Schale, dem Spelz, befreien. Dafür benutzten sie vermutlich einen Holzmörser. Anschließend mahlten sie das Korn auf einer steinernen Getreidemühle. Zu dem Schrot oder Mehl gaben die Steinzeitköche Wasser und formten daraus Brot, oder sie rührten einen Brei an. Getreidegrütze erhitzten sie in einem tönernen Topf, den sie direkt in die heiße Glut des offenen Feuers stellten. Die Herdstelle befand sich auf dem Lehm-Estrich im mittleren Raum des Hauses, dem Zentrum des steinzeitlichen Familienlebens. Hier kochten, wohnten und schliefen die Menschen.

Verstehen

3 – Bohren von Steinen. Rekonstruktionszeichnungen.

4 – Felsmalerei. Um 15 000 v. Chr.

5 – Funde aus der Bronzezeit.

Wichtige Begriffe

Frühmensch
Neandertaler
Steinzeit
Altsteinzeit
Jungsteinzeit
Metallzeit
Höhlenbilder
Werkzeuge
Neolithische Revolution

Wissen und erklären

❶ Erklärt euch gegenseitig die wichtigen Begriffe oben.

❷ Beschreibt die Bilder 2 bis 5 und ordnet sie der Altsteinzeit, der Jungsteinzeit oder der Metallzeit zu. Begründet eure Zuordnungen.

❸ Übertragt die Tabelle in euer Heft und füllt sie aus.

❹ Nennt „Berufe" und Techniken der Altsteinzeit, Jungsteinzeit und Metallzeit.

Anwenden

❺ Bearbeitet den Inhalt von M1 mit den Arbeitsschritten der Methodenseiten 48/49. Verfasst selbst einen Sachtext, der alle wichtigen Informationen enthält. Tragt euren Text jemandem vor, der den Sachtext M1 nicht gelesen hat.

Beurteilen und handeln

❻ Schreibt zu den Bildern 2–5 passende Texte. Beurteilt die Veränderungen und bewertet sie. Was wurde besser, was wurde schlechter?

❼ Entscheidet, wann ihr lieber gelebt hättet: In der Altsteinzeit als Jäger und Sammler oder in der Jungsteinzeit als Bauern und Tierhalter. Begründet eure Entscheidung.

❽ Sätze wie „Das ist ein Rückfall in die Steinzeit!" oder „Das ist ja wie in der Steinzeit!" habt ihr sicher schon gehört. Erläutert, was damit gemeint sein könnte, und nehmt Stellung dazu.

❾ Stellt euch gegenseitig die Eintragungen in eurem Portfolio vor.

Ägypten –
Beispiel einer frühen Hochkultur

Schon in alter Zeit galten die Pyramiden als eines der großen Weltwunder. Und auch heute noch stehen Tag für Tag Tausende von Besuchern vor diesen Riesenbauwerken. Über 4500 Jahre sind sie alt. Viele fragen sich, warum sie überhaupt gebaut wurden, wer den Befehl dazu gab und wie die Menschen damals ohne große technische Hilfsmittel diese Bauwerke errichten konnten.

Ägypten –
Beispiel einer frühen Hochkultur

um 3000 v. Chr.

Ober- und Unterägypten werden vereinigt

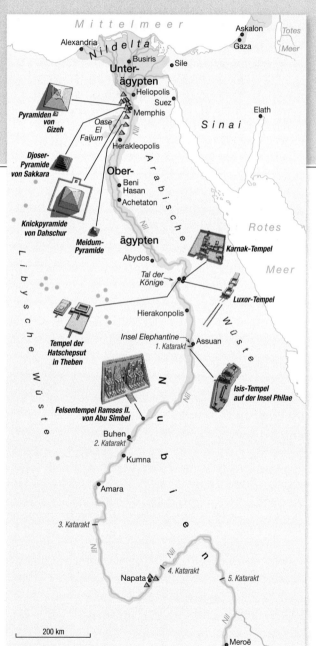

1 – Karte des alten Ägypten.

Um 3000 v. Chr. lebten die Menschen in Europa in kleinen Siedlungen, die umgeben waren von Feldern, auf denen sie Getreide anbauten und von Wäldern, in denen sie auf die Jagd gingen. Jede Siedlung verwaltete sich selbst. Fürsten, denen sie gehorchen mussten, gab es nicht.

Ganz anders lebten zur gleichen Zeit die Menschen in Ägypten. Hier regierte ein mächtiger König über ein großes Reich, in dem fast eine Millionen Menschen lebten. Verwaltet wurde es von seinen Beamten, die schreiben und lesen konnten. Wie einen Gott verehrten die Ägypter ihre Könige, die sich im 3. Jahrtausend v. Chr. in den großen Pyramiden begraben ließen. Man bezeichnet den ägyptischen Staat heute als „Hochkultur". Eine weitere Hochkultur entstand zu dieser Zeit auch in Mesopotamien.

Bei der Arbeit mit diesem Kapitel könnt ihr euch mit folgenden Fragen beschäftigen:

- Warum entstand am Nil ein Staat?
- Welche Rolle spielte der König?
- Wie wurde der Staat verwaltet?
- Welche Bedeutung hatte die Schrift?
- Wie sah der Alltag der Ägypter aus und woran glaubten sie?
- Wozu dienten die Pyramiden?
- Was versteht man unter einer Hochkultur?
- Außerdem erfahrt ihr, wie man Bildquellen erschließen kann.

um 2500 v. Chr.

Pyramiden von Gizeh

1320 v. Chr.

Tutanchamun

30 v. Chr.

Kleopatra/Ägypten wird
römische Provinz

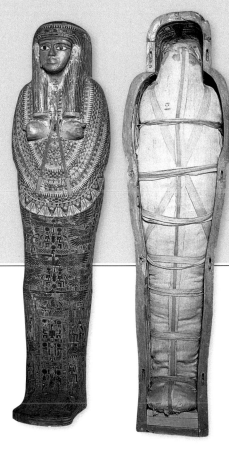

2 – Mumie einer ägyptischen Prinzessin im Sarkophag.
Um 1000 v. Chr.

3 – König Tutanchamun und die Königin Anchesenamun.
Darstellung auf der Rückseite des Thronsessels.

❶ ▣ Auf der Karte sind zahlreiche Bauwerke eingezeichnet.
Berichtet, was ihr darüber schon wisst.

❷ ▣ Informiert euch über die in der Zeitleiste genannten
Personen und stellt sie in einem kurzen Vortrag der
Klasse vor.

❸ ▣ Überlegt euch weitere Fragen zum Thema
„Ägypten – Beispiel einer frühen Hochkultur".

▶ *Nehmt die Methode „Eine Mindmap erstellen" von
S. 245 zu Hilfe.*

4 – Landschaft am Nil heute.

In Ägypten entsteht ein Staat

Warum entstand ein Staat am Nil?

1 – Das Niltal heute. Foto, 2010.

Das Niltal wird besiedelt

Wo sich heute in Ägypten endlose Wüsten erstrecken, gab es einst ausgedehnte Wälder und zahlreiche Seen. Wie in Europa lebten die Menschen hier als Jäger und Sammler. Vor etwa 7000 Jahren änderte sich das Klima allmählich: Die Landschaft verwandelte sich in eine Wüste. Deshalb zogen die Menschen in das fruchtbare Niltal und schufen sich als Bauern und Viehzüchter eine neue Lebensgrundlage.

❶◘ Erklärt mithilfe von Bild 1 und der Karte auf Seite 58, warum in Ägypten nur im Niltal Menschen als Bauern und Hirten überleben konnten.

Der Nil bestimmt das Leben

Q1 Aus der Zeit um 1500 v. Chr. stammt folgender Text:

Sei gegrüßt Nil, der aus der Erde herauskommt, um Ägypten am Leben zu erhalten!
Der die Wüste tränkt, in der es kein Wasser gibt.
Der Gerste macht und Weizen erschafft.
Der die Speicher füllt und die Scheunen vollmacht ...
Wenn er faul ist, dann kann man nicht mehr leben und Millionen Menschen gehen zugrunde.
Wenn er steigt, dann ist das Land im Jubel und jeder voller Freude.
Auf Nil, komm nach Ägypten!

Die Quellen des Nils liegen im heutigen Äthiopien. Hier regnet es im Sommer fast ununterbrochen. Bäche und Flüsse wälzen Massen fruchtbarer Erde in den Nil. So schwillt der Nil von Juni bis Oktober bis zu einer Höhe von acht Metern an und überschwemmt das Land. Wenn der Wasserstand wieder sinkt, bleibt auf den Feldern der fruchtbare Schlamm zurück. Jetzt ist für die Bauern die Zeit der Aussaat gekommen. In manchen Jahren bleibt das Nilhochwasser aus, die Felder werden nicht überschwemmt und es droht eine Hungersnot.

❷◧ Begründet mithilfe von Q1 und des Textes folgende Behauptung: Der Nil konnte für die Ägypter Fluch oder Segen sein.

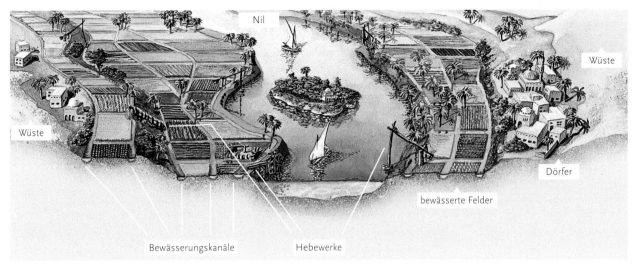

Nil

Wüste

Wüste

Dörfer

bewässerte Felder

Bewässerungskanäle

Hebewerke

2 – Querschnitt durch das Niltal. Schaubild.

Am Nil entsteht ein Staat

Die Nilflut erreichte Ägypten immer, wenn im Juni der Stern Sirius kurz vor Sonnenaufgang zum ersten Mal am Horizont erschien. Für die Ägypter war dies der Jahresanfang. Die Zeit bis zum nächsten Auftauchen dieses Sterns teilten sie in zwölf Monate. So entstand der Kalender.

Weil die Flutwellen des Nils mal zu hoch, mal zu niedrig waren, bauten die Ägypter Deiche, Staudämme und Kanäle. War die Flut hoch genug, wurden die Schleusen geöffnet. Das Wasser floss in die tiefer gelegenen Felder und wurde von dort mithilfe kleiner Kanäle weitergeleitet (Bild 2). In diesen Jahren war die Ernte meist so gut, dass man mehr erntete als man verbrauchen konnte. Man bewahrte dann die Getreideüberschüsse für Notzeiten in großen Speichern auf. Von den Überschüssen konnten außerdem Arbeiter, Handwerker, Künstler, Priester und Beamte ernährt werden, die selbst nicht mehr in der Landwirtschaft tätig waren. So kam es allmählich zu einer vielfältigen *Arbeitsteilung und die Bevölkerung gliederte sich immer mehr in verschiedene Schichten mit unterschiedlichen Aufgaben und Tätigkeiten.

Deiche, Staudämmer und Kanäle zu bauen – dies überforderte die Kräfte einzelner Siedlungen. Unter der Führung ehrgeiziger Häuptlinge schlossen sich daher zu-

nächst in Oberägypten einzelne Dörfer zu größeren Gemeinschaften zusammen. Um 3200 v. Chr. übernahmen die Oberägypter die Macht über ganz Ägypten. Damit beginnt die Geschichte des ägyptischen Staates.

❸ ▣ Notiert, welche Aufgaben der Nil den Bewohnern des Niltals jedes Jahr stellte.

❹ ▣ Beschreibt mithilfe von Schaubild 2 das Bewässerungssystem.

▶ *Die Ägypter mussten das Wasser des Nils auf die höher gelegenen Felder bringen. Dazu bauten sie ...*

❺ Bildet Gruppen von jeweils 4–6 Schülerinnen und Schülern und spielt eine der folgenden Situationen: Die Dorfbewohner kommen zusammen und beraten, was zu tun ist, denn:

a ▣ Der Nil führt zu viel Wasser: eine Überschwemmung droht, oder:

b ▣ Der Nil führt zu wenig Wasser: eine Hungersnot droht.

▶ *Nehmt die Methode „Ein Rollenspiel durchführen" von S. 224/225 zu Hilfe.*

Wahlaufgaben

Ⓐ ▣ Der griechische Geschichtsschreiber Herodot schrieb um 450 v. Chr. dass die Ägypter „recht mühelos ernten". Was könnten ihm Ägypter darauf geantwortet haben?

Ⓑ ▣ Beurteilt folgende Behauptung: „Ägypten ist nicht ein Geschenk des Nils, Ägypten ist ein Geschenk der Ägypter."

* Arbeitsteilung
Wenn ein Mensch mehr produzieren kann, als er für seine Ernährung braucht, kann es zur Arbeitsteilung kommen: Die einen arbeiten z. B. in der Landwirtschaft, die anderen als Spezialisten im Handwerk oder als Händler. Mit der Arbeitsteilung und der Möglichkeit Besitz anzuhäufen, kam es zu einer immer stärkeren Gliederung der Bevölkerung in verschiedene Gruppen (siehe S. 65).

Leben in der Niloase

Schauplatz Geschichte

Der Nil ist der längste Fluss der Erde. Die letzten 1000 Kilometer fließt er durch Ägypten. Ohne den Nil wäre Ägypten eine riesige Wüste. Nur die schmalen Flussebenen links und rechts des Nils sind grün und fruchtbar. Dort lebten die Ägypter.

Wahlaufgaben

A ▶ Ein junger Ägypter fährt zum ersten Mal auf dem Nil. Als er wieder nach Hause kommt, berichtet er, was er alles gesehen hat.

▶ *Seine Erzählung könnte so beginnen: Als ich gestern mit unserem kleinen Boot den Nil herauffuhr, sah ich entlang des Ufers viele Felder, die mithilfe von … bewässert wurden …*

B ▶ Verfasst einen Zeitungsartikel mit dem Titel: „Der Nil bestimmt das Leben der Ägypter."

C ▶ Verfasst mithilfe dieses Bildes eine Beschreibung des Landlebens im alten Ägypten aus der Sicht eines ägyptischen Bauerns.

Der König und seine Beamten

Wer herrschte in Ägypten?

1 – Mumienmaske des Pharaos Tutanchamun. Er wurde mit neun Jahren Herrscher (ca. 1336 v. Chr.) und starb 1327 v. Chr.

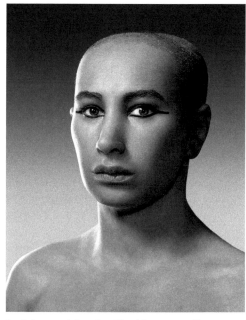

2 – Rekonstruktion des Oberkörpers von Pharao Tutanchamun. Foto, 2005.

Der Pharao und sein Volk

Heute sprechen wir vom „Pharao", wenn wir die altägyptischen Könige meinen. Sie selbst haben sich zunächst nicht so genannt. Ihre wichtigsten Titel lauteten: „König von Ober- und Unterägypten" und „Herr der beiden Länder".

M1 Über die Macht des Pharao schrieb der Ägyptologe D. Kurth:

… Alle Macht lag in den Händen des Pharao. Nur der König erließ die Gesetze, und nur er setzte die höheren Beamten und Priester ein. Der König entschied auch über Krieg und Frieden. Er schickte das Heer aus und manchmal zog er an der Spitze seiner Truppen in den Kampf. In bestimmten Fällen ließ sich der Pharao von einigen Vertrauten beraten, aber er konnte sich in jedem Fall über die Meinung seiner Ratgeber hinwegsetzen …

Nach Meinung der alten Ägypter war der König nur deswegen so mächtig, weil ihn die Götter in sein Amt eingesetzt hatten. Seine Aufgabe war es, den göttlichen Willen auf der Erde durchzusetzen, das heißt, er sollte für Ordnung und Gerechtigkeit sowie für das Wohlergehen seiner Untertanen sorgen.

Achtete der König auf die Wünsche der Götter – so glaubten die Ägypter – ging es Ägypten gut. Verstieß er jedoch dagegen, dann drohten dem Land Dürre, Überschwemmungen, Hungersnot, Krankheiten oder feindliche Überfälle.

Diese Macht eines Königs, der in den Augen seiner Untertanen den Göttern ähnelte, war anfangs besonders groß. Im Laufe der Zeit aber sahen die Untertanen in ihm immer mehr einen Menschen, den sie danach beurteilten, ob er seinen Pflichten gut erfüllt hatte.

❶◘ Erläutert mithilfe des Textes, worauf nach Ansicht der Ägypter die Macht des Pharao beruhte.

▶ *Nehmt die Methode „Wir lesen und verstehen Sachtexte" von S. 48/49 zu Hilfe.*

❷◘ Schreibt aus M1 alle Bereiche heraus, die vom Pharao bestimmt werden.

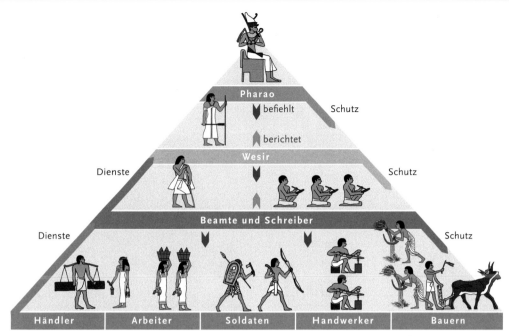

3 – Aufbau der ägyptischen Gesellschaft. Schaubild.

Der Pharao herrscht durch seine Beamten

Ein so großes Reich zu verwalten, war nur mithilfe einer gut ausgebildeten und zahlreichen Beamtenschaft möglich. Den obersten Beamten nannte man Wesir. Als Stellvertreter des Königs überwachte er die jährliche Feldvermessung ebenso wie die Steuerabgaben. Alle Verwaltungen in den Dörfern und Städten unterstanden ihm. Täglich musste er dem König alle wichtigen Ereignisse und Entscheidungen vortragen. Die Befehle des Königs übermittelte er den hohen Beamten – sie sind mit unseren heutigen Ministern vergleichbar. Die hohen Beamten wiederum gaben die Befehle weiter bis hin zu den einfachen Beamten, den Schreibern. Letztere überwachten in den Dörfern die Viehzählungen (siehe Seite 82) sowie die Getreideablieferungen durch die Bauern und schlichteten Streitigkeiten. Außerdem kontrollierten die Schreiber streng

– die Arbeiter und Handwerker, die vom König angestellt und für die Anfertigung von Werkzeugen und Waffen bezahlt wurden, und
– die Ausbildung der Soldaten.

Voraussetzung für die Tätigkeiten der Beamten war die Erfindung der Schrift, mit deren Hilfe nun alle Anordnungen genau aufgeschrieben und weitergegeben werden konnten.

❸ Beschreibt anhand des Schaubildes 3 und des Textes den Aufbau der ägyptischen Gesellschaft.
▶ *An der Spitze des ägyptischen Gesellschaft steht der ... . Er befiehlt über ... und gewährt ...*

❹ Erklärt mithife von Bild 3 den Begriff „Gesellschaftspyramide".

❺ „Die ägyptische Verwaltung wäre ohne eine Schrift nicht möglich gewesen." Begründet diese Aussage.

Wahlaufgaben

Ⓐ Ein Bauer will keine Abgaben zahlen. Der Beamte erklärt dem Bauern, welche Vorteile er durch die Herrschaft des Pharaos hat. Was könnte der Beamte dem Bauern gesagt, was der Bauern dem Beamten geantwortet haben? Spielt diese Diskussion in der Klasse nach.

Ⓑ Der Wesir muss einige neue Beamte einstellen. Stellt die Eigenschaften und Voraussetzungen zusammen, die die Bewerber seiner Meinung nach mitbringen müssen.

Wie entwickelte sich die Schrift?

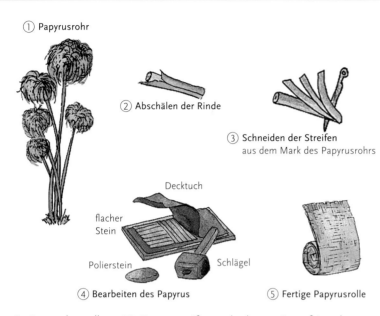

1 – Papyrusherstellung. Die Papyrusstreifen werden kreuzweise aufeinander gelegt. Durch sanfte Schläge mit dem Schlägel kleben die beiden Schichten zusammen.

2 – Schreiberstatue eines Beamten. Kalkstein, um 2450 v. Chr.

Das Wort „Orkan" (Ohr und Kahn).

Die Schrift – heilige Zeichen?

Schreiber und Beamte gab es seit Beginn der ägyptischen Hochkultur um 3200 v. Chr.; genauso so alt ist die Schrift. Die Griechen nannten später diese Schrift, die sie vor allem an den Tempeln sahen, Hieroglyphen – heilige Einkerbungen. Wie die altägyptische Schrift genau entstanden ist, weiß man bis heute nicht genau; vielleicht aber war es so:

Am Anfang bestand die ägyptische Schrift aus Bildern, z. B. Wellen für Wasser (Bild 3). Manche Wörter, z. B. wie „Ruhe", „ehrlich" oder „denken", konnte man damit aber nicht wiedergeben. Deshalb verwendete man die Bilder auch als Lautzeichen. In der deutschen Sprache wäre das so, als ob wir mit dem Bild eines Armes auch das Wort „arm" wiedergeben würden. Mit dieser Methode konnte man auch zusammengesetzte Worte schreiben, wie z. B. im Deutschen das Wort „Orkan" (Ohr und Kahn).

M1 Die Ägyptologin A. Schlott schrieb 1989:

... Als Schreibgeräte verwendeten die Schreiber Pinsel und Tinte. ... Die „Tinte" war ein festes, trockenes Stück Farbe; wollte man damit schreiben, strich man mit dem angefeuchteten Pinsel darüber. Brauchte man mehr „Tinte", löste man ein größeres Stück Farbe in einem mit Wasser gefüllten Töpfchen auf.

Geschrieben wurde auf Scherben zerbrochener Tongefäße, auf Schreibtafeln aus Holz und vor allem auf Papyrus. Das Wort Papyrus bedeutet in der altägyptischen Sprache „zur Verwaltung gehörig". Von den Ägyptern übernahmen die Griechen diesen Ausdruck, von den Griechen wiederum die Römer. Seit dem 14. Jahrhundert ist er in der deutschen Sprache als „Papier" gebräuchlich.

❶ ◘ Erklärt mithilfe von Bild 1 die Herstellung von Papyrusbögen.

3 – Entwicklung der Schrift. Hieroglyphen sind Bildzeichen, die bestimmte Laute ausdrücken. Sie waren aber keine Buchstaben wie in unserer Schrift. Hier findet ihr zum Schreiben eurer Namen Hieroglyphen, die den Lauten unseres Alphabets ungefähr entsprechen.

❷▣ Beschreibt Bild 2. Welchen Eindruck macht dieses Bild auf euch?

Q1 Folgender Text aus der Zeit um 1200 v. Chr. musste von den Schülern oft abgeschrieben werden:

... Sei fleißig! ... Werde Schreiber! Der ist vom Arbeiten befreit und ... er ist gelöst vom Hacken mit der Hacke, er braucht keinen Korb zu tragen. Der Beruf des Schreibers trennt dich vom Arbeiten mit dem Ruder und du bist von der Mühsal gelöst. Du hast nicht viele Herren und hast nicht eine Menge von Vorgesetzten. ... Allein der Schreiber, der leitet jedes Werk, das in diesem Land geschieht. ...

❸▣ Erklärt, warum der Text von den Schülern immer wieder abgeschrieben werden sollte.

Bildung garantiert Erfolg
Schreiben zu können, war die wichtigste Voraussetzung für eine Beamtenlaufbahn. Schreiber konnten nur die Söhne von Beamten werden.

Anfangs hat wahrscheinlich der Vater seinen Sohn selbst unterrichtet. Als der Staat aber immer mehr Schreiber benötigte, wurde die Ausbildung erfahrenen Beamten übertragen.
Die Ausbildung zum Schreiber dauerte viele Jahre. In dieser Zeit lernten die Schüler mehrere hundert Schriftzeichen, die Landeskunde von Ägypten, Mathematik, Geometrie und Astronomie.

❹▣ Notiert, welche weiteren Fähigkeiten und Kenntnisse ein Schüler außer dem Schreiben erwerben musste.

Wahlaufgaben

Ⓐ▣ Schreibt eurem Nachbarn eine Mitteilung, die nur aus Bildzeichen besteht. Welche Schwierigkeiten ergeben sich für ihn beim Lesen?

Ⓑ▣ Stellt euch vor, es gäbe keine Schrift. Worauf müsstet ihr in eurem Alltag verzichten?

▶ *Ohne Schrift müsste man auf Vieles verzichten: ...*

Webcode: EV650521-067

Alltagsleben in Ägypten

Wie lebte die einfache Bevölkerung?

1 – Darstellung eines örtlichen Marktes mit Tauschhandel. Die Hieroglyphentexte enthalten die Gespräche von Kunden und Händlern. Nach einer Grabmalerei, um 2300 v. Chr.

☆ Nubier
Volk im Süden von Ägpyten
(siehe Karte Seite 58).

Handwerker, Arbeiter und Bauern

Der Pharao und die hohen Beamten beschäftigten zahlreiche Arbeiter und Handwerker. Sie errichteten die prächtigen Paläste der Könige und die großen Tempel, stellten Statuen oder Möbel her, bauten Boote usw. Alle standen im Dienste des Pharaos, der dafür sorgte, dass sie die notwendigen Werkzeuge erhielten sowie Kleidung und Nahrung bekamen. In ihrer Freizeit konnten sie außerdem weitere Arbeiten für Nachbarn oder andere Auftraggeber gegen Bezahlung ausführen oder ihre Erzeugnisse auf dem heimischen Markt verkaufen.

Anders als die Arbeiter und Handwerker lebten die Bauern meist in sehr ärmlichen Verhältnissen. Zusammen mit ihren Familien wohnten sie in Hütten, meist ohne Möbel. Man schlief direkt auf dem festgestampften Boden. Häufig genug waren sie der Willkür der Beamten ausgeliefert.

Q1 In Schriften, die um 1200 v. Chr. für Schüler erarbeitet wurden, heißt es:

Und nun komm, dass ich dir darlege, wie es den Bauern ergeht. Wenn das Wasser bei der jährlichen Nilüberschwemmung steigt, wird er durchnässt ... Wenn es tagt, so geht er heraus; was er sucht, findet er nicht auf seinem Platz. Drei Tage verbringt er damit, es zu suchen und findet es dann im Schlamm stecken ...

Der Schreiber landet an dem Damm und schreibt die Ernte auf. Türhüter mit Stöcken (= Unterbeamte) begleiten ihn und ☆Nubier mit Stöcken (als Polizisten). Man sagt „Gib Korn her!" – „Es ist keines da!" Er wird hingestreckt und geschlagen; er wird in den Kanal geworfen.

Seine Frau wird vor ihm gebunden und seine Kinder werden gefesselt. Seine Nachbarn verlassen sie; sie fliehen und bringen ihr Korn in Sicherheit.

2 – Bauern werden bei der Arbeit auf dem Feld vom Grabherrn, der während seines Lebens Schreiber war, beaufsichtigt. Malerei aus dem Grab des Nacht, um 1425 v. Chr.

3 – Handwerker. Aus dem Grab des Beamten Rechmire, um 1450 v. Chr. Foto.

4 – Lebensmittelausgabe an Soldaten. Malerei aus dem Grab des königlichen Schreibers Userhat, um 1400 v. Chr.

❶ ▣ Beschreibt mithilfe von Q1 und Bild 2 das Landleben aus der Sicht eines ägyptischen Bauern oder eines hohen Beamten.

▶ *In den heißen Sommermonaten waren die Bauern gezwungen, tagtäglich auf den Feldern zu arbeiten. Da der Nil alle Felder überschwemmt hatte, mussten sie als Erstes …*

❷ ▣ Vergleicht anhand des Textes und der Bilder die Lebensverhältnisse von Bauern, Handwerkern, Händlern und Soldaten. Nennt die wichtigsten Unterschiede.

Wahlaufgaben

Ⓐ ▣ Versetzt euch in eine der Personen auf den Bildern 1–4 und verfasst aus ihrer Sicht einen Bericht über das Alltagsleben in Ägypten.

Ⓑ ▣ Erklärt, wie die Tätigkeiten der Bauern die Berufe der übrigen Bevölkerungsgruppen ermöglichten.

Webcode: EV650521-069

Die Familie im alten Ägypten

1 – Vornehme Familien bei der Jagd. Links im Bild schleudert der Mann ein Wurfholz in eine Gänseschar, hinter ihm steht seine Gemahlin. Eine Tochter umklammert sein Bein; ein Sohn im Hintergrund macht die Bewegungen des Vaters nach. Malerei aus dem Grab des Nacht, um 1425 v. Chr..

2 – Der Zwerg Seneb, Vorstand der königlichen Webereien, mit seiner Frau, die ihn liebevoll umfasst, und den Kindern. Bemalter Sandstein, um 2250 v. Chr.

Ein Vater rät dem Sohn

Q1 Der Beamte Ani verfasste um 1500 v. Chr. Ratschläge zum Leben für seinen Sohn:

... Gib deiner Mutter doppelt so viel Nahrung, wie sie dir gegeben hat, trage sie, wie sie dich getragen hat. Sie hatte große Last mit dir, doch sie hat dich nie im Stich gelassen. ... Als sie dich in die Schule schickte, damit du schreiben lerntest, hat sie dich täglich versorgt. ... Wenn du dir als junger Mann eine Frau nehmen wirst, nachdem du einen Hausstand gegründet hast, dann achte gut auf deinen Sprössling, zieh ihn ebenso auf, wie es deine Mutter getan hat. Kontrolliere deine Frau nicht in ihrem Hause, wenn du weißt, dass sie tüchtig ist.

ent tdecken

3 – Ehepaar bei der Feldarbeit. Grabmalerei, um 1500 v. Chr.

Familienleben in alten Ägypten

M1 Der Ägyptologe D. Kurth schrieb 2010:
… In der Regel wohnten Vater, Mutter und Kinder gemeinsam in einem Haus. Manchmal wurde noch eine alleinstehende Großmutter oder Tante aufgenommen, um diese zu versorgen.
Es gab also Familien, und diese sahen nicht viel anders aus als heutzutage bei uns. Anders als heute waren aber die Aufgaben und Pflichten des Vaters und der Mutter. Der Vater arbeitete außerhalb des Hauses als Bauer, Handwerker oder Beamter. Die Mutter blieb im Haus, besorgte die häuslichen Arbeiten und kümmerte sich um die jüngeren Kinder. Von den Eltern lernten die Kinder auch das, was sie später in ihrem Beruf wissen mussten, die Mädchen das meiste von der Mutter, die Jungen das meiste vom Vater. Bei den Mädchen handelte es sich dabei um den Beruf der Mutter, bei den Jungen um das Handwerk, das schon der Vater ausübte. Wie und wozu die Mädchen ausgebildet wurden, darüber sagen die historischen Quellen nur wenig. Außerhalb des Hauses gab es für sie vor allem den Beruf der Sängerin und Tänzerin.

❶ ▣ Notiert euch Stichpunkte zu den Bildern 1 und 2: Wie sind die Familien dargestellt?

▶ *Bei Bild 1 sieht man zwei Ehepaare mit ihren Kindern, Töchtern und Söhnen. Die Kinder ähneln den Eltern sehr, denn …*

Wahlaufgaben
Bildet verschiedene Arbeitsgruppen und bearbeitet eine der folgenden Aufgaben:

Ⓐ▣ Schreibt stichwortartig auf, was ihr aus Q1 und M1 sowie den Bildern über Stellung und Aufgabenbereiche der Frauen im alten Ägypten erfahrt.

Ⓑ▣ Notiert mithilfe von Bild 1 und M1, was ihr über die Erziehung der Kinder erfahrt.

Ⓒ▣ Verfasst anhand von Q1 und M1 einen kurzen Bericht, wie der Tagesablauf einer Frau im alten Ägypten ausgesehen haben könnte.

Die Reise in die Ewigkeit

Woran glaubten die Ägypter?

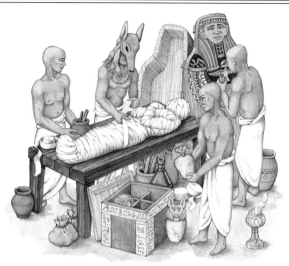

1 – In der Werkstatt eines Mumifizierers. Ein Mumifizierer hat die Maske des Totengottes Anubis aufgesetzt. Die Eingeweide wie Leber, Lunge, Magen und Gedärme wurden in Tonkrügen bestattet. Rekonstruktionszeichnung.

✳ **Totengericht**
Die Ägypter glaubten an ein Totengericht: Danach müssen sich die Menschen nach ihrem Tod vor einem Gericht der Götter für ihre Lebensführung verantworten. Hatte sich der Mensch im Leben nicht rechtschaffen verhalten, so musste er einen „zweiten" Tod sterben, der ihn endgültig auslöschte.

✳ **Natron**
Entzieht Wasser, der Körper trocknet aus, ohne zu verwesen.

Vorbereitungen für das Begräbnis

Die Ägypter glaubten an ein Weiterleben nach dem Tod. Damit das Leben im Jenseits genauso verlaufen würde wie das bisherige Leben, legte man dem Verstorbenen häufig Lebensnotwendiges wie Nahrungsmittel, Kleider sowie Schmuck in sein Grab und malte die Wände mit Szenen aus dessen Leben aus. Für die Zeit nach dem Tode brauchte der Verstorbene jedoch weiterhin seinen Körper. Daher wurde dieser mumifiziert.

Q1 Der griechische Geschichtsschreiber Herodot (um 490–430 v. Chr.) schrieb:
... Es gibt drei unterschiedlich teure Arten der Mumifizierung. Die vornehmste Art ist folgende: Zunächst wird mittels eines eisernen Hakens das Gehirn durch die Nasenlöcher herausgeleitet. Dann macht man mit einem scharfen Stein einen Schnitt in die Seite und nimmt die ganzen Eingeweide heraus. Sie werden gereinigt und in kleine Krüge gefüllt.
Nun liegt der Leichnam 70 Tage lang in ✳Natron. Dann wird dieser gewaschen, mit Binden umwickelt und in einen Sarg gelegt.

❶▶ Erklärt euch gegenseitig die einzelnen Arbeitsschritte (Bild 1 und Q1).

Die letzte Reise

Die Götter des ✳Totengerichts entschieden, ob ein Verstorbener im Jenseits weiterleben durfte. Der Verstorbene, der Schreiber Hunefer ①, musste sich daher zunächst vor den Göttern verantworten.

Q2 In Bild 2 sagt Hunefer:
Ich habe kein Unrecht ... begangen ...
Ich habe keinen hungern lassen.
Ich habe keinen zum Weinen gebracht.
Ich habe nicht getötet und auch nicht zu töten befohlen.
Ich habe nichts gestohlen.
Ich habe nicht die Unwahrheit gesagt.
Ich habe keinen Streit entfacht.
Ich habe getan, womit die Götter zufrieden sind:
Brot gab ich dem Hungrigen,
Wasser dem Dürstenden,
Kleider dem Nackten ...
Ich bin rein, ich bin rein, ich bin rein.

Danach führte ihn Anubis ②, der Gott der Einbalsamierer mit dem Gesicht eines Schakals, den Verstorbenen zur Waage der Gerechtigkeit. Auf den Schalen lagen sein Herz ④ und eine Feder ⑤; sie war das Zeichen für Wahrheit und Gerechtig-

2 – Totengericht. Papyrus aus dem Grab des Schreibers Hunefer, um 1300 v. Chr.

keit. War das Herz schwerer als die Feder, bedeutete dies, dass der Verstorbene kein gutes Leben geführt hatte. Dann würde ihn der Totenfresser ⑥ mit dem Kopf eines Krokodils verschlingen. Wenn der Verstorbene die Prüfung jedoch bestand, hielt der Schreibergott Thot ⑦ das Ergebnis fest. Nun führte Horus ⑧ den Verstorbenen vor den Thron des Osiris ⑨. Dargestellt wird er mit den Herrschaftszeichen eines Pharao: Krone, Bart, Krummstab und Geißel. Hinter ihm stehen die Göttinnen *Nephtys und Isis ⑩. Osiris nimmt Hunefer in sein himmliches Reich auf.

❷◳ Beschreibt mithilfe des Textes und Bild 2 den Ablauf des Totengerichts.

❸◳ Der Text gibt Hinweise, wie sich die Ägypter das Leben nach dem Tod vorstellten. Sprecht über Gemeinsamkeiten und Unterschiede zwischen den ägyptischen und euren Vorstellungen über das Leben nach dem Tod.

Das Totengericht – Mahnung an die Lebenden

Q3 **Um 2200 v. Chr. schrieb ein ägyptischer König an seinen Sohn:**
... Man braucht nicht zu glauben, dass am

Tage des Gerichts alles vergessen sein wird. Rechne nicht darauf, dass die Jahre lang sind. Das Leben verrinnt wie eine Stunde. Nach dem Tod lebt der Mensch aber weiter, und seine Taten werden neben ihm aufgehäuft. Derjenige, der dann ohne Sünde vor den Totenrichter tritt, wird dort wie ein Gott sein und frei dahinschreiten in Ewigkeit.

❹◳ Der Sohn des Königs fragt seinen Vater, was er damit meine: „Die Taten eines Menschen würden nach seinem Tod neben ihm aufgehäuft." Notiert, wie der Vater dies noch näher erklären könnte.

✳ Nephtys und Isis
Diese beiden Göttinnen waren Schwestern. Nephtys galt als Mutter des Totengottes Anubis. Sie war die Beschützerin der Toten. Beide Göttinnen hielten Wache am Totenbett.

Wahlaufgaben

Ⓐ◳ Ein ägyptischer Priester erzählt seinen Zuhörern vom Übergang ins Totenreich. Schreibt auf, was er gesagt haben könnte und berücksichtigt dabei Q2 und Q3 sowie Bild 2.

Ⓑ◳ Ihr habt nun einige ägyptische Götter und Göttinnen kennengelernt. Sammelt noch weitere Informationen zu Osiris, Horus und Anubis. Erzählt darüber vor der Klasse.

▶ *Nehmt die Methoden „Eine Internetrecherche durchführen" von S. 212/213 und „Im Internet etwas suchen / Mit Suchmaschinen umgehen" von S. 244 zu Hilfe.*

Webcode: EV650521-073

Methode

Wir untersuchen Bilder

Bilder sind Quellen

Gemälde und Wandmalereien sind wichtige Quellen, weil wir aus ihnen erfahren, was Menschen früher gedacht und erhofft haben, wie sie lebten und was sie sich wünschten.

Es gibt aber auch Rekonstruktionszeichnungen oder Illustrationen, die Zeichnerinnen und Zeichner anfertigten. Für ihre Bilder nutzen sie Informationen aus Textquellen oder von Ausgrabungen.

Bei Bildern aus dem alten Ägypten muss man beachten, dass sie Menschen nicht naturgetreu darstellen, sondern immer nach einem bestimmten Schema:

– Der Kopf wird immer in der Seitenansicht (im Profil) abgebildet. Dabei sieht aber ein Auge den Betrachter direkt an (Frontalansicht).

Folgende Hinweise helfen euch, Bilder aus dem alten Ägypten besser zu verstehen:

Schritt 1 **Bildquelle und Darstellung unterscheiden**	■ Handel tes sich um ein Bild aus der Zeit (Quelle) oder über die Zeit, das nachträglich entstanden ist (historisierende Darstellung, Rekonstruktionszeichnung)?
Schritt 2 **Die Einzelheiten eines Bildes möglichst genau beschreiben**	■ Welche **Personen/Gegenstände** sind dargestellt? ■ Wie sind sie dargestellt? Kleidung, Frisuren usw. beachten. ■ Gibt es **Unterschiede** in der Darstellung (Größe/Hautfarbe)? ■ Welche weiteren Gegenstände sind auf dem Bild zu sehen? ■ Aus welcher Zeit stammt das Bild (Bildlegende beachten)?
Schritt 3 **Zusammenhänge erklären**	■ Welche Tätigkeiten üben die Personen aus? ■ Wie ist das Verhältnis der Personen zueinander? ■ Gibt es Merkmale, die eine besondere Bedeutung haben könnten? ■ Wie kann man das **Thema** des Bildes kurz zusammenfassen?
Schritt 4 **Zusätzliche Informationen beschaffen**	■ Wer war der Auftraggeber der Bilder? ■ Was kann man über die dargestellten Personen aus anderen Quellen erfahren? ■ Gibt es noch andere Bilder zu diesem Thema? ■ Was verstehe ich nicht und wo finde ich dann noch **weitere Informationen**?

❶ ▣ Wendet die Schritte 1–4 der Methode auf das Bild 1 an.

❷ ▣ Beschreibt und erklärt mithilfe der Schritte 1–4 die Bilder 2 und 3.

❸ ▣ Sucht im Ägyptenkapitel Beispiele für Rekonstruktionszeichnungen. Wodurch unterscheiden sie sich von historischen Bildern?

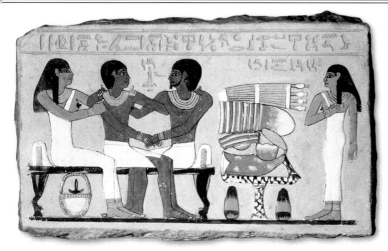

1 – Grabbild des Amenemhet. Kalkstein mit Bemalung. Höhe 30 cm, Breite 50 cm, aus Theben in Oberägypten. Um 2000 v. Chr.

2 – Bauern werden bei verschiedenen Arbeiten in der Landwirtschaft vom Grabherrn, der während seines Lebens Schreiber war, beaufsichtigt. Malerei aus dem Grab des Nacht, um 1425 v. Chr.

3 – Handwerker bei der Arbeit: Bohren von Perlen sowie Abwiegen, Schmelzen und Verarbeiten von Metall. Rekonstruktionszeichnung.

Lösungsbeispiel zum Bild 1:

Zum Schritt 1: Es handelt sich um eine Bildquelle aus dem alten Ägypten, ein Grabbild, das etwa **4000** Jahre alt ist.

Zum Schritt 2: Dargestellt sind vier Personen, zwei Männer und zwei Frauen. Die Männer tragen runde Perücken, Halskragen und Armreife; bekleidet sind sie mit einem kurzen Lendenschurz. – Die Frauen haben ein langes Kleid an. Sie tragen lange Perücken, Halsschmuck, Arm- und Fußreife. Ein Mann hat einen Bart. Die Haut der Männer ist braun, die der Frauen hell. An der unterschiedlichen Hautfarbe erkennt man die Aufgabenverteilung zwischen Mann und Frau. Die dunklere Hautfarbe der Männer zeigt an, dass sie viel im Freien arbeiten, während die helle Haut der Frauen deutlich macht, dass diese mehr im Haushalt tätig sind. Rechts im Bild ein Tisch mit Speisen.

Zum Schritt 3: Drei Personen, zwei Männer und eine Frau sitzen eng beieinander und umarmen sich. Die zweite Frau steht in respektvollen Abstand zu den anderen. Jetzt wird der Zusammenhang klar: Es ist ein Familienbild. Der Vater (mit Bart) und seine Ehefrau umarmen ihren Sohn. Die Schwiegertochter steht in gebührendem Abstand.

Zum Schritt 4: Zusätzliche Informationen kann man im Internet finden.

Warum bauten die Ägypter Pyramiden?

1 – Pyramidenbaustelle. Jugendbuchillustration.

Herrscher über den Tod hinaus

Der ägyptische König bestimmte das Leben seiner Untertanen auch nach seinem Tod. Starb er, so stieg er zu den Sternen auf und wurde selbst ein Gott. Ungefähr 2650 v. Chr. ließen sich die Könige in Pyramiden bestatten, den „Wohnungen für die Ewigkeit". Von 1480 bis 1100 v. Chr. fanden die Könige ihre letzte Ruhestätte im „Tal der Könige" (siehe Karte S. 58). Den Ägyptern, die beim Bau der Pyramiden mitarbeiteten, wurde ein ewiges Leben im Jenseits an der Seite ihres Königs versprochen, auch wenn sie sich selbst kein Grab und keine Mumifizierung leisten konnten.

Die Cheops-Pyramide – ein Weltwunder

Die Pyramide des Königs Cheops, der um 2580–2530 v. Chr. regierte, ist der gewaltigste Steinbau der Welt. Ursprünglich war sie 146 m hoch; ihre Seitenlänge beträgt 230 m (siehe Bild S. 56/57). Schätzungsweise 2 300 000 Steine wurden in ihr verbaut. Im Durchschnitt wiegt jeder Stein mehr als 2000 kg, also zwei Tonnen. Zum Vergleich: Ein Mittelklassewagen wiegt etwa eine Tonne. Es gibt im Inneren der Pyramide aber auch Granitblöcke mit einem Gewicht von fast 50 000 kg, also 50 Tonnen.

Wer baute die Pyramiden?

Den Befehl zum Bau der Pyramide erteilte der König meist gleich zu Beginn seiner Herrschaft, denn bis zur endgültigen Fertigstellung vergingen viele Jahre. Für den Bau der Cheops-Pyramide wurden etwa 20 bis 25 Jahre benötigt.

Die oberste Bauleitung hatte der Wesir. Er sorgte für den Transport der Steinblöcke zum Bauplatz, die Beschaffung von Werkzeug, die Rekrutierung der Arbeiter unter der Landbevölkerung und ihre Unterbringung und Versorgung. Heutige Berechnungen gehen davon aus, dass etwa 4000 Mann das ganze Jahr über an der Baustelle tätig waren. Sie wohnten in eigens angelegten Arbeitersiedlungen. Etwa 10 000 weitere Männer wurden für die Arbeit in den Steinbrüchen und für den Transport des Baumaterials benötigt.

2 – Die Steinblöcke wurden auf dem Nil von den Steinbrüchen zur Pyramidenbaustelle transportiert. Rekonstruktionszeichnung.

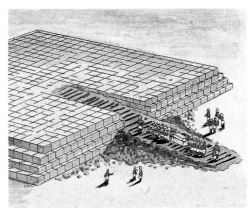

3 – Die unteren Schichten der Pyramide konnten mithilfe von Rampen errichtet werden, auf denen die Blöcke hochgezogen wurden. Rekonstruktionszeichnung.

4 – Als letzten Arbeitsgang verkleidete man die Pyramide von oben nach unten. Rekonstruktionszeichnung.

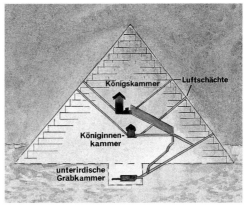

5 – Querschnitt durch die Cheopspyramide mit Kammern, Gängen und Luftschächten. In der Königskammer stand der riesige Steinsarg, in dem Cheops bestattet wurde. Rekonstruktionszeichnung.

Viele Theorien

Die Frage, wie die Ägypter die schweren Steinblöcke auf die immer höher werdende Pyramide brachten, ist bis heute ungelöst. Es gibt dazu viele Überlegungen, aber eine überzeugende Lösung fand bislang noch niemand.

❶ 🔲 Eine Pyramide soll gebaut werden. Der Wesir erklärt seinen Architekten und Vorarbeitern, welche Vorkehrungen getroffen werden müssen. Schreibt mithilfe des Textes und Bild 1 auf, was der Wesir sagen könnte.

▶ *Zum Vorarbeiter, der für die Versorgung zuständig ist, sagt er: Du weißt, dass für den Bau der Pyramide etwa 4000 Arbeiter nötig sind. Kümmere dich also darum, dass ...*

❷ 🔲 Verfasst einen kurzen Bericht über den Pyramidenbau, in dem ihr die einzelnen Bauabschnitte (Bilder 1–5) in kurzen Sätzen erklärt.

Wahlaufgaben

Ⓐ 🔲 In der Karte auf Seite 58 sind mehrere Pyramiden eingezeichnet. Informiert euch über eine davon im Internet und berichtet darüber vor der Klasse.

▶ *Nehmt die Methode „Im Internet etwas suchen / Mit Suchmaschinen umgehen" von S. 244 zu Hilfe.*

Ⓑ 🔲 Informiert euch im Internet über die verschiedenen Theorien zum Pyramidenbau und fertigt dazu eine Wandzeitung an. Welche Theorie überzeugt euch am meisten? Begründet eure Entscheidung.

Methode

Ein eigenes Urteil bilden

Urteilsbildung

Eine Meinung zum Handeln von Menschen in der Gegenwart oder in der Vergangenheit haben wir sehr schnell. Urteile können unterschiedlich ausfallen, müssen aber vor allem immer gut begründet werden. Doch wie gelingt es, zu einem begründeten eigenen Urteil zu kommen?

Folgende Schritte helfen euch, zu begründeten Urteilen über Ereignisse in der Geschichte zu gelangen:

Schritt 1 **Einen ersten Eindruck gewinnen (Vorausurteil)**	Was ist eure **spontane Meinung** zu dem Geschehen? ■ Haltet fest, was ihr denkt und fühlt, während ihr einen Text zum ersten Mal lest oder von einem Problem hört.
Schritt 2 **Ein begründetes Sachurteil treffen**	Wie ist das Handeln der Menschen **aus ihrer Zeit heraus** zu beurteilen? ■ Warum handelten die Menschen so? Was hat sie geprägt (Gesetze, Religion ...)? Gab es unterschiedliche Sichtweisen bei den Beteiligten? ■ Haben die Menschen ihre Ziele erreicht? ■ Hätten sie ihre Ziele auch anders erreichen können? ■ Benötigt ihr weitere Informationen für die Urteilsbildung?
Schritt 3 **Ein begründetes Werturteil formulieren**	Wie steht ihr zu den damaligen Problemen **aus heutiger Sicht**? ■ Ist das Handeln der Beteiligten aus eurer Sicht gerechtfertigt? ■ Würdet ihr ebenso oder ganz anders handeln? Warum? ■ Hatten die Ereignisse nach eurer Meinung gute oder schlechte Folgen?

❶ Beantwortet mithilfe der Schritte 1–3 die Urteilsfrage 1. Dafür müsst ihr euch mit dem Text und der Quelle beschäftigen. Das Lösungsbeispiel von Carl auf der Seite 79 kann euch dabei helfen.

❷ Vergleicht eure Ergebnisse von Schritt 1 mit denen von Schritt 3.

❸ Bearbeitet mithilfe der Schritte 1 bis 3 auch die Urteilsfrage 2.

Urteilsfrage 1:

War der erste überlieferte Streik in der Geschichte berechtigt?

In der Herrschaftszeit Ramses III. (1183 bis 1154 v. Chr.) bauten Handwerker an den Gräbern der Königsfamilie. Ihre Bezahlung bestand aus fast allem, was sie und ihre Familien für das Leben benötigten. Dazu gehörten Getreide, Bier und Brennmaterial. Im Jahr 1155 v. Chr. blieb diese Bezahlung aus. Zuständig für Befehle, Arbeitseinteilung und die Verteilung des Lohns waren der Wesir, Priester, Schreiber und Aufseher. Die Arbeiter organisierten einen Fackelmarsch und brachten Frauen und Kinder mit.

1 – Handwerker bei der Arbeit auf einer Baustelle. Malerei aus dem Grab des Wesirs Rechmire in Theben, um 1450 v. Chr.

Lösungsbeispiel zur Urteilsfrage 1:

Zum Schritt 1: Beim ersten Lesen dachte ich, ... dass es den Menschen schlecht ging. Ich denke, es ist eine gute, gewaltfreie Lösung.

Zum Schritt 2: Aus der Sicht der Ägypter ... war der Streik sinnvoll, weil sie Aufsehen erregten, aber nicht brutal wurden. Mir fällt auf, dass sie trotzdem zum Pharao hielten. Das Ergebnis ist aber nicht so toll, da der Lohn nur teilweise oder gar nicht kam. Es gibt keine Information, wie es später weiterging.

Zum Schritt 3: Meine persönliche Meinung ist, dass ... der Streik eine gute Sache ist. Die Proteste erregen Aufsehen und sie sind friedlich und gerechtfertigt. Ich hätte auch gestreikt.

Q1 Der Schreiber Amonnacht notierte hierzu 1155 v. Chr. auf einem Papyrus:

Erster Tag: Heute überschritt die Mannschaft die fünf Kontrollstationen der Totenstadt. Sie sagten: Wir haben Hunger und die Lebensmittelzuteilung erhalten wir erst in 18 Tagen. Sie setzten sich an die Hinterseite des Tempels.

Zweiter Tag: Die Arbeiter kamen wieder und sagten: Wir sind hierher gekommen, vor Hunger und Durst, wir haben keine Kleider, kein Öl, keine Fische, kein Gemüse. Sendet (eine Mitteilung) an den Pharao, unsern guten Herrn, und schreibt an den Wesir, euren Vorgesetzten, damit uns Lebensmittel verschafft werden ...

Im Folgemonat: Wir haben (die Arbeit) nicht (nur) wegen unseres Hungers verlassen. Es gibt bei uns eine unvorstellbare Angelegenheit! An dieser Stätte des Pharaos wird Böses getan.

In der Folgezeit wurde der zugesagte Lohn (Lebensmittel) zum Teil vollständig, zum Teil unvollständig oder auch gar nicht ausgegeben. Es kam zu neuen Streiks auf der Baustelle.

Urteilsfrage 2:
Sollen Grabräuber mit dem Tode bestraft werden?
Gräber auszurauben, galt im alten Ägypten als schweres Verbrechen. Es bedeutete nicht nur, fremdes Eigentum zu stehlen, sondern auch die Lebensgrundlage des Verstorbenen im Jenseits zu zerstören. Dennoch war die Gier nach den Schätzen in den Gräbern von Reichen bei Dieben größer als die Angst vor Strafen. Wurden sie gefasst, mussten die Diebe mit Schlägen und Folter, in vielen Fällen auch mit der Todesstrafe rechnen.

Q2 Auf einem Papyrus zu einem Prozess gegen Grabräuber (um 1125 v. Chr.) steht:
... Man fand, dass die Diebe sie (die Gräber) durch Steinmetzarbeiten erbrochen hatten ...
... sie hatten ihre Herren (die Leichen) aus ihren Hüllen und Särgen herausgerissen, hatten sie auf die Erde geworfen und hatten ihren Hausrat ... gestohlen, samt dem Gold, Silber und den Schmucksachen, die in ihren Hüllen waren ...

Hochkulturen – nicht nur in Ägypten

Wo gab es weitere Hochkulturen?

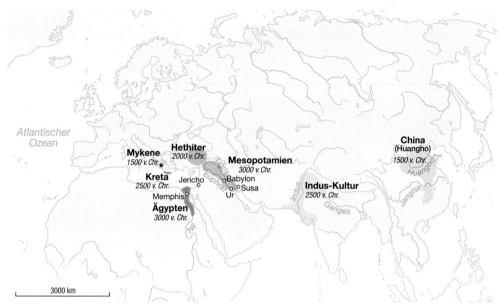

1 – Frühe Hochkulturen im Altertum.

Ägypten war nicht die einzige Hochkultur

Etwa zur gleichen Zeit wie in Ägypten entstand auch in Mesopotamien eine Hochkultur. Mesopotamien bedeutet „Land zwischen den Flüssen." Gemeint ist die Landschaft um die Flüsse Euphrat und Tigris. Weitere Hochkulturen entstanden am Ganges in Indien und am Huangho in China (siehe Karte 1).

Wie in Ägypten, so hatten die Menschen auch hier gelernt, die Flüsse zu beherrschen und durch große Bewässerungsanlagen für sich nutzbar zu machen.

Auch in diesen Staaten regierte ein König. Priester und Beamte sorgten dafür, dass seine Befehle überall im Land durchgesetzt wurden. Und ebenso wie in Ägypten kam es auch hier zur Arbeitsteilung zwischen Bauern, Arbeitern und Handwerkern. In allen diesen Staaten gab es die Schrift und den Kalender.

All diese Hochkulturen haben gemeinsam: Das Volk wird von einem uneingeschränkten Herrscher regiert, der auch Vorsorge trifft für alle in Notzeiten. Die Schrift wird wichtig für die Verwaltung. Technik und wissenschaftliche Kenntnisse werden eingesetzt, um Überschwemmungen zu nutzen bzw. zu vermeiden und um Großbauten wie Pyramiden und Tempelanlagen zu bauen. Es besteht der Glaube an viele Götter.

Weil diese Hochkulturen an Flüssen entstanden, spricht man auch von Flusskulturen.

❶▢ Bringt folgende Begriffe in eine sinnvolle Reihenfolge: Herrscher – Überschwemmungen – Beamte – Bewässerungsanlagen – Kalender – Schrift – Untertanen – Pyramiden – Tempel.

❷▣ Nennt Gründe dafür, dass es gerade an großen Flüssen zur Entstehung von Hochkulturen kam.

❸▣ Vergleicht die Jungsteinzeit mit der Zeit der Hochkulturen und entscheidet dann, wann ihr lieber gelebt hättet. Zieht zum Vergleich folgende Bereich heran: Wohnen – Kindheit – Arbeitsteilung – Herrschaft – Nahrungsbeschaffung.

▶ *Nehmt die Methode „Ein eigenes Urteil bilden" von S. 78/79 zu Hilfe.*

❹▢ Notiert mithilfe des Textes wesentliche Merkmale von Hochkulturen.

Zusammenfassung

Ägypten – Beispiel einer frühen Hochkultur

Besiedlung des Niltales

Vor etwa 7000 Jahren lebten die Menschen in Nordafrika als Jäger und Samm-
ler. Weite Gebiete waren von Gras bedeckt, an feuchteren Stellen gab es auch
Wälder. Die Menschen ernährten sich von Jagd, Fischfang, Pflanzen und
Früchten. Dann begann ihr Lebensraum durch klimatische Veränderungen
auszutrocknen. Dies zwang sie, dem lebensnotwendigen Wasser zu folgen.
So gelangten sie auf Dauer ins Niltal und siedelten sich am Fluss an. Es gab
neben Ägypten noch weitere Hochkulturen, wie z. B. in Mesopotamien. Sein
König Hammurapi (um 1728–1686 v. Chr.) wurde vor allem durch seine
Gesetzessammlung berühmt.

Ägypten – eine Hochkultur

Seit 3500 v. Chr. lernten die Menschen, mit der Nilüberschwemmung um-
zugehen. Sie legten in Gemeinschaftsarbeit Dämme und Kanäle an, sodass
Wasser und fruchtbarer Schlamm auf ihre Felder gelangte, und entwickelten
Schrift und Kalender. Um 3200 v. Chr. wurden die Reiche von Ober- und
Unterägypten zu einem Staat vereinigt.

Der ägyptische Staat

Ein König stand an der Spitze des Staates. Seine Aufgabe war es, den göttlichen Willen auf der Erde durchzusetzen, also für Ordnung und Gerechtigkeit
zu sorgen. Sein göttliches Amt verlieh ihm praktisch unbegrenzte Macht. Eine
leistungsstarke Verwaltung mit zahlreichen Beamten setzte seine Befehle um.
Die Ausbildung zum Schreiber (= Beamter) stand nur den Beamtensöhnen
offen, Frauen waren daher vom Staatsdienst ausgeschlossen. Der größte Teil
der Bevölkerung lebte auf dem Land und erwirtschaftete die notwendigen
Überschüsse, die den Staat finanzierten. Daneben gab es in Staats- und
Tempeldiensten hoch spezialisierte Handwerker.
Begraben wurden die Könige fast 500 Jahre lang (von 2650–2150 v. Chr.) in
den Pyramiden.

Totenkult

Im religiösen Bereich galt die Hauptsorge dem ewigen Leben im Jenseits, das
man sich teilweise als Fortsetzung des diesseitigen Lebens vorstellte. Grabbau,
Grabausstattung und Mumifizierung spielten dabei nach dem Glauben der
Ägypter eine große Rolle. Das ewige Leben konnte man aber nur erlangen,
wenn man im Totengericht nachwies, dass man im diesseitigen Leben nichts
Unrechtes getan hatte.

5000 v. Chr.

Die ersten Menschen lassen sich im Niltal
nieder und gründen Siedlungen.

3200 v. Chr.

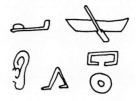

In Ägypten entsteht eine Hochkultur mit
Königtum, Verwaltung und Schrift.

2650 v. Chr.

Die Pyramiden sind die ersten ganz aus
Stein errichteten Großbauten der Welt.

Um 2000 v. Chr.

Blütezeit der ägyptischen Hochkultur.

Das kann ich …

Ägypten – Beispiel einer frühen Hochkultur

1 – Viehzählung. In einer Laube sitzen der Aufseher und die Schreiber. Ein Hirte wird verprügelt. Holzmodell aus dem Grab eines hohen Beamten, um 2000 v. Chr.

Arbeitskräfte   Bauzeit   ?

Pyramidenbau

?   ?   Bedeutung

2 – Mindmap zum Pyramidenbau.

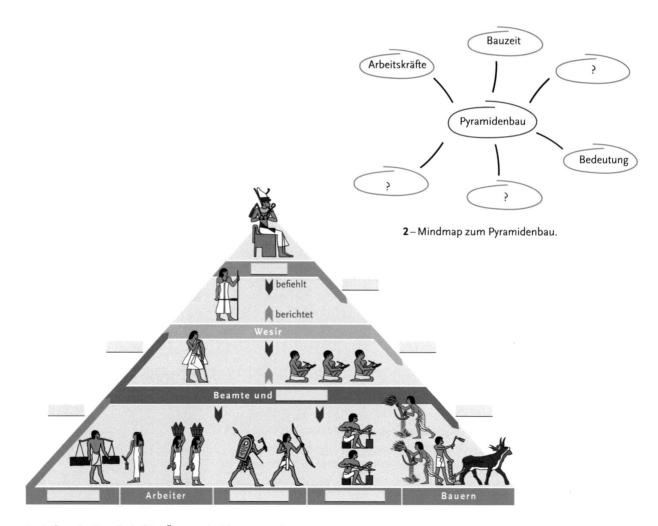

befiehlt

berichtet

Wesir

Beamte und

Arbeiter   Bauern

3 – Aufbau der Gesellschaft im Ägypten der Pharaonenzeit.

Ägypten aus der Sicht Herodots

Q1 Im 5. Jahrhundert v. Chr. schrieb der griechische Geschichtsschreiber Herodot, nachdem er Ägypten besucht hatte:

... Offenbar sind die Gebiete Ägyptens, die von Griechen zu Schiff besucht werden, Neuland und ein Geschenk des Nils, ... die Ägypter ernten den Ertrag ihres Bodens so mühelos wie kaum andere Menschen. ... Sie haben es nicht nötig, mühevoll mit dem Pflug Furchen zu ziehen, den Boden zu hacken oder sonst Feldarbeiten zu tun, womit sich andere auf dem Acker plagen. Der Strom kommt von selbst, bewässert die Äcker und fließt dann wieder ab. Dann besät jeder seinen Acker und treibt die Schweine darauf. Wenn er die Tiere die Saat hat festtreten lassen, wartet er ruhig die Ernte ab, drischt das Korn mithilfe der Schweine und fährt es heim ...

4 – Kinder im alten Ägypten. Jugendbuchillustration

Wichtige Begriffe

Nilschwemme, Bewässerungssystem
Vorratshaltung, Kalender
Arbeitsteilung
König/Pharao
Gesellschaftspyramide
Hieroglyphen
Totengericht, Mumie
Götterwelt
Pyramiden
Hochkultur

Wissen und fragen

1 Sucht euch in Partnerarbeit vier wichtige Begriffe aus, erklärt sie euch gegenseitig und schreibt ihre Bedeutung in euer Geschichtsheft.

2 Erklärt die Bedeutung des Nils für die Bewohner Ägyptens.

3 Erläutert Merkmale der Herrschaft des Pharaos.

4 Beschreibt mithilfe von Bild 1 die Aufgaben der Beamten.

5 Übertragt das Bild 3 in euer Geschichtsheft und füllt die Lücken mit den richtigen Begriffen auf.

6 Erklärt, warum die Schrift für die Verwaltung der ägyptischen Reiches unbedingt notwendig war.

Anwenden

7 Beschreibt Bild 1 mithilfe der Fragen auf den Methodenseiten 74/75.

Vergleichen und beurteilen

8 Bewertet den Reisebericht Herodots (Q1) aus der Sicht eines ägyptischen Bauern. Schreibt auf, was er geantwortet haben könnte.

9 Ergänzt die Mindmap 2 zum Thema Pyramidenbau.

10 Berichtet mithilfe von Bild 4 über die ersten Lebensjahre der Kinder in Ägypten. Notiert Unterschiede zu eurem Leben.

Griechenland
in der Antike

Mit einer List gelang es den Griechen, Troja zu erobern. Versteckt in einem hölzernen Pferd kamen sie in die Stadt, die sie zuvor zehn Jahre lang vergeblich belagert hatten. Überall im antiken Griechenland wurde immer wieder die Sage von diesem Sieg erzählt, der auch heute noch viele Leser und Kinobesucher beschäftigt. Wer waren diese Griechen, deren Leistungen schon in der Antike als vorbildlich galten?

Griechenland
in der Antike

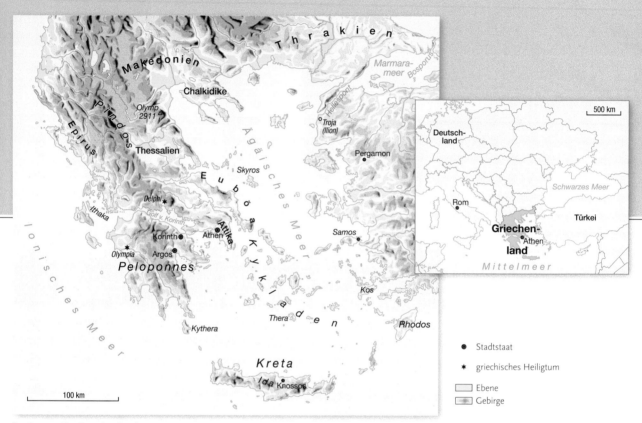

1 – Das antike Griechenland.

Athen war die bedeutendste Stadt im alten Griechenland. Hier regierten – anders als im alten Ägypten – nicht Könige, sondern hier gab es im 5. Jahrhundert v. Chr. – zum ersten Mal in der Geschichte – eine Demokratie, also eine Volksherrschaft. Deshalb ist für uns die Beschäftigung mit der griechischen Geschichte auch heute noch so wichtig.

Bei der Arbeit mit diesem Kapitel könnt ihr Antworten auf folgende Fragen finden:

■ Warum bildeten sich in Griechenland Stadtstaaten?
■ Weshalb gründeten die Griechen rund um das Mittelmeer neue Siedlungen?
■ Welche Rolle spielte die Religion?

■ Welche Bedeutung hatten die Olympischen Spiele?
■ Welche Rechte hatten die verschiedenen Bevölkerungsgruppen in Griechenland?
■ Welche Erkenntnisse aus der griechischen Kunst, Wissenschaft und Forschung sind für uns heute noch wichtig?

❶ Vergleicht die Karte des antiken Griechenlands mit der Karte des alten Ägypten (S. 58). Welche Unterschiede fallen sofort auf?

❷ Tragt zusammen, was ihr über das antike Griechenland wisst und sammelt dieses Vorwissen in einer Mindmap (Bild 5). Ergeben sich daraus neue Fragen? Notiert sie.

ab 750 v. Chr.

**Griechen gründen
Kolonien**

um 450 v. Chr.

**Blütezeit Athens
unter Perikles**

2 – Entzündung der olympischen Fackel in Olympia. Foto, 2004.

3 – Langstreckenlauf. Vasenmalerei aus dem
5. Jahrhundert v. Chr.

4 – Das Brandenburger Tor in Berlin, erbaut im Jahr 1789 nach
einem Vorbild aus dem antiken Griechenland. Foto, 2009.

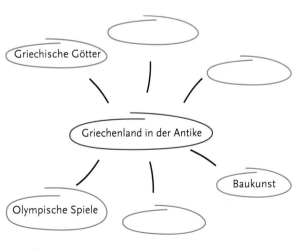

5 – Mindmap.

Griechische Götter

Griechenland in der Antike

Baukunst

Olympische Spiele

Viele Stadtstaaten – ein Griechenland

Wie prägte eine Landschaft die Menschen?

1 – Landschaft in Griechenland. Foto, 2009.

Viele Staaten – ein Volk der Hellenen

❶ ▪ Beschreibt die griechische Landschaft mithilfe von Bild 1 und Karte 1 von Seite 86.

Im Verlauf des 2. Jahrtausends v. Chr. drangen von Norden her kriegerische Volksstämme in das heutige Griechenland ein. Von einem kleinen Stamm übernahmen sie ihren gemeinsamen Namen: „Hellenen". Dieser Name unterschied sie von der besiegten Urbevölkerung und von Fremden. Die Bezeichnung „Griechen" taucht erst viel später auf.
Die Stämme kamen in ein Land, das wenig Siedlungsraum bot. Das Mittelmeer gliedert das Land in zahllose Inseln und Halbinseln. Hohe Gebirgszüge umschließen kleine, nur begrenzt fruchtbare Ebenen. Jedes Tal bildete damals eine abgeschlossene Welt für sich. Die Wege waren so schmal, dass Eselskarren nur mit Mühe aneinander vorbeikamen. Eine Reise zum nächsten Ort jenseits der Berge war beschwerlich. Die eingewanderten Stämme zersplitterten so in viele kleine, voneinander getrennte Gemeinschaften.

Wo es möglich war, errichtete man auf einer Anhöhe eine Burg. Von hier aus herrschten Fürsten, die sich auch als Könige bezeichneten, über die Bevölkerung des Tals oder der Insel. Unterhalb der Burg entstanden städtische Siedlungen, in denen Großgrundbesitzer, Händler und Handwerker wohnten. Die Bauern lebten auf dem Land, das die Siedlungen umgab.
So entstand in Griechenland kein großes Reich mit einer Hauptstadt. Vielmehr bildete jede Stadt einen eigenen Staat für sich mit einer eigenen Regierung. Die Griechen nannten eine solche Siedlung ※Polis.

❷ ▪ Erklärt mithilfe von Text und Bild, wie die Landschaft die Bildung der griechischen Stadtstaaten bestimmte.
▶ *In Griechenland gab es keinen großen Staat wie in Ägypten, sondern viele kleine Stadtstaaten. Das lag daran, dass …*
❸ ▪ Erklärt mit eigenen Worten den Begriff „Polis".
▶ *In einer Polis lebten …*

2 – Gründung von Kolonien durch die Griechen zwischen 750 und 550 v. Chr.

Die Polis – Stadt und Staat zugleich

In einer Polis lebten selten mehr als ein paar tausend Menschen. Dennoch nennen wir sie heute Stadtstaaten. Für die Bürger war der Stadtstaat das eigentliche Vaterland. Für seine Unabhängigkeit und Freiheit kämpften sie – auch gegen den jeweiligen Nachbar-Stadtstaat. Wenn damals ein Bewohner Griechenlands gefragt wurde, woher er komme, dann antwortete er nicht: „Ich bin ein Hellene.", sondern: „Ich bin ein Athener." Ein anderer hätte gesagt: „Ich bin ein Spartaner." oder „Ich bin ein Korinther."

In der Heimat wird es zu eng

Einige Stadtstaaten litten schon bald unter Überbevölkerung und an Hungersnöten. Deshalb wanderten zwischen 750 und 550 v. Chr. zahlreiche Griechen aus und gründeten neue Stadtstaaten (*Kolonien) rund um das Mittelmeer und das Schwarze Meer. Viele Kolonien wuchsen schnell heran und übertrafen schon bald nach ihrer Gründung die Mutterstädte an Reichtum und Macht.

Das Gefühl der Zusammengehörigkeit mit dem Mutterstädten blieb aber bei allen Auswanderern bestehen: Man sprach die gleiche Sprache, verehrte die gleichen Götter und nahm an den Olympischen Spielen und anderen Wettkämpfen in Griechenland teil.

* Kolonien
Tochtergründungen
von griechischen Mutter-
städten.

4 Stellt mithilfe der Karte 2 und eines Atlas eine Liste der heutigen Länder auf, in denen es griechische Kolonien gab.

5 Erklärt der Ausspruch eines griechischen Gelehrten: „Wir sitzen um unser Meer, wie die Frösche um einen Teich."

Wahlaufgaben

A „Die gemeinsame Sprache verbindet Menschen miteinander." Erklärt diese Aussage und nennt dafür Beispiele, wo ihr dies schon selbst erfahren habt (Schule, Urlaub usw.).

B In eurer Klasse gibt es sicherlich Schülerinnen und Schüler, die mit ihren Familien nach Deutschland gekommen sind. Befragt sie: Was waren die Ursachen für den Entschluss, für einige Jahre oder für immer ihr Heimatland zu verlassen? Welche Probleme gab es für sie, als sie nach Deutschland kamen?

Wie entstand ein Zusammengehörigkeitsgefühl?

* Nektar
Unsterblichkeit verleihender Trank der Götter.

* Ambrosia
Götterspeise, die Unsterblichkeit bewirkt.

Griechische Götter

Vom Leben und Handeln der Götter berichten griechische Sagen.

M1 In einer Nacherzählung der Sage heißt es:

„Zeus wollte wieder einmal seine Kinder und Geschwister beim Göttermahl vereint sehen. Daher ließ er Hermes, den Götterboten, zu sich kommen und befahl ihm: „Ziehe deine Flügelschuhe an und rufe mir deine Brüder und Schwestern herbei! Ich will mit Hera, meiner Frau, ein Mahl geben."

Hermes flog zuerst zu Hephaistos, dem Gott des Feuers. Der schmiedete großartige Waffen. Seine Frau war die schöne Aphrodite. Sie warf noch einen Blick in ihren Spiegel und machte sich dann auf den Weg zum Olymp, dem Sitz der Götter. Athene, die Lieblingstochter des Zeus, traf Hermes in der Stadt an, deren Einwohner sie zur Schutzgöttin erwählt hatten. Sie nahm ihre Lanze und eilte zu ihrem Vater.

Artemis jagte gerade auf der Peloponnes. Nicht weit davon entfernt traf der Götterbote ihren Bruder Apollo. Auf den Befehl des Hermes hin ergriff er sein Musikinstrument, eine Leier, und machte sich auf den Weg. Dionysos, der Gott des Weines, schloss sich ihnen an.

Zuletzt fand Hermes den Gott des Krieges, Ares. Wie er ihn antraf – mit Schild und Lanze –, so brachte ihn Hermes zu seinen Geschwistern auf den Olymp.

Auch die Brüder des Zeus waren gekommen: Poseidon mit seinem Dreizack, der Gott des Meeres, und Hades, der Gott der Unterwelt, der seinen Richterstuhl verlassen hatte, um der Einladung zu folgen. Kerberos, den mehrköpfigen Hund, ließ er als Wächter der Unterwelt zurück.

Bei *Nektar und *Ambrosia unterhielten sich die Götter und teilten Zeus ihre Sorgen mit."

1 – Götter der griechischen Sage.

2 – Detailansicht an einem griechischen Tempel.

3 – Die Akropolis und das Parthenon von Roger Payne, Rekonstruktionszeichnung, 1934.

❶ Lest M1 und ordnet anschließend den Zahlen die richtigen Götter und Göttinnen zu. Benennt, welche Funktion die einzelnen Götter hatten.

Götter und Tempel

Gemeinsam war den Griechen nicht nur die Sprache, gemeinsam war ihnen allen auch der Glaube an die gleichen Göttinnen und Götter. Im Unterschied zu den Ägyptern stellten sich die Griechen vor, dass die Götter im Aussehen wie im Charakter den Menschen glichen. Sie waren wütend, eifersüchtig, verliebt, fröhlich oder traurig. Aber anders als die Menschen blieben sie ewig jung und unsterblich.

Die Griechen glaubten, dass die Götter Macht über die Erde hatten und jederzeit das Leben der Menschen positiv oder negativ beeinflussen konnten.

Die Götter lebten – so glaubte man – wie eine große Familie zusammen auf dem Gipfel des Olymp (siehe Karte S. 86), wo auch der Göttervater Zeus herrschte. Überall in Griechenland und in den Kolonien errichteten die Griechen prächtige Tempel (siehe Bilder 2 und 3). Hier verehrte man die Götter und Göttinnen und brachte ihnen Opfergaben dar.

Heilige Spiele

Bei allen großen religiösen Festen fanden auch sportliche Wettkämpfe statt, so z. B. auch in Olympia (siehe Karte S. 86) alle vier Jahre zu Ehren des Göttervaters Zeus.

> **Q1 Der athenische Gelehrte Isokrates schrieb um 380 v. Chr.:**
> … Wir versammeln uns alle an einem Ort, nachdem wir alle Feindseligkeiten eingestellt haben. Während des Festes bringen wir gemeinsam unsere Opfer dar, verrichten gemeinsam Gebete und werden uns dabei unseres gemeinsamen Ursprungs bewusst. Alte Freundschaften werden erneuert, neue Freundschaften werden geschlossen. So lernen wir uns gegenseitig besser zu verstehen. …

❷ Erklärt mithilfe des Textes und Q1 die Bedeutung religiöser Feste für das Zusammengehörigkeitsgefühl der Griechen.

Wahlaufgaben

Ⓐ Informiert euch über Feiern und sportliche Veranstaltungen in eurer Gemeinde, die der Verständigung und dem Frieden dienen (z. B. Städtepartnerschaften).

Ⓑ Ein Grieche erklärt einem Fremden den Sinn der religiösen Feste.

▶ *Wir leben in Griechenland in vielen kleinen Dörfern und Städten, getrennt durch hohe Berge. Wegen zahlreicher Hungersnöte sind auch viele Griechen ausgewandert. Damit das Gemeinschaftsgefühl nicht verloren geht …*

Wie wurden die Olympischen Spiele durchgeführt?

1 – Wagenrennen. Die Wagenlenker gehören zu den wenigen Sportlern, die bekleidet sind. Vasenmalerei.

2 – Weitsprung aus dem Stand. Zwischen 1,5 und 4,5 kg schwere Gewichte aus Stein, Blei oder Eisen verstärken den Vorwärtssprung. Vasenmalerei.

3 – Langstreckenlauf. Vasenmalerei, 6. Jahrhundert v. Chr.

Olympische Wettkämpfe

M1 In einer heutigen Darstellung heißt es:

… Im Frühling eines olympischen Jahres machten sich drei heilige Boten auf den Weg und suchten jeden Winkel von Griechenland auf, um die bevorstehenden Spiele anzukündigen. Man forderte die Teilnehmer auf, mindestens einen Monat vorher zu erscheinen, um unter der Aufsicht der Kampfrichter zu trainieren. Andere kamen zu Zehntausenden, wann und wo es ihnen beliebte – Zuschauer, Lebensmittel- und Getränkehändler, Abgesandte vieler griechischer Städte, Bettler, Blumenhändler und die Sänger, Tänzer und Redner, die das „Rahmenprogramm" bestritten – kurz, der ganze bunte Haufen, der sich überall bei großen Rennen und auf Jahrmärkten einfindet …

Die Spiele beginnen

Zuschauer und Händler übernachteten in Zelten, für die Ehrengäste stand ein schön eingerichtetes Gästehaus zur Verfügung. Da die Spiele zu Ehren der Götter durchgeführt wurden, begannen sie stets mit Gebet und Opfer. Zusammen mit den Sportlern zogen die etwa 40 000 Zuschauer am ersten Wettkampftag zur Statue des Göttervaters Zeus. Die Athleten und ihre Trainer schworen, dass sie sich mindestens zehn Monate lang mit einem intensiven Training auf diese Spiele vorbereitet hatten und die Wettkampfregeln streng beachten würden. Ein Verstoß galt als Gotteslästerung und wurde hart bestraft.

Teilnehmen an den Wettkämpfen durften nur griechische Männer. Für Frauen gab es seit dem 5. Jahrhundert v. Chr. eigene Wettkämpfe. Sie bestanden lediglich aus einem Wettlauf, der in drei verschiedenen Altersklassen ausgetragen wurde.

Die Olympischen Spiele sollten eine Zeit des Friedens sein. Dieser Gottesfrieden dauerte so lange, wie Athleten und Zuschauer für die Hinreise, die Durchführung der Spiele und die Rückreise benötigten. Während der Spiele durften in ganz Griechenland keine Kriege geführt werden.

4 – Olympische Sommerspiele 2012 in London. Die deutschen Achter-Ruderer erringen die Goldmedaille.

5 – Paralympics 2014 in Sotschi. Die gelähmte Anna Schaffelhuber gewinnt in mehreren Ski-Disziplinen insgesamt fünf Goldmedaillen.

Berühmte Sieger der Olympischen Spiele:
(Orte s. Karte Seite 89)

Weitsprung:
Chionis aus Sparta (664)

Wagenrennen:
Kimon aus Athen (532, 528, 524)

Pferderennen:
Hieron, Alleinherrscher von Syrakus (476)

Faustkampf der Knaben:
Antipatros aus Milet

Langlauf:
Sotades aus Kreta (384)

Stadion- und Doppellauf:
Astylos aus Kroton

Auszeichnungen und Ehrungen

Die Athleten wollten bei den Wettkämpfen keine Rekorde aufstellen. Sie wollten Erste sein, besser sein als alle anderen. Zweite oder dritte Plätze gab es nicht. Es gab nur einen Sieger und die Verlierer. Dabei war es völlig gleichgültig, ob man mit einem relativ schlechten Ergebnis gewonnen hatte.

Von den Siegern wurden Standbilder angefertigt, die man in Olympia aufstellte. Auch in ihrer Heimatstadt wurden die Sieger geehrt und mit Geldzahlungen belohnt. In Athen zum Beispiel erhielten Olympiasieger aus der Stadtkasse 500 Drachmen. Für die damalige Zeit war dies ein Vermögen, kostete ein Schaf nur ungefähr 10 Drachmen.

Ehrungen und „Preisgelder" führten dazu, dass seit dem 4. Jahrhundert v. Chr. immer mehr Berufssportler an den Olympischen Spielen teilnahmen. Vereinzelt kam es auch zu Bestechungsversuchen, um den Sieg zu erkaufen.

6 – Olympische Sommerspiele 2012 in London. Finale des 1500 m-Laufs der Frauen.

❶ ▣ Begründet anhand des Textes und der Bilder 1–3, dass es sich bei den Olympischen Spielen sowohl um eine religiöse Feier als auch um sportliche Wettkämpfe handelte.
▶ *Beachtet dazu auch die Gebäude im Zentrum auf dem Bild der nächsten Seiten. Im Zentrum von Olympia standen die Tempel des Göttervaters Zeus und seiner Frau Hera.*

❷ ▣ Erstellt eine Tabelle „Olympische Spiele früher und heute". Notiert mithilfe der Bilder 1–6, M1 und des Textes die Unterschiede und Gemeinsamkeiten.
▶ *Berücksichtigt dabei z. B. die Teilnehmer, Vorbereitungen, Eröffnungsfeier, Ehrungen usw.*

❸ ▣ „Olympia war wichtig für das Zusammengehörigkeitsgefühl der Griechen." Erklärt diese Behauptung anhand der Siegerliste in der Randspalte und der Karte auf S. 86.

Wahlaufgaben

Ⓐ ▣ Die drei Boten aus Olympia kommen nach Athen. Entwerft eine Rede, in der sie dafür werben, an diesen Spielen teilzunehmen.
Ⓑ ▣ Beurteilt in Partnerarbeit folgende Aussagen: „Die Olympischen Spiele dienen der Völkerverständigung." und „Die Behauptung, der Sport verbinde die Völker, ist eine Irreführung."
▶ *Nehmt die Methode „Ein eigenes Urteil bilden" von S. 78/79 zu Hilfe.*

Webcode: EV650521-093

Olympische Spiele

Ringen

Waffenlauf

Boxen

Stadionlauf

Diskuswerfe

Schauplatz Geschichte

In Olympia trafen sich alle vier Jahre Sportler aus ganz Griechenland. Sie reisten 30 Tage vor Beginn der Wettkämpfe an und trainierten unter Aufsicht. Auch bei den Wettkämpfen gab es Kampfrichter, die auf die Einhaltung der Regeln achteten.

Wahlaufgaben

A Nur noch wenige Stunden bis zum Beginn der Olympischen Spiele. Als Reporter berichtet ihr von den Vorbereitungen der Wettkämpfer.
▶ *Beschreibt die Sportarten, die unten genannt sind, und die Orte, wo sie stattfinden.*

B Macht einen Rundgang durch das Olympia-Gelände und berichtet von der gesamten Anlage.
▶ *Im Zentrum der gesamten Anlage steht ein Tempel. Er ist dem Göttervater Zeus geweiht. Nicht weit entfernt davon sieht man den Tempel der …*

Die Anlage von Olympia im 5. Jahrhundert v. Chr.
Rekonstruktionszeichnung.

1 Gymnasion: Übungsplatz für die Sportler
2 Ringerschule
3 Amtssitz der olympischen Priester
4 Werkstatt des Bildhauers Phidias (um 500–432 v. Chr.), der die 12 m hohe Zeusstatue schuf
5 Gästehaus
6 Amtssitz hoher Verwaltungsbeamter
7 Tempel der Hera (Frau von Zeus)
8 Zeusaltar
9 Zeustempel
10 Buleuterion (hier wurde der olympische Eid abgelegt)
11 Säulengang
12 Stadion
13 Bäder
14 Pferderennbahn

Methode

Arbeit mit Textquellen

Neben den Texten der Autorinnen und Autoren gibt es in diesem Schulbuch auch Textquellen, die von früher lebenden Menschen stammen. Das können Berichte, Briefe, Gesetze oder auch Inschriften sein. Diese Texte liefern wichtige Informationen. Aber manchmal sind sie auch schwer zu verstehen, weil ihre Verfasser z. B. einseitig berichten oder etwas verschweigen. Man darf diese Texte also nicht einfach für die einzig mögliche „Wahrheit" halten, sondern muss sie gezielt befragen.

Die folgenden Arbeitsschritte und Leitfragen sollen euch die Arbeit mit Textquellen erleichtern:

Schritt 1 **Fragen zum Verfasser**	■ Wer ist der **Verfasser**? ■ Hat der Verfasser die Ereignisse, über die er berichtet, selbst erlebt? ■ Versucht der Verfasser **neutral** zu sein oder ergreift er deutlich Partei für bestimmte Personen?
Schritt 2 **Fragen zum Text**	■ Um welche **Art von Text** handelt es sich: Bericht, Erzählung, Inschrift usw.? ■ Welche Begriffe sind unbekannt? – Wo kann man eine Erklärung finden? ■ Wovon handelt der Text? ■ Welcher Gesichtspunkt steht im Mittelpunkt? ■ Lässt sich der Text in **einzelne Abschnitte** gliedern? Welche Überschriften könnten sie erhalten? ■ Wie lassen sich die Informationen des Textes kurz zusammenfassen?
Schritt 3 **Meinungen und Informationen des Verfassers unterscheiden**	■ Welche Sätze enthalten **Sachinformationen**, welche Sätze geben die **Meinung** des Verfassers oder sein Urteil wieder? ■ Wie kann man diese Unterschiede erkennen? ■ Lässt sich mit der Herkunft des Verfassers erklären, warum er einseitig berichtet?

❶ ▣ Lest Q1 genau durch und notiert euch, was Xenophanes vor allem kritisiert.

❷ ▣ Entwerft ein Streitgespräch: Ein Olympiasieger trifft auf einen Gelehrten, der die Ansicht des Xenophanes vertritt.

❸ ▣ Wertet nach dem Muster von Q1 (rechte Spalte Seite 97) selbst die Quelle 2 aus.

Q1 Xenophanes (ca. 570–470 v. Chr.), ein griechischer Gelehrter aus Kleinasien (Westen der heutigen Türkei), über die Verehrung der Olympiasieger:

... Wenn einer in Olympia einen Sieg erringt, wird er einen Ehrensitz bei den Veranstaltungen erhalten, und er erhält Speisung aus öffentlichem Vermögen und ein kostbares Geschenk. ... Dieser Brauch aber ist willkürlich. Denn besser als die rohe Kraft von Männern und Rennpferden ist meine Weisheit. ... Und wenn einer auch als tüchtiger Faustkämpfer oder als Ringer sich auszeichnete oder durch die Schnelligkeit seiner Füße ..., so würde es doch dadurch der Stadt nicht besser gehen.

1 – Diogenes, griech. Philosoph, 400–323 v. Chr.

2 – Sportarten. Trinkschale um 500 v. Chr.

Q2 Der Schriftsteller Chrysostomus (40–112 n. Chr.) berichtet von der Kritik des Diogenes (ca. 400–323 v. Chr.), eines Gelehrten, der viele Jahre in Athen lebte:

... Diogenes sah später jemanden aus dem Stadion kommen, von der Menge auf den Schultern getragen. Die einen folgten ihm jubelnd, während andere Freudensprünge machten und die Hände zum Himmel hoben und wieder andere ihn mit Kränzen und Bändern überschütteten.

Diogenes fragte ihn, was denn den Trubel um ihn herum bedeute. Der junge Mann antwortete: „Ich habe den Stadionlauf gewonnen." „Na und?", erwiderte Diogenes. „Du bist dadurch, dass du deine Konkurrenten besiegt hast, doch kein bisschen klüger geworden. Du bist auch nicht ausgeglichener als früher und weniger feige oder in Zukunft weniger schmerzempfindlich und du wirst deswegen auch nicht weniger Sorgen haben."

„Das stimmt", sagte der junge Mann, „aber ich bin der Schnellste von allen Griechen."

Beispiellösung zu Q1:

Zum Schritt 1:

– Der Verfasser des Textes ist ein Gelehrter, der in Kleinasien geboren wurde.

– Ob er je in Olympia war, ist nicht bekannt.

– Xenophanes nimmt eindeutig Stellung zu der seiner Meinung nach offensichtlich übertriebenen Verehrung der Olympiasieger.

Zum Schritt 2:

– Es handelt sich um eine Stellungnahme des Verfassers zu einer damals aktuellen Frage.

– Die Begriffe im Text sind bekannt.

– Es geht um die Ehrung von Olympiasiegern, von denen die Stadt aber keinen Vorteil hat.

– Wichtig für eine Stadt sind – so betont Xenophanes – weise Männer, Gelehrte.

– Man könnte den Text in zwei Abschnitte gliedern:

　– Die Ehrung von Olympiasiegern in Griechenland.

　– Kritik eines griechischen Gelehrten.

– Gelehrte üben Kritik an den übertriebenen Ehrungen für Olympiasieger.

Zum Schritt 3:

– Der erste Satz enthält eine Information. Xenophanes teilt mit, wie Olympiasieger in Griechenland damals geehrt wurden. In den weiteren Sätzen teilt er nur seine Meinung darüber mit.

– Den Unterschied zwischen einer Information und einer Meinung kann man hier daran erkennen, dass er im ersten Satz einen Sachverhalt wiedergibt, dann aber diesen Sachverhalt umgehend beurteilt.

– Erklärbar ist seine Stellungnahme, denn er selbst ist ein Gelehrter, kein Sportler.

Das antike Athen

Wer regierte Athen?

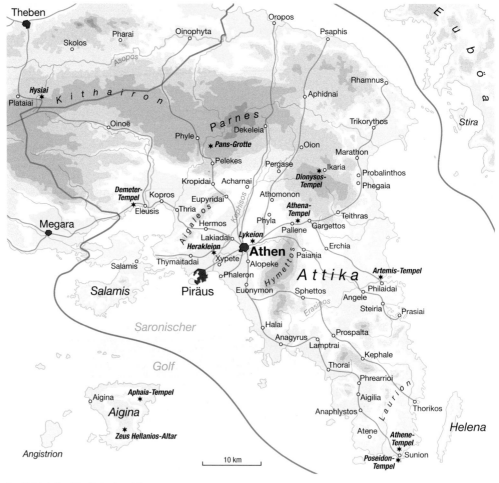

1 – Gebiet des Stadtstaates Athen.

Legende:
- Grenze des Stadtstaates Athen
- Straße/Fußweg
- Stadt
- Dorf
- Heiligtum

Stadtstaat Athen

In Athen hatte seit dem 7. Jahrhundert v. Chr. die Herrschaft in den Händen von Adligen gelegen, die das Königtum abgeschafft hatten. Nach langwierigen Auseinandersetzungen zwischen dem Adel und den übrigen Bevölkerungsgruppen kam es im 5. Jahrhundert v. Chr. zu einer Regierungsform, die die Athener selbst als Demokratie (Herrschaft des Volkes) bezeichneten.

Der berühmteste Politiker Athens im 5. Jahrhundert v. Chr. war Perikles, den die Bürger von 443 bis 429 v. Chr. ununterbrochen in das höchste Staatsamt wählten.

Seiner Ansicht nach sollten alle männlichen Bürger die gleichen politischen Rechte besitzen.

Q1 Im Jahre 429 v. Chr. soll Perikles folgende Rede gehalten haben:

… Wir leben in einer Staatsform, die ein Vorbild für andere Staaten ist. Ihr Name ist Volksherrschaft (= Demokratie), denn bei uns entscheidet nicht eine kleine Minderheit, sondern die Mehrheit. Alle Bürger genießen vor den Gesetzen gleiches Recht …

Jeder, der für den Staat etwas zu leisten vermag, kann bei uns ein politisches Amt erhalten …

mit politischen Rechten

40 000 Bürger

ohne politische Rechte

130 000 Frauen und Kinder

30 000 Mitbewohner (Metöken)

100 000 Sklaven und Sklavinnen

2 – Bevölkerung des Stadtstaates Athen um 430 v. Chr. Schaubild.

Das ganze Volk trifft in der Volksversammlung die Entscheidungen und sucht hier ein rechtes Urteil über die Dinge zu gewinnen. ... Unsere Stadt ist für jedermann offen. Ausweisungen von Fremden gibt es bei uns nicht. Wir lieben Wissen und Bildung. Reichtum ist bei uns zum Gebrauch in der rechten Weise, aber nicht zum Angeben da. Armut ist keine Schande, aber sich nicht zu bemühen ... gilt als Schande.

❶◻ Erklärt mit eigenen Worten, was Perikles unter „Demokratie" versteht.
▶ *Demokratie heißt übersetzt „Volksherr-schaft". In Athen durfte allerdings nicht die ganze Bevölkerung mitbestimmen ...*

Die Volksversammlung

Mindestens 40 Mal im Jahr wurden die Bürger Athens zur Volksversammlung geladen. Auf der Volksversammlung wurden alle Gesetze beschlossen, die Beamten gewählt sowie über Krieg und Frieden entschieden. Häufig dauerten diese Versammlungen von Sonnenaufgang bis zum Abend. Teilnehmen konnte jeder athenische Mann, dessen Eltern auch Athener waren. In Wirklichkeit war vielen Bürgern ein Besuch der Volksversammlung jedoch kaum möglich.

M1 Der Historiker K. W. Weeber schrieb:

... Der im Süden *Attikas wohnende Bauer konnte nicht beliebig oft seine Hacke fallen lassen und den langen Weg in die Stadt antreten, und der Gemüsehändler, der seinen Stand auch nur für einen Tag schloss, riskierte, dass seine Kunden am nächsten Tag anderswohin gingen ...
Für gewöhnlich besuchten die Volksversammlung die Bauern der näheren Umgebung, die stadtansässige Bevölkerung und aus entfernteren Gegenden alle die, denen der Gegenstand der Beratung am Herzen lag.

* Attika
Name der Halbinsel, auf der Athen liegt. Sie ist ein Hügelland mit kahlen Gebirgen und fruchtbaren Ebenen. Das Gebiet gehörte im antiken Griechenland zum Stadtstaat Athen.

❷◼ Stellt mithilfe des Schaubilds 2 fest, wie viele Menschen in Athen politische Rechte besaßen und wie viele davon ausgeschlossen waren.
❸◼ Berechnet mithilfe der Karte, wie viel Zeit ein Bauer aus Sunion für den Fußmarsch nach Athen brauchte, wenn er etwa 5 km pro Stunde ging.

Wahlaufgaben

Ⓐ◧ Zwei Bauern in Sunion unterhalten sich zur Erntezeit, ob sie zur Volksversammlung nach Athen gehen sollen. Es soll über den Bau eines neuen Tempels entschieden werden. Stellt die Situation im Rollenspiel dar. Beachtet dabei auch die Entfernung von Sunion nach Athen (Karte 1).
Ⓑ◻ Das griechische Wort „Demokratie" gebrauchen wir auch heute noch. Sammelt Stichpunkte dazu, was ihr darunter versteht.

Wie lebten Fremde und Sklaven in Athen?

1 – Werkstatt eines Erzgießers. Vasenmalerei, um 5. Jh. v. Chr.

2 – Tuchhändler bei der Arbeit. Vasenmalerei, Mitte des 6. Jh v. Chr.

3 – Frauen beim Ernten von Früchten. Vasenmalerei, 5. Jh v. Chr.

Q1 Über das Ansehen der Handwerker in Athen schrieb der athenische Bürger Xenophon (um 426–355 v. Chr.):

... Denn die sogenannten handwerklichen Beschäftigungen sind verschrien und werden mit Recht verachtet. Sie schwächen nämlich den Körper ... Wenn aber der Körper verweichlicht wird, leidet auch die Seele. Auch halten diese sogenannten handwerklichen Beschäftigungen am meisten davon ab, sich um die Freunde und den Staat zu kümmern. Daher sind solche Leute ungeeignet für ... die Verteidigung des Vaterlandes. Deshalb ist es in einigen Städten, am meisten aber in denen, die den Krieg lieben, keinem Bürger erlaubt, sich einer handwerklichen Beschäftigung zu widmen.

❶ ▣ Beschreibt mithilfe der Methodenseiten 74/75 die Bilder 1–3.

❷ ▣ Obwohl die Handwerker für das Alltagsleben in Athen sehr wichtig waren, genossen sie kein großes Ansehen. Wie begründet dies der Athener Xenophon (Q1)?

Mitbewohner – keine Bürger

Zur Zeit des Perikles lebten im Stadtstaat Athen etwa 300 000 Menschen. Darunter befanden sich etwa 30 000 zugezogene Griechen, von den Athenern „Metöken", das heißt, Mitbewohner genannt. Sie waren nach Athen gekommen, um hier als Händler und vor allem als Handwerker ihren Lebensunterhalt zu verdienen. Die Metöken mussten Militärdienst leisten und Steuern zahlen, blieben aber von den Volksversammlungen und von allen politischen Ämtern ausgeschlossen.

4 – Sklave, der Amphoren trägt. Kopie nach dem Innenbild einer griechischen Trinkschale, 6. Jh. v. Chr.

5 – Abbau von Tonerde. Tontäfelchen aus Korinth, 6. Jh. v. Chr. Der Ton für die zahlreichen Vasen, Krüge oder Teller wurde von Sklaven in Tongruben abgebaut.

Sklaverei in Athen

Sklaven waren entweder Kriegsgefangene oder eine Handelsware, die man auf dem Sklavenmarkt kaufen konnte. Sie wurden auf dem monatlich stattfindenden Sklavenmarkt in Piräus (siehe Karte Seite 98) von Sklavenhändlern wie Vieh angepriesen und verkauft. Zur Zeit des Perikles lebten etwa 100 000 Sklavinnen und Sklaven in Athen. Glück hatten noch jene, die in einem Haushalt als Erzieher oder Koch tätig waren. Viele Sklaven arbeiteten auch als Handwerker in dem Betrieb eines Metöken.

Bis zu 30 000 Sklaven arbeiteten in den Silberbergwerken von Laureion (siehe Karte Seite 98), die der Stadt hohe Einnahmen brachten. Die Arbeit in den Stollen, die oft nur 90 cm hoch waren, dauerte von Sonnenauf- bis Sonnenuntergang. Ruhe- oder Feiertage gab es nicht.

Q2 Agatharchides, ein Grieche aus Kleinasien, berichtete um 120 v. Chr. über das Leben von Sklaven im Bergbau:
… Die jüngeren Männer arbeiten sich kriechend und mit einer Lampe an der Stirn vor, indem sie den Metalladern folgen. Das geschlagene Gestein wird von Kindern herausgeschleppt, und ältere Männer zertrümmern es mit dem Hammer. Das Kleingeschlagene wird dann zu Staub gemahlen mit Steinmühlen, die nicht von Ochsen, sondern von Frauen gedreht werden. Die Sklaven werden von bewaffneten Aufsehern bewacht und häufig geschlagen. Ohne Pause und ohne Rücksicht auf ihren körperlichen Zustand müssen sie arbeiten. Alle begrüßen den Tod, wenn er naht …

❸🔲 Zählt anhand des Textes und der Bilder auf, in welchen Bereichen Sklaven eingesetzt wurden.

❹🔲 Das Schicksal der Sklaven hing sehr von ihrer Arbeit ab. Schildert die unterschiedlichen Lebensschicksale der Sklaven.

▶ *Wer in einem Haushalt arbeitete … Dagegen war die Arbeit im Bergwerk …*

Wahlaufgaben

Ⓐ🔲 Ein Metöke und ein Athener unterhalten sich über die Volksversammlungen, an denen der Metöke auch teilnehmen möchte. Was könnten beide gesagt haben?

▶ *Nehmt die Methode „Ein Rollenspiel durchführen" von S. 224 / 225 zu Hilfe.*

Ⓑ🔲 Die Fremden wurden von den Athenern „Mitbewohner" genannt. Notiert euch Bezeichnungen für „Fremde" wie Flüchtlinge, Asylbewerber usw. bei uns.

▶ *Schülerinnen und Schüler, die aus anderen Ländern kommen, können von ihren Erfahrungen berichten.*

Familienleben in Athen

Die Familie im alten Griechenland

M1 Der Historiker P. Miquel schrieb:

... Zu den Pflichten der griechischen Männer gehört es, zu heiraten und Kinder zu haben, vor allem Knaben, die die Nachfolge sichern.

Wenn ein junger Mann zwanzig Jahre als ist, wählt sein Vater ihm eine Frau aus. Die Familie des Mädchens, das meist beträchtlich jünger ist als der Bräutigam, sorgt für die Mitgift.

Die Verlobung findet in Form eines einfachen Versprechens in Gegenwart von Zeugen statt ... Nach dem Hochzeitsmahl, das bei den Eltern der Braut ... eingenommen wird, bildet man einen Geleitzug, der das Paar in einem geschmückten Wagen zum Haus des Bräutigams fährt.

1 – Ein Hochzeitszug. Der Bräutigam, rechts, nimmt die Braut bei der Hand. Er umgreift ihr Handgelenk und nimmt dadurch die Frau in seinen Besitz. Vasenbild, um 460 v. Chr.

Frauen und Männer haben unterschiedliche Aufgaben

Q1 Der athenische Geschichtsschreiber Xenophon (um 426–355 v. Chr.) berichtete:

... Da beide Arten von Arbeiten nötig sind, die draußen und drinnen, schuf Gott die Natur der Frau für die Arbeiten im Haus, die des Mannes für die Arbeiten außerhalb des Hauses. Denn der Mann ist mehr dazu geschaffen, Kälte und Wärme, Märsche und Feldzüge zu ertragen. Daher trug der Gott ihm die Arbeiten außerhalb des Hauses auf. Der Körper der Frau ist weniger widerstandsfähig, deshalb ist sie besser für die Arbeiten im Haus geeignet. Da sie aber mehr dazu befähigt ist, die kleinen Kinder aufzuziehen, gaben ihr die Götter die größere Liebe ...

Dass die Natur der Frau furchtsamer ist als die des Mannes, darin sahen die Götter keinen Mangel. Dem Manne aber gaben sie mehr Kühnheit, da es zuweilen nötig sein könnte, sein Hab und Gut gegen zugefügtes Unrecht zu verteidigen ...

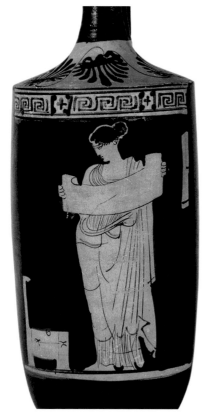

2 – Lesende Athenerin. Vasenbild aus Athen, 5. Jh. v. Chr.

en**tdecken**

3 – Schulunterricht. Links wird ein Schüler von seinem Lehrer, der ihm gegenüber sitzt, im Spiel der Lyra unterrichtet. Ganz rechts sitzt der Schulleiter, der den Unterricht aufmerksam beobachtet. Links vor ihm steht ein Schüler, der einen Text auswendig aufsagen muss; sein Lehrer überprüft die Richtigkeit mithilfe einer Papyrusrolle. Vasenbild, um 480 v. Chr.

Die Erziehung der Kinder

Mit etwa sieben Jahren begann die Ausbildung. Die Mädchen blieben meist unter der Obhut der Mutter, bis sie heirateten. Ihnen wurden praktische Fertigkeiten wie Spinnen, Weben oder Haushaltsführung vermittelt. Manche Töchter lernten auch Schreiben und Lesen, Tanzen und ein Musikinstrument zu spielen.

Jungen gingen zur Schule. Der Unterricht sollte sie auf die Rolle als Bürger vorbereiten. Ein Sklave, der Pädagoge (wörtlich: „Knabenführer"), übernahm die Erziehung. In der Schule lernten die Jungen Lesen, Schreiben, Rechnen und Musik. Aufgeschriebene Erzählungen griechischer Dichter mussten sie auswendig lernen.

Den Griechen war es wichtig, auch den Körper zu trainieren. Deshalb besuchten die Jungen das Gymnasium. So hieß in Athen die Sporthalle.

Mit 18 Jahren galt der Junge als erwachsen. Zwei Jahre lang musste er nun militärische Dienste für die Stadt ausüben.

Wahlaufgaben

Bildet Arbeitsgruppen und bearbeitet eine der folgenden Aufgaben:

Ⓐ Gruppe 1:
a Notiert euch mit eigenen Worten die Begründungen des Xenophon (Q1) für die Aufgabenverteilung zwischen Männern und Frauen.
b Verfasst einen Brief an Xenophon, in dem ihr eure Meinung dazu sagt.

Ⓑ Gruppe 2:
Versetzt euch in die Lage einer Athenerin und beschreibt euren Tagesablauf anhand von Q1, Bild 2 und dem ersten Textabschnitt auf dieser Seite.
Formuliert dabei auch, womit ihr vielleicht nicht einverstanden seid.

▶ *Seit einem Jahr bin ich nun verheiratet. Meinen Mann sehe ich oft lange Zeit nicht, weil er wieder im Krieg ist. Meine Aufgabe ist es …*

Ⓒ Gruppe 3:
a Beschreibt Bild 3.
b Erklärt mithilfe des Textes auf dieser Seite, welches Ziel die Schulbildung hatte.

❶ Tragt zum Schluss eure Ergebnisse auf einem Schaubild unter der Überschrift: „Die Familie im alten Athen" ein.

▶ *Nehmt die Methode „Tipps beim Plakate- und Folienerstellen" von S. 245 zu Hilfe.*

Sparta – ein Kriegerstaat

Wie lebten die Menschen in Sparta?

1 – Ausdehnung Spartas im 6. Jh. v. Chr.

2 – Spartanische Krieger im Kampf. Rekonstruktionszeichnung.

✻ Heloten
Sklaven in Sparta.

Sparta – ein Kriegerstaat

Athen war nur einer von mehreren hundert Stadtstaaten in Griechenland. Zwischen diesen Stadtstaaten gab es oft erbitterte Kämpfe. Besonders gehasst und gefürchtet bei den Athenern waren die Spartaner. Ihr Stadtstaat Sparta war um 800 v. Chr. gegründet worden.

Die Bevölkerung in Sparta hatte schnell zugenommen; schon bald reichte das Land nicht mehr aus, um die Bewohner ausreichend zu ernähren. Im Gegensatz zu anderen Stadtstaaten gründete Sparta aber keine Kolonien (s. Seite 89), sondern dehnte seinen Machtbereich durch ständige Eroberungszüge immer weiter nach Süden und Westen aus. Die unterworfene Bevölkerung wurde versklavt. Um 450 v. Chr. herrschten etwa 9000 Spartaner über 200 000 Sklaven, die Heloten genannt wurden, und die die Hälfte ihrer Ernte an die Spartaner abliefern mussten.

Neben den Heloten gab es eine weitere fast rechtlose Gruppe: die Periöken. Sie waren keine Sklaven, mussten aber Kriegsdienst leisten und als Händler und Handwerker für die Spartaner arbeiten. Die Spartaner leben in ständiger Angst vor einem Aufstand der Heloten.

Q1 Der athenische Dichter Kritias (um 460 bis 403 v. Chr.) berichtete:

… Aus Misstrauen gegen die Heloten geht der Spartaner immer mit dem Speer in der Hand umher. Er hofft, auf diese Weise dem Heloten überlegen zu sein. Das zeigt doch, dass die Spartaner in ständiger Angst leben. Sie wagen kaum aufzuatmen wegen des Schrecklichen, das man ständig erwartet. Wie können denn Menschen die Freiheit genießen, die beim Frühstücken, beim Schlafen und jeder anderen Beschäftigung die Furcht vor ihren Sklaven dazu zwingt, bewaffnet zu sein! …

❶ 🗨 Spielt folgende Situation: Kritias erklärt Spartanern seine Ansicht zu ihrem Umgang mit der unterworfenen Bevölkerung. Welchen Vorschlag könnte er ihnen gemacht haben? Was könnten ihm die Spartaner geantwortet haben?

▶ *Spartaner! Tagtäglich lebt ihr in Angst vor den Heloten. Ihr habt ihnen das Land weggenommen und sie zu Sklaven gemacht. Warum habt ihr keine Kolonien gegründet wie andere griechische Städte? Wenn ihr in wirklicher Freiheit leben wollt, dann solltet ihr …*

3 – Grabrelief für Verstorbene. Skulptur, griechisch, Fundort: Chrysapha bei Sparta, um 550–530 v. Chr.

4 – Spartanischer Krieger. Weihefigur, Bronze, Heiligtum des Zeus, Dodona, 6. Jahrhundert v. Chr.

Kinder gehören dem Staat

Da die Spartaner in ständiger Angst vor einem Aufstand der Heloten lebten, mussten sie alles tun, um ihre Macht zu sichern. Schon die Erziehung der Jungen und Mädchen wurde daher ganz auf dieses Ziel ausgerichtet.

Q2 Der griechische Schriftsteller Plutarch (46–120 n. Chr.) schrieb:

... Wenn ein Kind geboren wurde, musste der Vater es zu den Ältesten der Gemeinde bringen: diese untersuchten das Kind. Wenn es wohl gebaut und kräftig war, gaben sie dem Vater den Auftrag, das Kind aufzuziehen. War es aber schwächlich und missgestaltet, so ließ man es an die sogenannte Ablage an den Felsengrund bringen.

... Sobald die Jungen das siebente Lebensjahr erreicht hatten, mussten sie das Elternhaus verlassen. Jetzt übernahm der Staat die Erziehung. Die Jungen wurden in Horden eingeteilt. Sie erhielten die gleiche Erziehung und Nahrung und gewöhnten sich an gemeinsames Spiel und gemeinsames Lernen.

... Lesen und Schreiben lernten sie nur so viel, wie sie brauchte. Die ganze übrige Erziehung bestand darin, pünktlich zu gehorchen, Strapazen zu ertragen und im Kampf zu siegen. ...

Auch um das, was die Frauen betraf, kümmerte sich der Staat mit größter Sorgfalt. Er kräftigte die Körper der Jungfrauen durch Laufen, Ringen, Diskus und Speerwerfen, damit die Zeugung der Kinder in kräftigen Körpern erfolge.

Weichlichkeit, Verzärtelung und alles weibische Wesen verbannte er. ...

❷ Nennt die Grundsätze, nach denen Jungen und Mädchen in Sparta erzogen wurden und beurteilt sie.

❸ Nennt die Ziele, die mit dieser Erziehung erreicht werden sollten.

Wahlaufgaben

Ⓐ Untersucht Q2 und erläutert Plutarchs Aussage .

Ⓑ Ein junger Spartaner schreibt seinem Freund in Athen einen Brief, in dem er erklärt, warum die Erziehung der Kinder in Sparta vom Staat übernommen wird.

▶ *Der Brief könnte so beginnen: Du wunderst dich, dass hier bei uns der Staat die Erziehung der Kinder übernimmt. Doch dafür gibt es gute Gründe. ...*

Wie wurde der Kriegerstaat Sparta regiert?

**9000
Spartiaten
Vollbürger**

mit politischen Rechten

ohne politische Rechte

**30000
Frauen
und Kinder**

**60000
Periöken
(Bewohner außerhalb)**

**200 000
Heloten (Sklaven)**

1 – Bevölkerungsgruppen Spartas im 5. Jahrhundert v. Chr.

Die politische Ordnung Spartas

Die vollen Rechte und Pflichten als Staatsbürger erwarben die Spartaner mit 30 Jahren. Dann gehörten sie gleichberechtigt der Volksversammlung an. Sie allein entschied über alle Gesetze, Krieg und Frieden, Bündnisse mit anderen Staaten und das Bürgerrecht. Die Volksversammlung wählte auch jährlich fünf leitende Beamte, die „Ephoren". Sie überwachten die Einhaltung der Gesetze und Sitten und waren auch als Richter tätig. Die eigentliche politische Macht übte aber der Rat der Alten aus, der sich aus 28 Männern über 60 Jahre zusammensetzte. In diesem Rat wurden alle wichtigen Entscheidungen vorbereitet. Dem Rat gehörten auch zwei Könige an, die im Kriegsfall das spartanische Heer anführten. Alle spartanischen Bürger waren verpflichtet, ihr Leben ganz der Sicherung ihres Staates zu widmen. Sparta wurde so zur Führungsmacht Südgriechenlands und zum wichtigsten Konkurrenten Athens.

Q1 Der griechische Schriftsteller Plutarch (ca. 40–120 n. Chr.) schrieb ca. 400 Jahre später über Sparta:

... Niemand durfte leben, wie er wollte; in der Stadt hatten die Spartaner wie in einem Feldlager eine genau festgelegte Lebensweise und eine Beschäftigung, die auf das öffentliche Wohl ausgerichtet war, da sie dachten, sie gehörten ganz dem Vaterland und nicht sich selbst. ... Es durfte auch nicht jeder, der den Wunsch hatte, das Land verlassen, um zu reisen, sodass er andere Sitten, Gebräuche und Staatsformen hätte kennenlernen können. Ebenso wurden Fremde, die keinen wichtigen Grund für ihr Kommen angeben konnten, wieder des Landes verwiesen. Denn mit fremden Menschen kommen auch fremde Gedanken. Neue Gedanken aber führen zu neuen Werturteilen und stellen das Bestehende in Frage. ...

❶ 🔖 Untersucht, welche politischen Rechte die einzelnen Bevölkerungsgruppen in Sparta hatten (Schema 1).

❷ 🔖 Vergleicht die Rechte der Vollbürger in Athen und Sparta und notiert euer Ergebnis (Text und S. 98/99).

❸ 🔖 Beurteilt die Beteiligungsmöglichkeiten der verschiedenen Bevölkerungsgruppen bei uns, in Athen und Sparta. Welche Gruppen waren damals benachteiligt? (Schema S. 99 und Schema 1).

▶ *Nehmt die Methode auf S. 78/79 „Ein eigenes Urteil bilden" zu Hilfe.*

2 – Spartaner kämpfen in dicht geschlossenen Reihen von Kriegern (Phalanx). Vasenbild um 640 v. Chr.

3 – Spartanische Frau. Im Gegensatz zu anderen Griechinnen trugen die spartanischen Frauen kurze Gewänder. Bronzestatue, Ende 6. Jh. v. Chr.

Das Leben im Militärstaat

Mit 20 Jahren wurden die jungen Spartiaten wenn sie die Erziehung erfolgreich durchlaufen hatten, in andere Gemeinschaften aufgenommen: jeweils 15 Personen bildeten zusammen eine Essensgemeinschaft. Nur wer einer solchen Gemeinschaft angehörte, konnte Vollbürger werden. Aus den Erträgen seiner Ländereien musste jeder einen Beitrag für die gemeinsame Verpflegung beisteuern.

Mit 30 Jahren durften die Spartaner wieder ganz zuhause wohnen. Nur noch die Mahlzeiten mussten sie in der Gruppe einnehmen. Die Mitglieder dieser Tischgemeinschaften führten zusammen militärische Übungen durch, wie z. B. den Kampf in einer Phalanx (siehe Bild 2).

Frauen in Sparta

In Athen oder anderen griechischen Städten wurde der Alltag der Frauen ganz von der Sorge um die Familie bestimmt. In Sparta überließ die Frau die Hausarbeit weitgehend den Heloten. Für die Erziehung von Säuglingen und kleinen Kindern sorgten staatliche Ammen. So hatte die spartanische Frau Zeit, viel Sport zu treiben und ihren Körper zu trainieren. Ihre Aufgabe war es nämlich, gesunde Söhne zur Welt zu bringen, die später gute Soldaten werden konnten.

4 Erklärt mit eigenen Worten, warum Sparta als „Militärstaat" bezeichnet wird.

5 Eine Spartanerin erklärt einer Athenerin, warum die Spartanerinnen sich kaum um die Kindererziehung kümmern mussten.

▶ *Wir Spartaner leben in großer Sorge, weil ...*

Wahlaufgaben

A Ein athenischer Händler kommt zum ersten Mal nach Sparta. Er wundert sich über Kleidung und Auftreten der spartanischen Frauen. Was könnte ihm ein Spartaner gesagt haben? Beachtet bei eurer Antwort auch Q1 und die Darstellung der spartanischen Frau.

B Bildet Gruppen: Die eine Gruppe vergleicht und bewertet als Athener die staatliche Ordnung in Sparta. Die andere Gruppe vergleicht und bewertet als Spartiaten die staatliche Ordnung in Athen. Entwickelt aus dem Vergleich eine Pro-und-Kontra-Diskussion: „Unser Staat ist besser ..."

▶ *Nehmt die Methode „Eine Pro-und-Kontra-Diskussion führen" von S. 244 zu Hilfe.*

Kampf um die Freiheit

Warum siegte Athen über den persischen Großkönig?

Legende:
- Perserreich
- gegen Persien verbündete Griechenstaaten
- Gebiet des ionischen Aufstandes
- Königsstraße
- **Ionien** Verwaltungsgebiete seit 518 v. Chr
- *Geten* von Persien abhängige Völker

1 – Das Perserreich im 5. Jahrhundert v. Chr.

Aufstand gegen die Perser

Während sich die Athener immer mehr von der Vorherrschaft des Adels befreien konnten (vgl. S. 98), gerieten sie in Gefahr, die gerade errungene Freiheit durch den persischen Großkönig wieder zu verlieren.

Seit dem 6. Jahrhundert v. Chr. herrschten die Perser über ein Großreich, das von Indien bis zum Mittelmeer reichte (s. Karte 1). An der Spitze dieses Reiches stand der Großkönig Darius (521–485 v. Chr.).

Von der griechischen Stadt Milet (s. Karte 1) ausgehend kam es 500 v. Chr. zu einem Aufstand griechischer Städte in Kleinasien gegen die persische Herrschaft.

Dem persischen Großkönig Darius gelang es, den Aufstand niederzuwerfen. Milet wurde völlig zerstört. Da die Athener die Aufständischen mit Schiffen unterstürzt hatten, beschloss Darius, ganz Griechenland zu unterwerfen.

❶◪ Zeigt in einem Atlas die Ausdehnung des persischen Reiches. Nennt die heutigen Länder, die dieses Reich umfasste.

Der Sieg von Marathon

Im Jahr 490 v. Chr. landete ein gut ausgerüstetes persisches Heer mit etwa 20 000 Soldaten in der Ebene von Marathon (s. Karte S. 86). 10 000 Soldaten der Athener zogen ihnen entgegen. Ihre Stärke war der Nahkampf, für den sie mit Helm und Brustpanzer gut gerüstet waren. Die Perser dagegen verfügten über hervorragende Bogenschützen. Deshalb liefen die Griechen im Sturmlauf auf die persischen Bogenschützen zu, um ihren Pfeilhagel zu unterlaufen. Mit nur geringen Verlusten gelang es ihnen, die Perser im Nahkampf zu besiegen. Angeblich soll ein Bote dann in das etwa 40 km entfernte Athen gelaufen sein. Dort sei er nach den Worten "Wir haben gesiegt." tot zusammengebrochen.

Der Feldzug des Xerxes

Zehn Jahre später plante der persische Großkönig Xerxes – Nachfolger des 485 v. Chr. verstorbenen Darius – einen erneuten Feldzug gegen Griechenland. Auf den Hinweis, dass sich die Griechen auch ihm entgegenstellen würden, soll er gelacht haben.

2 – Der Abschied des Kriegers. Vasenmalerei um 440 v. Chr.

3 – Kriegsschiff (Triere) der Athener.

Q1 Der griechische Geschichtsschreiber Herodot schildert uns Xerxes' Antwort:

... Wie sollen tausend oder zehntausend oder fünfzigtausend Griechen, die darüber hinaus alle gleichermaßen frei sind und nicht dem Befehl eines Einzigen gehorchen, diesem gewaltigen Heer standhalten könnten! Ja, wenn sie wie bei uns in Persien einen einzigen Herrn hätten, würden sie vielleicht aus Furcht vor ihm sich tapferer zeigen, als sie sind, und unter den Geißelhieben auch einen überlegegen Feind angreifen. Aber wenn alles in ihrem Belieben steht, tun sie gewiss nichts dergleichen. ...

Mit einem Heer von 50 000 Soldaten und über 1000 Schiffen zog Xerxes im Jahr 480 v. Chr. gegen Griechenland. Die Athener flohen vor der Übermacht auf die Insel Salamis. Hier erwarten sie den persischen Angriff. Nur hier – so waren die Athener überzeugt – in der schmalen Durchfahrt zwischen der Insel und dem Festland waren ihre kleinen, aber wendigen Kriegsschiffe den großen und schwerfälligen Schiffen der Perser überlegen. Xerxes musste vom Ufer aus ansehen, wie seine Flotte in einer zwölfstündigen Schlacht geschlagen wurde. Er floh in großer Eile.

Q2 Über die Gründe für den Sieg der Athener schrieb Herodot:

... Die Athener waren stark geworden. Das Recht eines jeden Bürgers, in der Volksversammlung zu reden, ist eben etwas sehr Wertvolles. Solange die Athener von Adligen beherrscht wurden, waren sie keinem einzigen ihrer Nachbarn im Krieg überlegen. ... Als Untertanen waren sie feige und träge, als freie Menschen aber schaffen sie für sich selbst. ...

❷ 🄱 Vergleicht die Aussage von Xerxes (Q1) mit der Meinung Herodots (Q2). Warum glaubte Xerxes an einen schnellen Sieg über die Griechen, warum siegten nach Meinung Herodots die Athener?

▶ *Nehmt die Methode auf S. 96/97 „Arbeit mit Textquellen" zu Hilfe.*

Wahlaufgaben

🄐 🄱 Stellt euch vor, ihr hättet als Reporter an der Schlacht von Salamis teilgenommen. Verfasst eine Reportage, entweder aus der Sicht eines Atheners oder eines Persers.

🄑 🄲 Betrachtet Bild 2 und stellt euch eine ähnliche Abschiedszene im Jahr 480 v. Chr. in Athen vor. Was könnte der Krieger seiner Frau gesagt haben, was könnte sie ihm geantwortet haben?

Kunst – Wissenschaft – Umwelt

Was haben die Griechen an uns vererbt?

1 – Der Tempel zu Ehren der Göttin Athene auf der Akropolis in Athen. Erbaut 447–432 v. Chr. Foto, 2009.

2 – Kurhaus in Wiesbaden. Foto, 2010.

* Verfassung
Die politische Grundordnung eines Staates. Sie enthält zumeist immer auch die Grundrechte wie z. B. die unantastbarkeit der Menschenwürde, das Recht auf freie Meinungsäußerung usw.

Das Erbe des antiken Griechenland

In Athen war zum ersten Mal in der Geschichte der Menschheit die Demokratie, die Herrschaft des Volkes, eingeführt worden (siehe S. 98/99). Sklaven waren allerdings davon ebenso ausgeschlossen wie alle Frauen. Aber die Idee, dass alle Bürger eines Staates auch ein Mitbestimmungsrecht haben sollten, hat seit dieser Zeit die Menschen immer wieder ermuntert, für dieses Recht zu kämpfen. Die *Verfassung der USA wurde von dieser Idee ebenso geprägt wie das Grundgesetz der Bundesrepublik Deutschland.

Bekannt sind die Olympischen Spiele und der Marathonlauf; beide Ereignisse fanden ebenfalls zum ersten Mal im antiken Griechenland statt.

Weit wichtiger aber ist der Einfluss des antiken Griechenlands auf die Entwicklung der Wissenschaften. Man gab sich damals nicht mehr damit zufrieden, wenn z. B. ein Unwetter mit Blitz und Donner mit dem Zorn der Götter erklärt wurde. Stattdessen beobachtete man die Natur und begann gezielt zu forschen. So entwickelte sich das wissenschaftliche Denken, das auch unsere heutigen Erfindungen erst ermöglicht.

Wegen ihrer harmonischen Form und ihrer Schönheit gelten Bauwerke der Griechen bis in unsere Zeit als vorbildlich. (siehe Bild 1)

Die griechische Schrift hatte – wie unsere – als erste Schrift für jeden Laut einen eigenen Buchstaben. Das gleiche Prinzip wandten dann die Römer an, deren Schrift wir bis heute benutzen. In der Wissenschaft, so zum Beispiel in der Mathematik, werden häufig noch immer griechische Buchstaben verwendet.

❶ ▫ Nennt mithilfe des Textes und der Bilder Dinge aus heutiger Zeit, deren Wurzeln im alten Griechenland liegen.

❷ ▪ Folgende Begriffe stammen aus dem Griechischen: Physik – Astronomie – Geografie – Historie – Biologie – Thermometer – Apotheke – Theater – Musik – Stadion – Demokratie – Politik – Anatomie – Mathematik – Architektur. Schreibt diese Begriffe in euer Geschichtsheft und erklärt sie mithilfe eines Lexikons.

▶ – *Physik kommt von den griechischen Begriffen „physike" = Naturforschung und „physis" = Natur.*
– *Astronomie …*

Zusammenfassung

Griechenland in der Antike

Stadtstaaten in Griechenland

Im antiken Griechenland gab es kein großes Reich mit einer einzigen Hauptstadt, sondern viele kleine, selbstständige Stadtstaaten (Poleis). In zahlreichen Poleis reichte das Land nicht aus, um die Bevölkerung zu ernähren. Eine Lösung sahen viele Stadtstaaten (Mutterstädte) in der Auswanderung und Gründung neuer Siedlungen (Kolonien) rund um das Schwarze Meer und das Mittelmeer. Diese Kolonisation dauerte von etwa 750 bis 550 v. Chr.

750 – 550 v. Chr.

Gründung griechischer Kolonien am Mittelmeer und am Schwarzen Meer.

Viele Stadtstaaten – ein Griechenland

Obwohl sie räumlich so weit getrennt voneinander lebten, blieb das Zusammengehörigkeitsgefühl aller Griechen untereinander bestehen: Man sprach die gleiche Sprache, verehrte die gleichen Göttinen und Götter und traf sich bei Wettkämpfen, die zu Ehren der Götter veranstaltet wurden. Die berühmtesten Wettkämpfe fanden nach dem Stand der Forschung seit 776 v. Chr. alle vier Jahre in Olympia statt. Sie dienten, wie ein griechischer Gelehrter schrieb, dazu, sich des gemeinsamen Ursprungs bewusst zu werden.

ab 776 v. Chr.

Die ersten Siegerlisten der Olympischen Spiele in Griechenland sind erhalten.

Blütezeit Athens

Einer der bedeutendsten Stadtstaaten Griechenlands war Athen. Hier erkämpften die Bürger eine Staatsform, die als Volksherrschaft (= Demokratie) bezeichnet wurde. Alle männlichen Bürger Athens hatten das Recht, an den Volksversammlungen teilzunehmen. Hier konnten sie Gesetze beschließen, Beamte wählen sowie über Krieg und Frieden entscheiden.
Frauen, Metöken und Sklaven hatten keinerlei politische Rechte und durften daher an den Volksversammlungen nicht teilnehmen.
Berühmt wurde Athen aber auch durch seine Bauten, die Perikles im
5. Jh. v. Chr. errichten ließ. Mittelpunkt der Stadt war die Akropolis mit dem Tempel der Schutzgöttin Athene.
Im Unterschied zu Athen war Sparta ein reiner Militärstaat. Bürger waren vor allen Dingen damit beschäftigt, für Sicherheit zu sorgen. Wissenschaft und Kunst spielten daher keine große Rolle.

5. Jh. v. Chr.

Glanzzeit Athens.

Das Erbe Griechenlands

„Werke von unsterblichem Ruhm werde man errichten", soll Perikles gesagt haben. Bauten, deren Würde und Schönheit man besonders betonen wollte, wurden in vielen Ländern der Erde deshalb nach griechischem Vorbild erstellt. Nicht nur in der Baukunst, sondern auch in vielen Wissenschaften gelten die griechischen Gelehrten als Lehrmeister, deren Gedanken bis heute wichtig geblieben sind.

bis heute

Griechisches Erbe bei uns.

Das kann ich ...

1 – Athenische Volksversammlung. Rekonstruktionszeichnung.

2 – Regierung und Abgeordnete verschiedener Parteien im Deutschen Bundestag. Foto, 2010.

In Athen kamen einmal im Jahr die Bürger in der Volksversammlung zusammen, um das „Scherbengericht" abzuhalten. Dabei schrieben die Bürger auf eine Tonscherbe den Namen des Politikers, der ihrer Meinung nach zu mächtig sei.

Q1 **Der Schriftsteller Plutarch (ca. 46–120 n. Chr.) beschreibt das Scherbengericht, durch das in Athen die Herrschaft eines Einzelnen verhindert werden sollte:**
... Aristeidis war zunächst beliebt gewesen; er erhielt den Beinamen „Der Gerechte". Dies setzte ihn aber der Missgunst aus ... . So kamen sie von allen Seiten der Stadt zusammen und verbannten Aristeidis durch das Scherbengericht ... .
Das Verfahren lief wie folgt ab: Jeder Bürger nahm eine Tonscherbe und schrieb darauf den Namen des Mannes, den er verbannen wollte. Dann brachte er die Scherbe an einen Ort auf dem Markt, der mit Schranken umschlossen war. Die Beamten zählten zunächst die gesamten abgelieferten Scherben durch. Bei weniger als 6000 abgegebenen Scherben war die Abstimmung ungültig. Bei gültigem Verfahren wurden die Scherben nach den Namen geordnet. Wer von der Mehrzahl aufgeschrieben worden war, den verbannten sie für zehn Jahre. Sein Vermögen dagegen blieb ihm erhalten.

Wichtige Begriffe

Stadtstaat (Polis)
Kolonien
Olympische Spiele
Götter
Demokratie
Athen
Volksversammlung
Olymp
Sklaven
Eid des Hippokrates
Scherbengericht

Wissen und erklären

❶▪ Erklärt euch gegenseitig die wichtigen Begriffe.

❷▪ Beschreibt Bild 1.

❸▪ Entwerft eine Rede, in der ihr in der Volksversammlung die demokratische Verfassung Athens lobt.

Anwenden

❹▪ Bearbeitet Q1. Gebt stichpunktartig den Verlauf des Scherbengerichts wieder.

Beurteilen und handeln

❺▪ Mehrere Griechen unterhalten sich, ob das Scherbengericht (Q1) wirklich eine gute Möglichkeit ist, eine Alleinherrschaft zu verhindern. Erstellt ein Plakat, auf dem ihr eure Meinungen dazu sammelt.

❻▪ Stellt euch gegenseitig die Eintragungen in eurem Portfolio vor.

3 – Tonscherbe mit dem Namen des Aristeides, 482 v. Chr.

Britannien

Atlantik

Aquädukt von Segovia

Amphitheater
in Nîmes

Rom

Pompeji

Ruinen
von Karthago

Schwarzes
Meer

Mittelmeer

Das römische Weltreich

Die Karte zeigt das römische Weltreich zur
Zeit seiner größten Ausdehnung. Es um-
fasste das Gebiet zahlreicher heutiger Staa-
ten. Die römischen Soldaten eroberten es
in unzähligen Kriegen.
Heute bewundern wir die technischen
Leistungen und prächtigen Bauten jener
Zeit, wie die Wasserleitungen oder das
Kolosseum in Rom.

Das **römische Weltreich**

753 v. Chr.

Gründung Roms der Sage nach

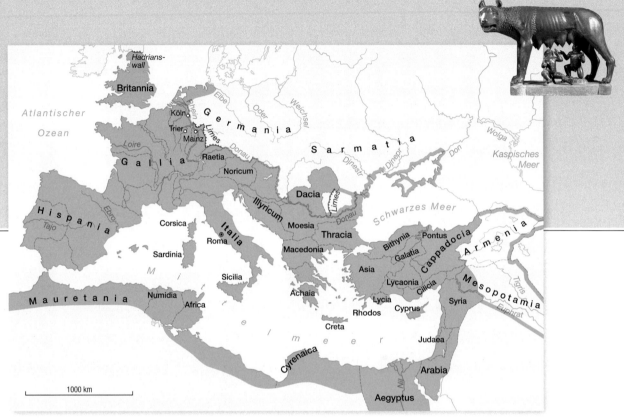

1 – Größte Ausdehnung des Römischen Reiches um 117 n. Chr.

„Alle Wege führen nach Rom", so lautet ein Sprichwort. Rom – über viele Jahrhunderte Hauptstadt und Zentrum eines Weltreiches, das alle Länder rund um das Mittelmeer und weite Teile Europas umfasste.

In diesem Kapitel könnt ihr euch mit folgenden Fragen beschäftigen:

- Wie wurde aus Rom, einem kleinen Dorf, die Hauptstadt eines Weltreiches?
- Wie wurde dieses Reich regiert?
- Wie sah das Alltagsleben der Römer aus?
- Wie gestaltete sich das Zusammenleben von Römern und Germanen?
- Warum ging dieses große Reich unter?
- Außerdem lernt ihr, wie man Karten wichtige Informationen entnehmen kann.

❶ Stellt fest, welche heutigen Länder zum Römischen Reich gehörten. Vergleicht dazu die Karte oben mit einer Atlaskarte.

❷ Erzählt, was ihr vom Römischen Reich bereits wisst. Wer von euch schon einmal im Urlaub römische Bauten in Italien oder anderen Ländern gesehen hat, kann davon Bilder mitbringen und erklären, wann und zu welchem Zweck sie gebaut wurden.

❸ Sammelt weitere Fragen, denen ihr bei der Arbeit an diesem Kapitel nachgehen wollt. Die Bilder dieser Doppelseite helfen euch dabei.

▶ *Nehmt die Methode „Eine Mindmap erstellen" oder „Ein Cluster erstellen" von S. 245 zu Hilfe.*

510 v. Chr.	27 v. Chr.	117 n. Chr.	375 n. Chr.	476 n. Chr.
Rom wird Republik	Augustus wird erster Kaiser	Größte Ausdehnung des Römischen Reiches		Ende des Weströmischen Reiches
			Beginn der Völkerwanderung	

2 – Nachgestellte Straßenszene im antiken Rom. Spielfilm-Foto, 1986.

3 – „Römische Soldaten" bei den Römerfestspielen im Archäologischen Park Xanten. Foto.

4 – Römischer Soldat. Rekonstruktionszeichnung.

5 – Hinrichtung gefangener Germanen. Relief an der Marc-Aurel-Säule in Rom, 2. Jahrhundert n. Chr.

Vom Stadtstaat zum Weltreich

Wie alt ist Rom?

1 – Die bronzene Darstellung der Wölfin stammt aus dem 5. Jahrhundert v. Chr. Sie ist das Wahrzeichen der Stadt Rom und erinnerte die Römer an die Gründungssage ihrer Stadt. Die Kinderfiguren wurden erst im 16. Jahrhundert n. Chr. hinzugefügt.

Rom – die Stadt des Romulus?

Jedes Jahr feiern die Römer den Geburtstag ihrer Stadt. Angeblich wurde sie am 21. April 753 v. Chr. gegründet. Damals – so heißt es in einer Sage – lebten in der Nähe Roms die Zwillinge Romulus und Remus. Ihr Vater war Mars, der Gott des Krieges, ihre Mutter hieß Rhea und war die Tochter des Königs Numitor. Der König wurde von seinem Bruder, der nach der Herrschaft strebte, vertrieben. Die Zwillinge ließ er auf einem Holztrog auf dem Fluss Tiber aussetzen.

Q1 In einer Nacherzählung der Sage heißt es weiter:

… Der Kriegsgott Mars lenkte jedoch den Trog in eine Felsenhöhle. Dann schickte er eine Wölfin, ein Tier, das ihm heilig war. Sie säugte die Kleinen. Nach einigen Tagen fand ein Hirte die Knaben und nahm sie mit nach Hause. Als sie herangewachsen waren, beschlossen Romulus und Remus, an der Stelle, an der sie einst gefunden worden waren, eine Stadt zu gründen. Sie konnten sich aber nicht einigen, wer der Stadt den Namen geben sollte.

Wie es üblich war, wollten sie den Willen der Götter durch den Vogelflug erkunden. Jeder setzte sich auf einen Hügel, und eben ging die Sonne auf, da rauschten sechs Geier an Remus vorüber. Nur kurz darauf flogen an Romulus zwölf Geier vorbei. Gewiss, sie waren ihm später erschienen, aber es war die doppelte Zahl. So zog Romulus mit einem Pflug eine Furche, die den Verlauf der künftigen Stadtmauern kennzeichnen sollte.

„Das soll eine Mauer sein?", rief Remus höhnisch und sprang über die Furche. Da wurde Romulus zornig. Er stieß seinem Bruder die Lanze in die Brust und rief aus: „So soll es jedem ergehen, der diese Mauern zu übersteigen wagt." Romulus gab der Stadt seinen Namen und wurde ihr erster König …

❶ ▢ Gebt den Inhalt der Gründungssage Roms mit eigenen Worten wieder.

▶ *In der Gründungssage Roms wird berichtet, dass der König Numitor zwei Enkel hatte …*

❷ ▢ Das Wahrzeichen Roms ist eine Wölfin. Welche Eigenschaften verbindet ihr mit diesem Tier?

2 – Rom und Umgebung um 900 v. Chr. Jugendbuchillustration, 2010.

Sage und Wirklichkeit

Archäologische Forschungen beweisen, dass der Palatin, ein Hügel, der nahe beim Tiber liegt, schon im 10. Jahrhundert v. Chr. besiedelt war. Dort lebten Hirten und Bauern, die Schafe, Rinder und Pferde besaßen, in einfachen Hütten. In der Nähe verlief ein alter Handelsweg. Auf ihm brachten Händler vor allem das kostbare Salz von der Mündung des Tiber ins Hinterland. Allmählich entwickelte sich die Siedlung zu einem bevorzugten Handelsplatz, geschützt durch Wall und Graben.

Die Etrusker, die über das Gebiet nördlich des Tibers herrschten, überfielen im 7. Jahrhundert v. Chr. diesen Handelsplatz und bauten ihn zu einer Stadt aus. Befestigt wurde sie mit einer mächtigen Mauer. Nach dem etruskischen Geschlecht der Ruma erhielt die Stadt den Namen „Rom".

❸ ⬛ Vergleicht die Gründungssage mit den Ergebnissen der Wissenschaftler.

▶ *In der Sage heißt es, dass Rom im Jahre 753 v. Chr. gegründet wurde. Die Archäologen aber konnten nachweisen, dass ...*

Etruskische Könige

Nach Romulus – so erzählt die Sage – sollen noch sechs weitere Könige über Rom geherrscht haben. Manche sorgten für den Ausbau der Stadt, andere aber waren nur darauf bedacht, ihren eigenen Reichtum zu vergrößern. Zu ihnen gehörte Tarquinius. Die Römer hassten ihn, weil er sie mit immer neuen Abgaben belastete. Um 500 v. Chr. wurde er von der aufgebrachten Bevölkerung verjagt. „Nie wieder einen König!", so schworen sich die Römer. Künftig sollte die Politik eine Angelegenheit aller Bürger sein. Rom wurde eine ✳Republik. An der Spitze des Staates standen jetzt immer zwei ✳Konsuln, die jedes Jahr von der Volksversammlung gewählt wurden.

✳ **Republik**
Von lat.: „res publica", eine öffentliche Sache, eine Angelegenheit das Volkes.

✳ **Konsuln**
Die beiden obersten Beamten in der römischen Republik. Sie wurden von der Volksversammlung für die Dauer eines Jahres gewählt.

Wahlaufgaben

🅐 ⬛ Bauern und Hirten siedelten sich gern in Rom an. Notiert euch hierfür eine Erklärung mithilfe des Textes und Bild 2.

🅑 ⬛ Wir leben in der Bundesrepublik Deutschland. Schülerinnen und Schüler, deren Familien aus anderen Ländern stammen, erklären der Klasse die Bezeichnung ihres Heimatlandes. Tragt die genauen Ländernamen in eine Wandkarte ein.

Die Republik – ein Staat für alle?

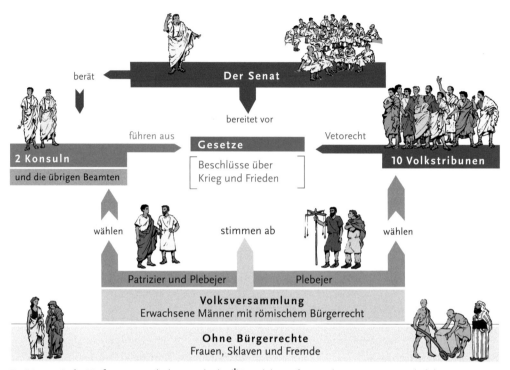

1 – Die römische Verfassung nach dem Ende der *Ständekämpfe zwischen Patriziern und Plebejern. Schaubild.

---

*Ständekampfe
Auseinandersetzungen zwischen Patriziern und Plebejer um Mitsprache bei der Regierung.

*Patrizier
(lat.: patres = die Väter). Römischer Adel.

*Senat
(lat.: senex = Greis). Rat der Ältesten, eigentliches Regierungsorgan im römischen Staat.

*Plebejer
(lat.: plebs = Menge, Masse). Freie Bauern, Handwerker, Händler und Kaufleute in Rom, die nicht zum römischen Adel gehörten.

Wer regiert die Republik?

Die römische Republik sollte eine Angelegenheit aller Bürger sein. In Wirklichkeit hatten allein die Adligen weiterhin alle Macht in den Händen. Sie entstammten alten angesehenen Familien und verfügten über großen Grundbesitz, Reichtum und Einfluss. Die Adligen, die *Patrizier, wie sie sich selbst nannten, stellten alle wichtigen Beamten: die Richter, die Heerführer, die hohen Priester und die beiden Konsuln. Diese waren die höchsten Beamten in der Republik. Sie besaßen – wie früher die Könige – eine fast unumschränkte Macht. Ihre Amtszeit aber war auf ein Jahr begrenzt. Beraten wurden die Konsuln vom *Senat. Im Senat saßen wiederum allein die Oberhäupter der Adelsfamilien. Kein Beamter konnte es wagen, gegen den Rat des Senats zu entscheiden. So bestimmten eigentlich die Senatoren die Politik Roms.

Patrizier und Plebejer

Die Patrizier grenzten sich von der übrigen Bevölkerung, den *Plebejern, ab. Heiraten zwischen Patriziern und Plebejern waren streng verboten. Zu den Plebejern gehörten Handwerker, Händler, Kaufleute und freie Bauern. Durch ihre Arbeit trugen sie wesentlich zum Wohlstand der römischen Gesellschaft bei. In zahlreichen Kriegen mussten sie zudem als einfache Soldaten die Hauptlast auf sich nehmen. Viele Bauern verarmten, weil sie Jahr für Jahr in den Krieg ziehen mussten und ihre Höfe nicht mehr bewirtschaften konnten. Sie waren dann gezwungen, sich Saatgut oder Lebensmittel bei den Patriziern zu borgen. Konnten sie nicht zurückbezahlen, verloren sie ihren Besitz und wurden in die Sklaverei verkauft.

Q1 Der römische Geschichtsschreiber Livius (59 v. Chr.–15 n. Chr.) beschrieb ein Ereignis, das sich im Jahre 490 v. Chr. in Rom ereignet haben soll:

... zwischen Patriziern und Plebejern herrschte erbitterter Hass. Die Plebejer waren empört, dass sie draußen für Freiheit und Herrschaft Roms kämpfen mussten, zu Hause aber von ihren Mitbürgern verhaftet und zugrunde gerichtet wurden. Ihr Groll entzündete sich durch das auffallende Elend eines einzigen Mannes. Seine Kleidung war schmutzig, sein Körper blass, abgezehrt und verfallen. Der lange Bart und die Haare ließen ihn verwildert aussehen. Trotz dieses unschönen Aussehens erkannten ihn die Leute und sagten, er sei lange Hauptmann gewesen. Man fragte ihn, warum er denn so heruntergekommen sei, und er antwortete: „Als ich Kriegsdienst leistete, wurden meine Felder verwüstet, ich konnte nichts ernten. Mein Hof brannte ab, man nahm mir alles, auch das Vieh. Die Schulden wuchsen. Mein väterliches Erbe musste ich verkaufen. Ich selbst wurde meinen Gläubigern übergeben für das Gefängnis und zur Folterung." Darauf zeigte er seinen Rücken, der schlimm aussah mit den noch frischen Striemen der Prügel ...

Mitbestimmung der einfachen Bürger

Mit der wiederholten Drohung, keinen Kriegsdienst mehr zu leisten, konnten die Plebejer den Patriziern nach und nach immer mehr Zugeständnisse abringen. In der Volksversammlung konnten sie an den politischen Entscheidungen mitwirken und an den Wahlen der hohen Beamten teilnehmen. Zudem erreichten sie, dass sie eigene Beamte wählen durften, die Volkstribunen. Diese hatten das Recht, gegen neue Gesetze Einspruch zu erheben, wenn dadurch ihrer Meinung nach die Plebejer benachteiligt würden (= Vetorecht). Damit erhielten die Plebejer großen Einfluss auf die Gesetzgebung, denn die Volkstribunen legten die meisten Gesetze dem Volk zur Abstimmung vor.

Plebejer ◄──► Patrizier	
287 v. Chr.	Beschluss der Plebejer gleichwertig wie ein Gesetz der Volksversammlung
326 v. Chr.	Verbot der *Schuldknechtschaft
367/366 v. Chr.	Zugang der Plebejer zum Konsulat
445 v. Chr.	Aufhebung des Eheverbotes zwischen Plebejern und Patriziern
um 450 v. Chr.	Römisches Recht wird auf 12 Tafeln aufgeschrieben
um 490 v. Chr.	Versammlung der Plebejer, Volkstribune
um 500 v. Chr.	vor Beginn der Ständekämpfe: der Adel regiert
Plebejer ◄──────► Patrizier	

2 – Die Stufen auf dem Weg zur „Eintracht" im römischen Staat. Schaubild.

Auf Betreiben der Volkstribunen wurden um 450 v. Chr. die geltenden Gesetze aufgeschrieben, die jetzt für alle Bürger in gleicher Weise galten.

Im Jahre 367/366 v. Chr. wurde in Rom ein Tempel gebaut, der den Namen „concordia" (= Eintracht) erhielt. Er war das sichtbare Zeichen der Versöhnung und des Ausgleichs zwischen Patriziern und Plebejern.

✲ Schuldknechtschaft
Wer seine Schulden nicht bezahlen konnte, musste damit rechnen, dass sein Gläubiger ihn einkerkern ließ oder ihn als Sklaven verkaufte.

❶ ⬛ Nennt die einzelnen Schritte, die den Hauptmann in das Elend führten (Q1).

❷ ⬛ Besprecht, welche der in Schema 2 genannten Vereinbarungen den Plebejern vielleicht besonders wichtig waren. Begründet eure Antwort.

Wahlaufgaben

Ⓐ ⬛ Plebejer ziehen mit dem Hauptmann (Q1) durch die Straßen Roms. Sie sind wütend. Was könnten sie gerufen oder gefordert haben? Entwerft Plakate, auf denen diese Forderungen stehen.

► *Nehmt die Methode „Tipps beim Plakate- und Folienerstellen" von S. 245 zu Hilfe.*

Ⓑ ⬛ Verfasst einen Bericht unter der Überschrift: Von der Adelsherrschaft zur Volksherrschaft. Beachtet dabei das Schaubild 2.

► *Um 500 v. Chr. herrschte in Rom allein der Adel. Bei der übrigen Bevölkerung war er verhasst, weil ...*

Methode

Geschichtskarten auswerten

Arbeit mit Geschichtskarten

Den Umgang mit Karten kennt ihr bereits aus dem Erdkundeunterricht. Im Geschichtsunterricht benutzen wir Geschichtskarten. Das sind Karten, die ein bestimmtes historisches Thema behandeln. Bei den Karten auf dieser Doppelseite geht es um die Ausdehnung des Römischen Reiches: Die Karten 1–4 geben die Situation zu verschiedenen Zeitpunkten wieder. Karte 5 hingegen zeigt eine Entwicklung auf. Wenn ihr die Karte 5 genau betrachtet, stellt ihr fest, dass sie aus vier unterschiedlichen Karten zusammengesetzt ist. Um eine Karte richtig „lesen" zu können, muss man sich vor allem die Erklärungen in der Kartenlegende und die Bildunterschrift ansehen.

Folgende Arbeitsschritte bzw. Fragen helfen euch, eine Geschichtskarte besser zu verstehen und auszuwerten:

Schritt 1 **Was wird dargestellt?**	▪ Welches **Gebiet** ist dargestellt? ▪ Welcher **Zeitraum** wird behandelt? ▪ Um welches **Thema** geht es?
Schritt 2 **Wie wird das Thema dargestellt?**	▪ Welche Informationen bietet die **Legende**? ▪ Was bedeuten die Flächenfarben? ▪ Welche Symbole kommen vor? ▪ Wie groß sind die Entfernungen (**Maßstab**)?
Schritt 3 **Welche Informationen oder Fragen ergeben sich aus der Karte?**	▪ Macht Aussagen zu einzelnen **Informationen** der Karte. ▪ Formuliert eine **Gesamtaussage** der Karte. ▪ Notiert offene Fragen.

❶ ▪ Auf der Karte 5 sind vier Zeitangaben für die Ausdehnung des Römischen Reiches angegeben. Schreibt auf, welche Gebiete um das Mittelmeer die Römer nacheinander ihrer Herrschaft unterwarfen.
▶ *1. Um 270 v. Chr. gehörten zum Römischen Reich …*

❷ ▪ Das Mittelmeer nannten die Römer einfach „unser Meer". Erklärt diese Bezeichnung mithilfe der Karte 5.

❸ ▪ Fertigt anhand der Karte 5 eine Tabelle an: In die linke Spalte tragt ihr die Namen der römischen Provinzen ein und in die rechte Spalte, mithilfe eines Atlasses, die Namen der heutigen Länder.

1 – Rom ca. 500 v. Chr.

2 – Italien 270 v. Chr.

3 – Das Römische Reich 150 v. Chr.

4 – Das Römische Reich 150 n. Chr.

Musterlösung zur Karte 5:

Zum Schritt 1:

– Gezeigt wird der Mittelmeerraum mit großen Teilen Europas, von Nordafrika sowie Gebiete des Vorderen Orients. Zu sehen sind die Flüsse Rhein, Donau …
Außerdem sieht man die Städte Xanten …
Aufgeführt werden die Provinzen Britannia …
– Die Legende nennt Zeitpunkte von 270 v. Chr. bis …
– Die Unterschrift unter der Karte nennt das Thema …

Zum Schritt 2:

– Die Legende zeigt zu den vier verschiedenen Zeitpunkten verschiedene Rot- und Gelbtöne als Flächenfarben.
– Die Karte enthält keine besonderen Symbole.
– Die West-Ost-Ausdehnung des in der Karte dargestellten Gebiets beträgt fast 5 000 Kilometer.

Zum Schritt 3:

– Um 270 v. Chr. umfasste das Römische Reich Italien, um 44 v. Chr. …
– Das Römische Reich war viel größer als alle heutigen Staaten in diesem Gebiet. Es ist über Jahrhunderte gewachsen.
– Z. B.: Wie kam es zu dem Wachstum des Römischen Reiches? Gab es in der Umgebung andere Reiche? Warum ist das Römische Reich nicht weiter gewachsen?

5 – Die Entwicklung des Römischen Reiches von 270 v. Chr. bis zum 2. Jahrhundert n. Chr.

Wie eroberten die Römer ein Weltreich?

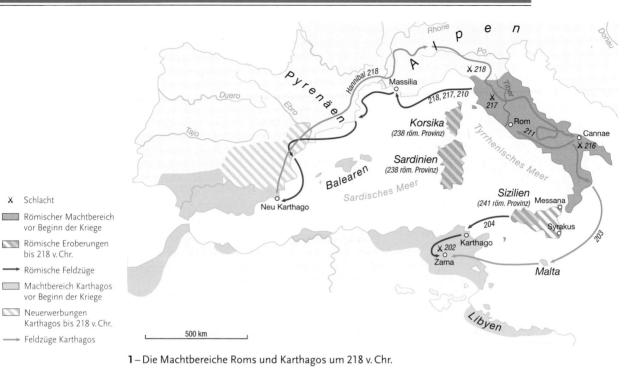

1 – Die Machtbereiche Roms und Karthagos um 218 v. Chr.

Andauernde Kriege und kein Frieden

Um 500 v. Chr. war die römische Republik noch ein kleiner Bauernstaat, nicht viel größer als Köln heute. 500 Jahre später beherrschten die Römer einen Großteil der damals bekannten Welt. Zunächst hatte Rom die Nachbarstämme unterworfen, dann nach und nach ganz Italien erobert. Der nächste Gegner hieß Karthago, eine starke See- und Handelsmacht in Nordafrika. Die Karthager besaßen eine große Kriegsflotte, mit der sie den Handel im westlichen Mittelmeer kontrollierten. Außerdem hatten sie Gebiete in Spanien besetzt (siehe Karte). Beide Mächte, Rom und Karthago, hatten großes Interesse an Sizilien. Diese Insel war das fruchtbarste Anbaugebiet für Getreide. Mit dem Streit um diese Insel begann der Krieg, der über 20 Jahre dauerte (264–241 v. Chr.) In den ersten Jahren erlitten die Römer viele Niederlagen, da sie noch kaum Kriegsschiffe besaßen. Doch mit der Zeit bauten sie eine schlagkräftige Kriegsflotte auf. Ihre Schiffe unterschieden sich dabei von anderen Kriegsschiffen in zweierlei Hinsicht: Sie besaßen einen Rammsporn und eine drehbare Brücke, die man auf das Deck des feindlichen Schiffes fallen lassen konnte (siehe Bild 2).

Mithilfe dieser Flotte wurde Karthago schließlich vernichtend geschlagen. Sizilien fiel an Rom. Wenig später musste Karthago auch Sardinien und Korsika an die Römer abtreten. Selbstbewusst nannten die Römer jetzt das Tyrrhenische Meer (siehe Karte 1) „unser Meer".

❶🖾 Ein Soldat berichtet von einer Seeschlacht. Setzt die Erzählung mithilfe des Textes und Bild 2 fort.
Kaum hatten wir die Schiffe der Karthager eingeholt, begannen unsere Soldaten die feindlichen Schiffe zu entern. Sie ...

Hannibal zieht über die Alpen

Zum Ausgleich für die an Rom verlorenen Gebiete wollte Karthago seine Herrschaft in Spanien ausbauen. Erneut erklärten die Römer den Karthagern den Krieg. Hanni-

2 – Römische Kriegsschiffe besiegen Karthagos Flotte. Rekonstruktionszeichnung.

bal, der berühmteste Feldherr der Karthager, zog daraufhin mitten im Winter mit etwa 50 000 Fußsoldaten, 9000 Reitern und ungefähr 60 Elefanten über die Alpen. Wilde Bergstämme griffen seine Truppen dabei immer wieder an. Innerhalb von zwei Wochen soll fast die Hälfte seiner Soldaten umgekommen sein.

❷ 🖼 Schreibt mithilfe der Karte und des Textes eine Erzählung über den Zug Hannibals. Beachtet dabei auch die Länge des Fußmarsches und denkt an Verpflegung, Unterkunft usw.

Drei Jahre lang zog Hannibal durch Italien; mehrmals wurden römische Truppen vernichtend geschlagen. In der Schlacht bei Cannae (siehe Karte) sollen von 86 000 römischen Soldaten über 50 000 gefallen sein. „Hannibal vor den Toren" war der Schreckensruf auf den Straßen Roms. Doch die Römer gaben nicht auf. Im Jahre 204 v. Chr. setzten römische Truppen nach Afrika über. Um Karthago zu verteidigen, kehrte Hannibal zurück. Im Jahre 201 kam es bei Zama (siehe Karte) zur Entscheidungsschlacht, die die Römer gewannen. Karthago musste alle Besitzungen außerhalb Afrikas abtreten. Karthago war keine Großmacht mehr.

Eroberungen und Plünderungen

Weil die Römer aber weiterhin Angst vor Karthago hatten, machten sie die Stadt im Jahre 146 v. Chr. dem Erdboden gleich. Die meisten Einwohner wurden getötet oder in die Sklaverei verschleppt.

Hannibal floh nach Kleinasien und – von dem Römern in die Enge getrieben – vergiftete sich selbst.

In den folgenden Jahrzehnten eroberten die römischen Truppen Griechenland, Kleinasien, Ägypten, Gallien und Teile von Germanien und Britannien. Aus den eroberten Ländern brachten die römischen Soldaten Sklaven und große Reichtümer nach Rom Karthago wurde *römische Provinz, die an Rom jährlich hohe Abgaben zahlen musste.

❸ 🖼 Verfasst eine kurze Erzählung, in der ein Karthager schildert, was für ihn der Satz bedeutet: „Die Römer machten Karthago dem Erdboden gleich."

* römische Provinz
Gebiete, die zum römischen Reich gehören.

Wahlaufgaben

A 🖼 Beschreibt mithilfe des Internets den Lebenslauf Hannibals.
▶ *Beginnt so: Ich, Hannibal …*
B 🖼 Tragt in einen Zeitstrahl die wichtigsten Daten der Kriege Roms gegen Karthago ein.
▶ *Beurteilt mithilfe der Methode „Wir erstellen eine Zeitleiste" auf S. 16/17.*

Wie veränderte sich die Gesellschaft?

1 – Römischer Triumphzug. Rekonstruktionszeichnung.

Die römischen Bauern – „Herren der Welt" ohne ein Stück Land

Rom war im 2. Jahrhundert v. Chr. zur Hauptstadt eines Weltreiches geworden. Aus den eroberten Gebieten kamen unermessliche Reichtümer. So sollen z. B. im Jahre 168 v. Chr. römische Truppen fast 60 000 kg Silber erbeutet haben.

Doch diese Reichtümer kamen keineswegs allen Römern zugute. Im Gegenteil: Gerade die Soldaten, zumeist einfach Bauern, wurden immer ärmer. Jahrelang hatten sie weit entfernt von zuhause für Rom gekämpft. In dieser Zeit verfielen viele Höfe. Außerdem konnten sie ihr Getreide kaum noch verkaufen. Getreide kam nämlich jetzt zu niedrigen Preisen aus den Provinzen nach Italien. So verarmten die Bauern, ihre Höfe mussten sie aufgeben. Sie zogen mit ihren Familien nach Rom. Doch auch hier erwartete sie keine bessere Zukunft, denn überall, im Kleinhandel wie im Handwerk, wurden Sklaven beschäftigt. Für die Bauern gab es keine Arbeit. Mittellos, ohne Verdienstmöglichkeiten, gehörten sie bald zur Masse der Proletarier.

Q1 **Der griechische Geschichtsschreiber Plutarch (etwa 46–125 n. Chr.) schreibt, der Volkstribun Tiberius Gracchus habe um 130 v. Chr. folgende Rede gehalten:**

… Die wilden Tiere, welche in Italien hausen, haben ihre Höhle. Jedes weiß, wo es sich hinlegen, wo es sich verkriechen kann. Die Männer aber, die für Italien kämpfen, sie haben nichts außer Luft und Licht. Heimatlos, gehetzt, irren sie mit Weib und Kind durch das Land.

Die Feldherren lügen, wenn sie in der Schlacht die Soldaten aufrufen, für ihre Gräber und Heiligtümer sich zu wehren gegen den Feind, denn von all diesen Römern besitzt keiner einen Altar, den er von seinem Vater erbt…, vielmehr kämpfen und sterben die Soldaten für das Wohlleben und den Reichtum anderer. Herren der Welt werden sie genannt und besitzen doch kein eigenes Stückchen Land …

❶ 🔲 Erklärt mithilfe von Text und Q1 die Folgen der Kriege für die Bauern.

2 – „Römische Soldaten" bei den Römerfestspielen im Archäologischen Park Xanten. Foto.

Die Gefahr von Bürgerkriegen

Das römische Heer bestand überwiegend aus Bauern. Ihre Ausrüstung mussten sie selbst zahlen; dazu aber waren immer weniger Bauern in der Lage und so gab es immer weniger Soldaten. Marius, ein angesehener Feldherr, setzte deshalb 107 v. Chr. eine Heeresreform durch. Das römische Heer wurde ein Berufsheer. Die Ausrüstung bezahlte der Staat, sodass auch arme Römer Soldat werden konnten. Außerdem versprach Marius jedem Soldaten nach 20-jähriger Dienstzeit ein Stück Land zur „Altersversorgung". Diese Zusage machte also nicht der Senat, sondern ein Feldherr. Ein erfolgreicher Feldherr konnte sich jetzt auf seine Truppen unbedingt verlassen. Es dauerte nicht lange, bis einzelne Heerführer, gestützt auf die ihnen treu ergebenen Soldaten, ihre Truppen in Rom einmarschieren ließen, um die Macht an sich zu reißen. Immer häufiger kam es deswegen auch zu erbitterten Kämpfen zwischen einzelnen Heerführern und ihren Truppen.

❷▶ Beschreibt die Ausrüstung der römischen Soldaten anhand der Bilder 2 und 3.

▶ *Ordnet die Ausrüstung den Bereichen „Kampf", „Essen" und „Lager" zu.*

❸▶ Erklärt, welche Auswirkungen die römischen Kriege auf das Leben der Bevölkerung und die politischen Verhältnisse hatten.

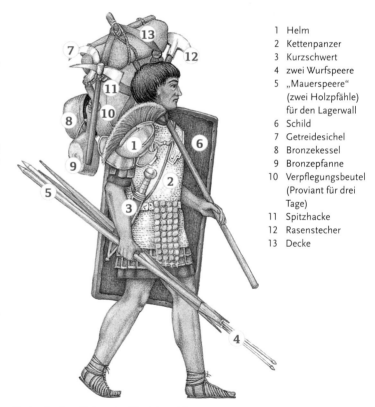

1 Helm
2 Kettenpanzer
3 Kurzschwert
4 zwei Wurfspeere
5 „Mauerspeere" (zwei Holzpfähle) für den Lagerwall
6 Schild
7 Getreidesichel
8 Bronzekessel
9 Bronzepfanne
10 Verpflegungsbeutel (Proviant für drei Tage)
11 Spitzhacke
12 Rasenstecher
13 Decke

3 – Legionär mit der vom Staat bezahlten Ausrüstung, die insgesamt 30 kg wog.

Wahlaufgaben

🅐▶ Mehrere Proletarier unterhalten sich darüber, ob sie in das Heer eintreten sollen. Schreibt dazu Argumente, die dafür oder dagegen sprechen, auf.

🅑▶ Erklärt folgende Aussage: Wenn die Heerführer die Macht an sich reißen, ist die Republik in Gefahr.

Das Römische Reich unter Augustus

1 – Caesars Ermordung. Ölgemälde von Karl von Piloty, 19. Jahrhundert.

Gaius Julius Caesar
(100 – 44 v. Chr.)
Büste.

Gaius Julius Caesar

Im 1. Jahrhundert v. Chr. war es in Rom zwischen verschiedenen Heerführern zu erbitterten Kämpfen um die Macht gekommen. Ein besonders erfolgreicher Heerführer war Gaius Julius Caesar. Zwischen 58 und 52 v. Chr. eroberten die von ihm geführten Truppen ganz Gallien (das heutige Frankreich).

Q1 **Der griechische Geschichtsschreiber Plutarch (um 46–120 n. Chr.) schrieb:**
… Bei seinen Leuten war Caesar so beliebt, dass sie für seinen Ruhm mit unwiderstehlichem Mut in die größten Gefahren gingen. Solchen Mut weckte Caesar besonders dadurch, dass er reichlich die im Krieg erworbenen Reichtümer nicht für sich selbst sammelte, sondern als gemeinsamen Lohn an verdiente Soldaten verteilte …

Mit seinem Heer zog er nach Rom, um dort die Macht an sich zu reißen. Der Senat ernannte ihn zum obersten Priester, Oberbe-

fehlshaber der Armee und schließlich 45 v. Chr. gar zum Diktator auf Lebenszeit. Im Senat saß er auf einem goldenen Stuhl. In einem Tempel stand sein Bild mit der Inschrift: „Dem unbesiegten Gott". Die Römer hassten jegliche Alleinherrschaft. 500 Jahre zuvor hatten sie den letzten König vertrieben und dafür gesorgt, dass nie wieder einer alleine regieren konnte. Sollte dies jetzt plötzlich vorbei sein? Verschwörer im Senat hatten sich die Antwort bereits gegeben: Caesar musste sterben, um die Republik zu retten. Als er eines Tages in den Senat kam, umringten sie ihn und stachen auf ihn ein. Von zahlreichen Schwertern und Lanzen getroffen, brach er blutüberströmt zusammen und starb.

❶ ▨ Wie stellt der Künstler des 19. Jahrhunderts das Geschehen in Bild 1 dar? Was hebt er besonders hervor? Ist er für die Republik oder steht er aufseiten Caesars? Begründet eure Ansicht.

Von Caesar zu Augustus

Nachfolger Caesars wurde nach jahrelangen Bürgerkriegen sein Großneffe und Adoptivsohn Octavian, der vom Senat den Ehrentitel „Augustus", der „Erhabene" erhielt. Mit Kaiser Augustus (31 v. Chr.–14 n. Chr.) begann für das Römische Reich eine Zeit des Friedens. Kriege gegen andere Völker fanden nur in weit entfernten Gegenden statt. Die Römer merkten davon kaum etwas.

Q2 Augustus schrieb 13 n. Chr. in seinem „Tatenbericht":

... Die Provinzen Gallien, Spanien und Germanien vom Meer bis zur Elbe habe ich befrieden lassen, ohne auch nur ein Volk unrechtmäßig zu bekriegen ...

Q3 Der Anführer eines britannischen Stammes, der von den Römern angegriffen wurden, meinte nach einem Bericht des römischen Geschichtsschreibers Tacitus (etwa 55–120 n. Chr.):

... Feindlicher als die Natur sind die Römer. Diese Räuber des Erdkreises durchstöbern jetzt die Meere, nachdem ihnen keine neuen Länder mehr zur Verfügung stehen. Stehlen, Töten, Rauben – das nennen sie mit einem falschen Wort „Herrschaft", und Frieden nennen sie es, wenn sie eine Wüste hinterlassen ...

2 – Marmorstandbild des Augustus, um 20 v. Chr. Höhe 2,04 m, mit Rekonstruktion der ursprünglichen Farbgebung. Auf dem Brustpanzer ein besiegter Gegner, der den Römern erbeutete Truppenabzeichen zurückgibt.

2 In Q2 und Q3 ist von „Frieden" oder „befrieden" die Rede. Erklärt, was Augustus unter „Frieden" versteht. Wie stehen die Gegner Roms zum „römischen Frieden"?

3 Wie wird Augustus in Bild 2 dargestellt? Wodurch wird seine Bedeutung erhöht?

▶ *Die Bildlegende hilft euch dabei.*

4 Begründet, warum solche Standbilder errichtet wurden.

Wahlaufgaben

A Zwei Römer, die noch unsicher sind, ob sie sich an dem Attentat auf Caesar beteiligen sollen, beraten sich. Was könnten sie gesagt haben?

B Augustus gibt einem Künstler den Auftrag, eine Statue von sich zu errichten. Worauf soll der Künstler vermutlich besonders achten?

Wie wurde Augustus Alleinherrscher?

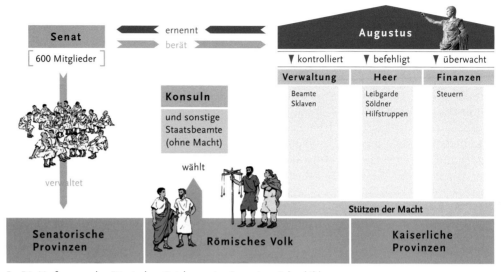

1 – Die Verfassung des Römischen Reiches unter Augustus. Schaubild.

Republik oder Monarchie?

Für die Römer war der Staat eine Angelegenheit aller Bürger. Sie verabscheuten die Herrschaft eines Einzelnen. Augustus trat deshalb im Jahre 27 v. Chr. vor den römischen Senat und erklärte, dass er die Republik wieder herstellen wolle. Er lege daher seine gesamte Macht nieder und wolle nur noch „princeps", d. h., der „erste Bürger sein".

Q1 Der griechische Geschichtsschreiber Cassius Dio (155–235 n. Chr.) schrieb über diese Situation:

… Viele Senatoren bestürmten ihn mit Bitten, die Herrschaft zu behalten, bis er sich endlich gezwungen sah, Alleinherrscher zu bleiben.
Die Provinzen, die friedlich … waren, überließ er dem Senat, die Provinzen, die unzuverlässig und gefährlich erschienen, behielt er selbst. … Auf diese Weise sollten die Senatoren von Waffen und Krieg entfernt bleiben. Er selbst wollte allein Waffen führen und Truppen unterhalten …
In Wirklichkeit kam es dahin, dass Augustus selbst in allem über alles als Alleinherrscher bestimmte, da er die Finanzen kontrollierte. Außerdem war er Herr über das Heer …

Q2 Der Geschichtsschreiber und Senator Tacitus (55–120 n. Chr.) schrieb:

… Die Soldaten gewann er durch Geschenke, das Volk durch (kostenloses) Getreide, alle durch den Frieden. Er übernahm die Rechte des Senats, der Beamten und machte die Gesetze. Gegner fand er nicht. Die Tapfersten (Senatoren) waren gefallen … und die Übrigen erhielten je mehr Geld und Ämter, desto bereitwilliger sie sich unterordneten …

Die besondere Stellung von Augustus zeigte sich in den Ehrentiteln, die ihm verliehen wurden. Der Senat ernannte ihn zum „Augustus", d. h. der „Erhabene". Seine Befehle hatten Gesetzeskraft, in strittigen Fällen hatte der kaiserliche Gerichtshof das letzte Wort. Er regierte auf Lebenszeit bis zu seinem Tod im Jahre 14 n. Chr. und stand während dieser ganzen Zeit über den Konsuln und dem Senat.

❶ Erklärt mithilfe von Q1 sowie des Schaubildes, worauf die Macht von Augustus beruhte.

❷ Stellt mithilfe von Q2 fest, wie es Augustus gelang, die Macht zu erringen.

2 – Augustus auf einem Schmuckanhänger, um 10 n. Chr.
In der Mitte Augustus mit der Göttin Roma, deren linke Hand auf dem Schwert ruht als Zeichen, dass Rom immer zum Kampf bereit ist. Rechts, hinter Augustus stehend, sieht man dargestellt als Personen die Erde und den Weltenstrom, der alles umschließt. An den Thron angelehnt die römische Erdgöttin „Mutter Erde" als Zeichen der Fruchtbarkeit. Eine Figur hält ihm die römische Bürgerkrone.

❸ Beurteilt die Aussage, Augustus sei gezwungen worden, die Alleinherrschaft zu übernehmen.
▶ Nehmt die Methode „Ein eigenes Urteil bilden" von S. 78/79 zu Hilfe.

Die Verwaltung des Reiches
Von seinem Adoptivvater hatte Augustus den Namen „Caesar" übernommen. Diesen Namen trugen auch alle seine Nachfolger. Von „Caesar" leitet sich das Wort „Kaiser" ab. Mit Augustus begann also die römische Kaiserzeit.
Weder Augustus noch den nachfolgenden Kaisern gelang es jedoch, das ganze große römische Reich von Rom aus zu kontrollieren. Die zahlreichen Städte im römischen Reich behielten daher eine gewisse Selbstständigkeit. Solange sie die Steuern zahlten, durften sie sich selbst und ihr Umland weitgehend ohne Einmischung der kaiserlichen Zentrale verwalten. Jedes Jahr wählte man dafür in den Städten eigene Beamte. Ohne diese städtische Selbstverwaltung hätte ein so großes Reich kaum bestehen können. Alle römischen Untertanen mussten aber den Kaiser verehren (Kaiserkult) und ihm einen Treueid leisten.

Q3 In dem Eid auf den Kaiser Caligula (37–41 n. Chr.) heißt es:
... Ich schwöre, dass ich diejenigen als meine persönlichen Feinde ansehen werde, von denen ich erfahre, dass sie dem Kaiser Caligula feindlich gesonnen sind. Und wenn jemand ihn und sein Wohlergehen gefährdet oder gefährden wird, werde ich nicht aufhören, ihn zu verfolgen, bis er vernichtet ist. Ich werde um das Wohl des Kaisers mehr besorgt sein als um meines oder das meiner Kinder, und ich will diejenigen, die ihm feindlich gesonnen sind, als Staatsfeinde ansehen. Wenn ich bewusst gegen diesen Eid verstoße, dann sollen Jupiter Optimus Maximus und der unter die Götter aufgenommene Augustus und alle anderen unsterblichen Götter mir und meinen Kindern Vaterland, Gesundheit und all meinen Besitz nehmen ...

❹ Fasst zusammen, wozu sich jeder, der diesen Treueid schwören musste, verpflichtete.

Wahlaufgaben

Ⓐ Cäsar und Augustus hatten ähnlich politische Ansichten. Überlegt mithilfe der Seiten 128–131 gemeinsam, warum Cäsar ermordet wurde, Augustus aber Kaiser werden konnte.
Ⓑ Nehmt mithilfe von Text, Grafik 1 und Bild 2 Stellung zur Aussage des Kaisers Augustus, er sei nur der „erste Bürger." Begründet eure Stellungnahme.

Welche Vorteile brachte der Frieden den Römern?

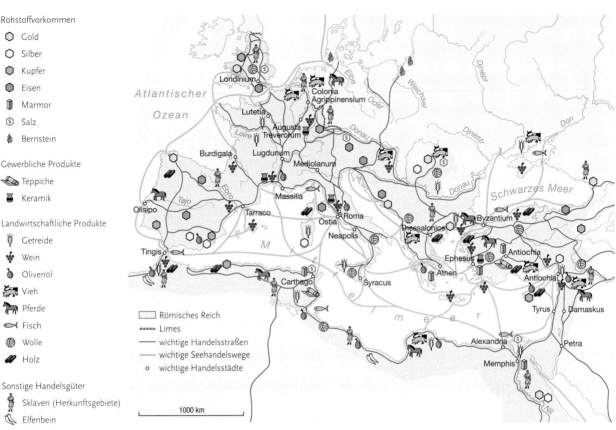

Rohstoffvorkommen

- ○ Gold
- ⬡ Silber
- ⬡ Kupfer
- ⬢ Eisen
- ▯ Marmor
- Ⓢ Salz
- ◖ Bernstein

Gewerbliche Produkte

- 🥿 Teppiche
- ▯ Keramik

Landwirtschaftliche Produkte

- 🌾 Getreide
- 🍇 Wein
- 🫗 Olivenöl
- 🐖 Vieh
- 🐎 Pferde
- 🐟 Fisch
- ◉ Wolle
- 🪵 Holz

Sonstige Handelsgüter

- 🧍 Sklaven (Herkunftsgebiete)
- 🦷 Elfenbein

1 – Wirtschaft und Handel im Römischen Reich im 2. Jahrhundert n. Chr.

Kartenlegende:
- ▭ Römisches Reich
- ⌁ Limes
- — wichtige Handelsstraßen
- — wichtige Seehandelswege
- ○ wichtige Handelsstädte

1000 km

* Pökelfleisch
In Salz eingelegtes Fleisch, das dadurch länger haltbar bleibt.

Eine Zeit des Friedens – für wen?

Zwischen 327 v. Chr. und 30 v. Chr. hatte es nur sieben Jahre gegeben, in denen die Römer keine Kriege führten. Mit Kaiser Augustus begann endlich eine längere Zeit des Friedens für das Römische Reich. Die Grenzen waren gesichert, viele Völker besiegt und unterworfen. So konnte sich der Handelsverkehr auf den Straßen des riesigen Römischen Reiches ungestört entwickeln. Auch die Handelsschiffe wurden nicht mehr wie in der Zeit zuvor von Seeräubern bedroht. So kamen jetzt Waren aus aller Welt nach Rom. Italien wiederum wurde durch die Ausfuhr seiner hochwertigen Produkte in die Provinzen reich. Dieser Handel trug wesentlich zum Reichtum Roms bei.

M1 Der Historiker J. Carcopino schrieb:

… In den drei Häfen Roms strömten die Güter der Welt zusammen: Gemüse, Obst und Wein aus Italien; Getreide aus Ägypten und Afrika; Öl, *Pökelfleisch, Blei, Silber und Kupfer aus Spanien; Wild, Holz und Wolle aus Gallien; Datteln aus den Oasen; Marmor aus Griechenland und Numidien; Elfenbein aus Nordafrika; Bernstein von der Ostsee; Glasschätze aus Phönizien und Syrien; Stoffe und Seide aus dem Orient; Weihrauch aus Arabien; Gewürze und Edelsteine aus Indien …

❶ ▣ Wertet die Karte oben mithilfe der Methodenseiten 122/123 aus.

❷ ▣ Erklärt mithilfe der Karte 1 den Ausspruch: „Alle Wege führen nach Rom."

2 – Verkehrswege in der Römerzeit. Rekonstruktionszeichnung.

Römische Soldaten bauen Straßen

In Zeiten des Friedens wurden die Soldaten verstärkt zum Straßenbau eingesetzt. Die Straßen waren bis zu sieben Meter breit. Das Fundament bestand meist aus größeren Steinen, darauf folgte eine Schicht aus grobem Steinschotter und eine weitere Schicht aus feinem Kies. Die Straßendecke bestand ebenfalls aus Kies, in Städten und deren Umgebung von Städten auch aus Steinplatten. Die Straßendecke war zum besseren Abfluss des Regenwassers leicht gewölbt.

Posten überwachten an wichtigen Kreuzungspunkten den Straßenverkehr. Für Reisende gab es in regelmäßigen Abständen Rasthäuser mit Schlafzimmern, Bädern und Ställen für Pferde und Wagen. Die Straßen dienten vor allem der Sicherung des Reiches: Auf den Straßen ritten Boten nach Rom, berichteten dem Kaiser von der militärischen Lage an den Grenzen und kehrten mit seinen Befehlen zu den Truppen zurück.

Truppen konnten schnell verlegt werden. Waffen, Handwerkserzeugnisse und Nahrungsmittel gelangten in kurzer Zeit bis zu den entferntesten Grenzbefestigungen. Zur Zeit seiner größten Ausdehnung verfügte das Römische Reich über ein Straßennetz von 250 000 Kilometern; davon waren 80 000 Kilometer Fernstraßen, die ständig überwacht wurden.

3 ▢ Ein römischer Kommandant erhält den Auftrag, mit seinen Soldaten eine Straße zu bauen. Notiert mithilfe von Bild 2, welche Aufgaben dabei zu lösen sind.
▶ *Denkt daran, dass die Soldaten auch versorgt und untergebracht werden müssen.*

4 ▢ Ein römischer Soldat berichtet von seinem Einsatz beim Straßenbau:
▶ *Sobald der Landvermesser den Straßenverlauf mit Stangen abgesteckt hatte ...*

Wahlaufgaben

A ▢ Ein römischer Beamter erklärt einem Bürger, warum der Straßenbau für das Römische Reich wichtig ist.
Schreibt darüber mithilfe von Bild 2 einen kurzen Bericht.

B ▢ Ein römischer Großhändler benötigt Salz und Olivenöl. Woher konnte er diese Waren beziehen? Zeigt auf einer Karte in eurem Atlas, durch welche heutigen Länder diese Waren nach Rom kommen konnten.

Alltagsleben im Römischen Reich

Wie lebten die römischen Familien?

1 – Hochzeit eines vornehmen Römers. In der Mitte unten steht Concordia, die Göttin der Eintracht. Ausschnitt aus einem Steinsarkophag, 170 n. Chr..

2 – Ein Vater sieht nachdenklich auf sein Kind. Darstellung auf einem Sarkophag (Steinsarg), 2. Jahrhundert n. Chr.

Die Eheschließung bei den Römern

M1 Ein Historiker schrieb 2004:
... Wie aufregend, die junge Herrin heiratet heute. Sie trägt eine weiße Tunika mit einem Gürtel und um den Kopf einen leuchtend orangefarbenen Schleier. Die Feierlichkeiten beginnen mit einem Opfer am Hausaltar. Es folgt die Einverständniserklärung der Eheleute; dabei legen sie ihre rechten Hände ineinander. Vor Zeugen wird der Ehevertrag mit dem Austausch von Schreibtafeln besiegelt. An dem anschließenden Hochzeitsmahl nehmen Familie und Freunde teil. Wenn es Abend wird, verlässt die Braut das Haus. Der Bräutigam bringt sie zu ihrem neuen Heim und trägt sie über die Schwelle des Hauses. Beim heimischen Herd spricht die Braut dann den Satz: „Wo du Gaius bist, werde ich Gaia sein."

❶ Beschreibt Bild 1 mithilfe des Textes. Erklärt, welche in M1 beschriebene Situation zu sehen ist.

Der Vater entscheidet allein

Bis zur ihrer Heirat hatte eine Frau, egal wie alt sie war, allen Anordnungen ihres Vaters zu gehorchen. Der Vater war das Oberhaupt der Familie. Zur Familie gehörten aber nicht nur die Ehefrau und die Kinder, sondern auch die Familien der Söhne, die Sklaven und Sklavinnen. Über sie alle besaß er eine fast absolute Gewalt. Bei der Geburt eines Kindes entschied er, ob das Kind aufgenommen werden sollte. Stimmte er zu, nahm er es auf den Arm, lehnte er das Kind ab, weil es zum Beispiel krank war, wurde es ausgesetzt. Waren die Kinder herangewachsen, bestimmte er den Beruf der Söhne. Wollten seine Kinder heiraten, wählte er die Ehepartner aus. Wenn eine Frau heiratete, änderte sich wenig für sie, denn jetzt gehörte sie zur Familie ihres Mannes und hatte den Anordnungen des Schwiegervaters zu folgen.

❷ Notiert stichwortartig, was der Vater auf Bild 2 überlegt haben könnte.

Römische Frauen – wenige Rechte, doch sehr geachtet

Die Römerin heiratete im Alter von 12 bis 14 Jahren. Als Ehefrau sorgte sie für das Haus, beaufsichtigte die Sklavinnen und kümmerte sich um die Erziehung der Kinder, während der Mann seiner Arbeit als Händler oder Handwerker nachging. Kinder und Sklaven gehorchten ihr, so wie sie wiederum ihrem Mann oder Schwiegervater gehorchte.

3 – Eine Frau mit einer Schreibfeder; ihr Mann mit einer Buchrolle. Wandbild aus Pompeji, um 70. n. Chr.

4 – Junge Frau mit einer Schreibtafel und Griffel. Wandbild aus Pompeji, um 70 n. Chr.

Als Mutter und Ehefrau besaß die Römerin großes Ansehen, politische Rechte aber besaß sie nicht. Sie konnte kein politisches Amt übernehmen und war auch von den Wahlen ausgeschlossen. In der Gesellschaft aber wurde sie sehr geachtet.

Q1 In der Grabinschrift eines Ehemannes für seine verstorbene Ehefrau aus dem 1. Jahrhundert v. Chr. heißt es:

... Ehen von so langer Dauer, die durch den Tod beendet, nicht durch Scheidung getrennt werden, sind selten. Ward es uns doch beschieden, dass unsere Ehe ohne eine Trübung bis zum 41. Jahre fortdauerte ... Was soll ich deine häuslichen Tugenden preisen, deine Keuschheit, deine Folgsamkeit, dein freundliches und umgängliches Wesen, deine Beständigkeit in häuslichen Arbeiten, deine Frömmigkeit frei von allem Aberglauben, deine Bescheidenheit im Schmuck, deine Einfachheit im Auftreten? Wozu soll ich reden von der Zuneigung zu den Deinen, da du mit gleicher Sorge meine Mutter und deine Eltern umhegtest ...

❸ Notiert mithilfe von Q1 die Eigenschaften, die an einer römischen Ehefrau und Mutter besonders geschätzt wurden.

▶ *Nehmt die Methode „Arbeit mit Textquellen" von S. 96/97 zu Hilfe.*

Als das Römische Reich immer größer wurde (siehe Seite 123–125), wuchs auch das Selbstbewusstsein der Römerinnen. Wenn ihre Männer oft jahrelang weit weg von Zuhause im Krieg standen, mussten sie den Haushalt selbstständig führen und alle Entscheidungen allein treffen.

M2 Über die einfachen römischen Bürgerinnen schrieb der Historiker Wolfgang Schuller:

... Sie waren die Frauen der römischen Bauernsoldaten, die ... Italien und immer größer werdende Teile des Mittelmeerraumes erobert hatten. Es ist daher unwahrscheinlich, dass sich diese Frauen selbst als rechtlose und schüchterne Anhängsel (ihrer Männer) gesehen haben ...

❹ Verfasst mithilfe des Textes und M2 einen kurzen Text, in dem ihr erklärt, warum Ansehen und Selbstständigkeit der römischen Frauen immer mehr zunahmen.

Wahlaufgaben

Ⓐ Hochzeitzeremonien können von Land zu Land unterschiedlich sein. Schülerinnen und Schüler aus anderen Ländern berichten über die Hochzeitsbräuche in ihrem Land. Verfasst dazu einen Text, der Gemeinsamkeiten und Unterschiede deutlich aufzeigt.

Ⓑ Vergleicht die römische Familie mit einer heutigen Familie. Notiert stichwortartig wichtige Unterschiede.

Wie lebten die Römer zur Kaiserzeit?

1 – Römische Luxusvilla. Rekonstruktionszeichnung.

2 – Wohnung eines armen Händlers. Rekonstruktionszeichnung.

Stadtführung durch Rom

Q1 Kaiser Tiberius (14–37 n. Chr.) klagte:

… Was soll ich zuerst verbieten? Den grenzenlosen Umfang der Villen? Die riesige und aus allen Nationen zusammengesetzte Dienerschaft? Die Schwere der Silber- und Goldgefäße? Die kostbaren Gewänder, die ebenso von Männern wie von Frauen getragen werden? Unsere Siege über fremde Völker ermöglichen es uns, fremdes Gut so zu verprassen …

enttdecken

Lärm rund um die Uhr

Q2 Der römische Dichter Juvenal (60–140 n. Chr) notierte:

... Unser Hausverwalter ist wahrlich erfindungsreich. Wenn das Haus einzustürzen droht, übertüncht er die Risse, die sich langsam gebildet haben, weiß und sagt, jetzt könnten wir beruhigt schlafen. Unterdessen droht dir das Dach über dem Kopf zusammenzustürzen.

Leben müsste man dort, wo es keine Gefahr in der Nacht und keine Feuersbrünste gibt. Denn wenn schon der Nachbar nach Wasser ruft und den wenigen Hausrat fortschleppt, wenn es schon im obersten Stockwerk qualmt und die Leute in die unteren Geschosse fliehen, dann ahnst du noch nichts ...

Weil es an Schlaf fehlt, gehen in Rom viele Kranke zugrunde. Doch wen lässt die Mietwohnung schlafen? Allnächtlich rollen die Reisewagen durch die engen und verwinkelten Gassen, wo Herden sich stauen und Flüche der Treiber hallen. Der Lärm weckt Erzschlafmützen auf!

In der Menschenmenge

Q3 Juvenal schrieb weiter:

Griechen von überall her streben zu uns nach Rom, an die Fleischtöpfe der vornehmen Häuser, und dort sind sie dann bald die Herren. Ein solcher Mensch hat jeden Beruf, den du dir vorstellen kannst ...: Sprachlehrer, Redner, Feldmesser, Maler, Wahrsager, Seiltänzer, Arzt, Zauberer – ein hungriges Griechlein kann alles ... So einer hat bessere Chancen als ich, mit wichtigen Geschäften beauftragt zu werden ...

Wahlaufgaben

Teilt euch in Gruppen zu je 4–6 Schülern auf und bearbeitet jeweils eine der folgenden Aufgaben:

A Stellt euch vor, ihr seid Reiseleiter. Verfasst einen Text, in dem ihr mithilfe von Bild 1 und 2 sowie Q1 und Q2 über das Leben im antiken Rom berichtet.
▶ *Berücksichtigt dabei auch die unterschiedlichen gesellschaftlichen Schichten Roms und die Situation der griechischen Mitbewohner.*

B Serpius, ein Bauer, überlegt, ob er nach Rom ziehen soll. Er fragt seinen Freund Claudius, einen einfachen Handwerker, um Rat. Tragt mithilfe von Q2 und Bild 3 Argumente zusammen, die dafür oder dagegen sprechen.

C Schreibt mithilfe der Bilder 1 und 2 sowie Q2 einen Bericht über die Wohnverhältnisse in Rom aus der Sicht eines armen Händlers.

D Beschreibt und sprecht über die Einstellung von Juvenal (Q3) zu den ausländischen Mitbürgern. Vergleicht sie mit heutigen Ansichten.

3 – Straßenszene in Rom. Rekonstruktionszeichnung.

Webcode: EV650521-137

Wohnen im Mietshaus

Schauplatz · Geschichte

In Rom gab es zahlreiche luxuriös ausgestattete Villen, die von reichen Römern bewohnt wurden. Die übrige Bevölkerung lebte in Mietshäusern. Häufig waren diese Gebäude in einem schlechten Zustand und drohten einzustürzen.

Wahlaufgaben

A 🖼 Stellt euch vor, ihr wäret Reporter. Fertigt mithilfe des Bildes dieser Doppelseite eine spannende Reportage über das Leben in einem Mietshaus im antiken Rom an.

▶ *Wir wohnen in einem Mietshaus. Unsere Wohnung ist …*

B 🖼 Die Bewohner des Mietshauses treffen sich, um zu besprechen, welche Forderungen sie an den Hausverwalter oder die Stadtverwaltung stellen wollen. Stellt eine Liste der Forderungen zusammen und begründet sie.

Wie lebten die Sklaven?

1 – Halsband eines Sklaven und seine Besitzmarke. Auf der Marke steht: „Halte mich, damit ich nicht fliehe, und gib mich meinem Herrn zurück."

2 – Römischer Sklavenmarkt. Rekonstruktionszeichnung.

Sklaven – billige Werkzeuge?

Von ihren Eroberungen brachten die Römer häufig Zehntausende von Kriegsgefangenen mit, die sie als Sklaven verkauften. Auf einem Schild, das sie um den Hals trugen, waren Alter, Herkunftsort und besondere Fähigkeiten angegeben (Bild 1). Je mehr praktische Anlagen ein Sklave besaß, desto teurer war er auf dem Sklavenmarkt.

Das Schicksal der Sklavinnen und Sklaven hing von der Tätigkeit ab, die sie übernehmen mussten. Das schwerste Los hatten die Bergwerkssklaven. Nicht viel besser erging es den Sklaven, die zu Gladiatoren ausgebildet wurden. Zur Unterhaltung der Zuschauer mussten sie in großen Arenen auf Leben und Tod gegeneinander oder gegen wilde Tiere kämpfen.

Viel besser ging es jenen Sklaven, die als Lehrer und Erzieher römischer Kinder eingesetzt wurden. Die meisten Sklaven wurden sicherlich im Haushalt oder in der Landwirtschaft eingesetzt. Sie waren häufig der Gefahr ausgesetzt, wegen einer Nachlässigkeit schwer bestraft oder sogar getötet zu werden.

Q1 Der griechische Geschichtsschreiber Plutarch (um 46–120 n. Chr.) schrieb über den römischen Politiker Cato (234–149 v. Chr.):

... Er hielt eine große Menge Sklaven, die er aus den Kriegsgefangenen kaufte, am liebsten solche, die noch klein waren und sich wie junge Hunde oder Fohlen nach seiner Art bilden und ziehen ließen ... Wenn er seinen Freunden und Amtsgenossen ein Gastmahl gab, [ließ er] gleich nach Tisch die Sklaven, die beim Auftragen oder Zubereiten nachlässig gewesen waren, auspeitschen ... Diejenigen, die ein todeswürdiges Verbrechen begangen zu haben schienen, ließ er dann, wenn sie von sämtlichen Sklaven in einem Gericht schuldig befunden worden waren, hinrichten.

❶ Beschreibt das Bild 2. Beachtet insbesondere Gesicht und Haltung der dargestellten Personen.

▶ *Nehmt die Methode „Wir untersuchen Bilder" von S. 74/75 zu Hilfe.*

❷ Spielt unter Berücksichtigung von Q1 folgende Szene: Cato unterhält sich auf dem Sklavenmarkt mit dem Verkäufer. Die Sklaven berichten, was sie dabei empfinden.

3 – Sklaven unter Führung von Spartakus nach der verlorenen letzten Schlacht. Spielfilmszene, 1960.

4 – Nach dem gescheiterten Aufstand unter Spartakus wurden 6000 Sklaven von römischen Legionären gekreuzigt. Spielfilmszene, 1960.

Der Aufstand des Spartakus

Immer wieder haben Sklaven versucht, ihrem Schicksal zu entfliehen. So flüchteten im Jahr 73 v. Chr. 200 Sklaven aus der Gladiatorenschule in Capua. 78 von ihnen gelang es, sich den Verfolgern zu entziehen. Weitere Sklaven schlossen sich ihnen an; nach kurzer Zeit zählte man bereits 60 000 Sklaven, die bereit waren, um ihre Freiheit zu kämpfen. Zu ihrem Anführer wählten sie Spartakus. Unter seiner Führung wurden die römischen Truppen, die zur Niederschlagung des Aufstandes ausgesandt worden waren, immer wieder vernichtend geschlagen. Erst zwei Jahre später gelang es den Römern, mit einem Heer von über 40 000 Soldaten, die Sklaven zu besiegen. Wer in Gefangenschaft geriet, wurde von den Römern ans Kreuz geschlagen, zur Abschreckung und Warnung vor erneuten Sklavenaufständen.

Auch Sklaven sind Menschen!

Es gab im Altertum wenige Menschen, die sich für eine menschliche Behandlung der Sklaven aussprachen.

Q2 Der Gelehrte Seneca (um 4 v. Chr.–65 n. Chr.) schrieb:

... Zu meiner Freude erfuhr ich von Leuten, die dich besucht haben, dass du freundlich mit deinen Sklaven umgehst. Das entspricht deiner Einsicht und deiner Bildung ... Bedenke, dass der Mensch, den du einen Sklaven nennst, den gleichen Ursprung hat wie du, dass sich über ihm derselbe Himmel wölbt, dass er die gleiche Luft atmet, dass ihm das gleiche Leben, der gleiche Tod beschieden ist ...

❸ Römische Soldaten unterhalten sich nach dem Sieg über die Sklaven, wie man mit ihnen verfahren soll.

▶ *Beachtet dabei auch die Bilder 3 und 4.*

❹ Gebt in eigenen Worten wieder, wie Seneca seinen Standpunkt begründet (Q2).

Wahlaufgaben

Ⓐ Seneca (Q2) unterhält sich mit einem Großgrundbesitzer, der seine Sklaven wie Sachen behandelt. Entwickelt ein Gespräch. Bezieht Bild 1 und Q1 mit ein.

▶ *Sammelt Argumente für und gegen die Behandlung der Sklaven als Sachen.*

Ⓑ Der Schüler Alypius verabscheut die Gladiatorenkämpfe. Seine Freunde bedrängen ihn und wollen ihn überreden, sich die Kämpfe anzuschauen. Er aber lehnt ab, weil ... Notiert einige Argumente, die Alypius vorbringen könnte.

Methode

Eine Erzählung verfassen

Menschen haben schon immer Geschichten erzählt, um Wissen über die Vergangenheit weiter zu geben. Viele dieser Erzählungen kennt ihr. So zum Beispiel die Berichte von Historikern über frühere Zeiten. Einige davon findet ihr in diesem Schulbuch. Ihr könnt auch selbst eine historische Erzählung schreiben. Das heißt, ihr dürft nicht irgendwelche Geschichten frei erfinden. Ein Satz wie: „Dann stieg Cäsar in sein Flugzeug und flog nach Ägypten" ist in einer historischen Erzählung nicht möglich. Ihr könnt also nur berichten, was ihr selbst erlebt oder was ihr aus glaubwürdigen Berichten anderer erfahren habt. Wenn ihr nicht sicher wisst, wie es wirklich war, dann müsst ihr das angeben durch ein „vermutlich" oder „sicher wissen wir das nicht" oder „vielleicht war es so ..."

Folgende Schritte helfen euch, eine eigene historische Erzählungen zu verfassen:

Schritt 1 **Thema der Erzählung festlegen**	■ Über welches **Thema** will ich etwas erzählen? ■ Was soll im Mittelpunkt der Erzählung stehen? ■ Über welchen **Zeitraum** will ich erzählen, wie kann ich ihn eingrenzen?
Schritt 2 **Fragen stellen**	■ Welche **Quellen** und Berichte gibt es zu meinem Thema? ■ Wo kann ich suchen (Bibliothek, Archiv, Museum, Internet, Schulbuch)? ■ Kann ich jemanden zu den Ereignissen befragen?
Schritt 3 **Spuren suchen**	■ Wie **beginne** ich meine Erzählung (weit ausholend, mit dem zentralen Ereignis, mit dem Denken oder Handeln einer Person)? ■ Wie verknüpfe ich einzelne Teile der Erzählung? ■ Wie mache ich deutlich, dass dieser Teil der Erzählung nicht durch Quellen belegt ist (vermutlich, wahrscheinlich, so könnte es gewesen sein)? ■ Wie **beende** ich die Erzählung?

❶ Verfasst mithilfe von Q1–Q3 und den Schritten 1–3 eine eigene Erzählung zum Tode des Spartakus.

▶ *Benutzt bei eurer Erzählung hilfreiche Wörter wie: zunächst, später, dann, obwohl ...*

❷ Vergleicht eure Erzählung mit der Musterlösung. Prüft, welche Aussagen in beiden Erzählungen durch Quellen belegt sind.

❸ Lest Q2 auf Seite 137 und verfasst eine Erzählung zum Thema „Alltag in Rom".

1 – Spartakus im Kampf. Spielfilmszene, 1960.

Aus Quellen entsteht eine Geschichtserzählung

Q1 Der griechische Geschichtsschreiber Plutarch (um 46–120 n. Chr.) schrieb über den Tod des Spartakus:

… Hierauf drängte Spartakus durch viele Waffen und Wunden gegen (den römischen Feldherrn) Crassus selbst los, erreichte ihn zwar nicht, tötete aber zwei Zenturionen, die ihm entgegentraten, und als schließlich alle um ihn flohen, stand er allein noch und wurde von vielen umringt und, sich immer noch wehrend, niedergehauen. …

Q2 Der römische Geschichtsschreiber Florus (2. Jahrhundert n. Chr.) notierte:

… Und wie es sich unter der Führung eines Gladiators geziemte, kämpfte man ohne Gnade. Spartakus selbst focht mit dem größten Mut in vorderster Linie und fiel wie ein Feldherr.

Q3 Der griechische Geschichtsschreiber Appian (2. Jahrhundert nach Chr.) schrieb:

… Es wurde ein langes, schweres Ringen, wie es bei der verzweifelten Stimmung so vieler Tausender nicht anders zu erwarten war; dabei wurde Spartakus von einer Lanze am Schenkel verwundet, er sank aufs Knie, hielt aber dann noch seinen Schild den Angreifern entgegen und setzte den Kampf fort, bis er selbst und eine große Schar um ihn eingekreist wurden und den Tod fanden. …

Lösungsbeispiel zu Q1–Q3:
Lest noch einmal auf S. 141 die Geschichte des Spartakusaufstandes nach.

Zum Schritt 1: Das Thema der Erzählung heißt „Der Tod des Spartakus". Im Mittelpunkt der Erzählung sollen die letzten Minuten im Leben des Spartakus stehen. Allein das Jahr 71 v. Chr. wird behandelt. Die Ursachen und der Verlauf des Aufstandes werden nicht behandelt.

Zum Schritt 2: Es gibt drei Berichte antiker Schriftsteller, die zum Teil erst 100 Jahre später verfasst wurden. Wir benutzen hier die in Q1–Q3 abgedruckten Auszüge.

Zum Schritt 3: Die Erzählung kann mit Gedanken des Spartakus während des Kampfes beginnen und mit seinem Tod enden. Für nicht belegte Teile werden Redewendungen wie „vermutlich" oder „möglicherweise" verwendet.

So könnte es gewesen sein:
Als Spartakus stürzte erfasste ihn eine unsägliche Wut. So leicht wollte er sich nicht geschlagen geben. Mit seinem Schild wehrte er die herandringenden Römer ab. „Ich habe für eine gerechte Sache gekämpft und vielen anderen Leidensgenossen gezeigt, dass es sich lohnt, für die Freiheit der Sklaven zu kämpfen", schoss es ihm durch den Kopf. „Warum fliehen denn die anderen?" Noch einmal raffte er sich auf und stach einen Römer nieder, der auf ihn einschlug. Als er starb, könnte er gedacht haben: „Von mir werden die Geschichtsbücher berichten, aber nützt mir das etwas?" …

Sicherung des Römischen Reiches

Wie wurden die Grenzen gesichert?

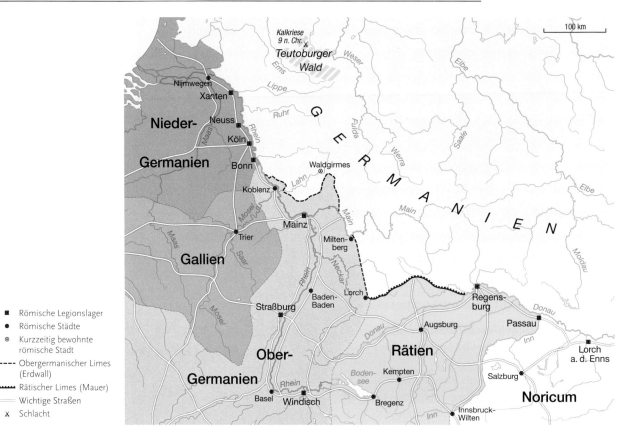

1 – Römische Provinzen und Germanien im 2. Jahrhundert n. Chr.

Legend:
- ■ Römische Legionslager
- ● Römische Städte
- ⊙ Kurzzeitig bewohnte römische Stadt
- ---- Obergermanischer Limes (Erdwall)
- ▬▬▬ Rätischer Limes (Mauer)
- ══ Wichtige Straßen
- x Schlacht

✻ **Limes**
(lateinisch = Grenzweg). Grenzbefestigung der Römer mit Wällen, Gräben, Wachtürmen und Kastellen.

✻ **Kastell**
Befestigtes Truppenlager an der Grenze des Römischen Reiches.

✻ **Meilen**
Römische Meilen waren jeweils 1470 Meter lang.

Natürliche Grenzen

Kaiser Augustus wollte, dass das ganze Römische Reich durch natürliche Grenzen wie Gebirge und Flüsse gesichert sein sollte. Bis zu seinem Tod hatte er dieses Ziel erreicht: Das Römische Reich wurde vom Atlantischen Ozean, von den Wüsten in Nordafrika und im Nahen Osten sowie von den Flüssen Euphrat, Donau und Rhein begrenzt (s. Karte S. 116). Seine Nachfolger beschränkten sich meistens darauf, die Grenzen zu halten und noch sicherer zu machen. Überall dort, wo nicht schon Berge oder Flüsse eine natürliche Grenze bildeten, wurden Erdwälle aufgeschüttet, Türme, Zäune oder Mauern errichtet. Diese Grenzbefestigung wurde ✻Limes genannt. Die römischen Soldaten, die den Limes zu überwachen hatten, waren in großen Lagern, den ✻Kastellen, untergebracht.

Der Limes

Q1 Der römische Schriftsteller Frontinus schrieb im 1. Jahrhundert n. Chr.:
… Weil die Germanen treu ihrer Gewohnheit aus ihren Wäldern und dunklen Verstecken heraus die Unsrigen überraschend anzugreifen pflegten und nach jedem Angriff eine sichere Rückzugsmöglichkeit in die Tiefe der Wälder besaßen, ließ der Kaiser Domitian (81 – 96 n. Chr.) einen Limes über 120 ✻Meilen errichten …

❶ Erklärt mithilfe von Text und Q1, mit welchen natürlichen und künstlichen Grenzen die Römer ihre Grenzen sicherten.
❷ Benennt mithilfe von Bild 2 Tätigkeiten, die die Soldaten neben dem Wachtdienst an der Grenze noch zusätzlich zu verrichten hatten.

Nur einhundert Jahre später erstreckte sich der Limes vom Rhein bis zur Donau, 548 km lang und bewacht von römischen Soldaten in über 60 Kastellen und von 900 Wachtürmen aus. In Obergermanien bestand der Limes aus einem *Palisaden-zaun, hinter dem sich Wall und Graben befanden. In Rätien (siehe Karte 1) baute man anstelle der Palisaden im 2. Jahrhundert n. Chr. eine bis zu drei Meter hohe Mauer. Die Wachtürme aus Stein waren weiß verputzt mit rot eingefärbten Quaderlinien.

❸◻ Beschreibt mithilfe von Karte 1 und eines Atlas, durch welche heutigen Bundesländer der Limes führte.

▶ *Nehmt die Methode „Geschichtskarten auswerten" von S. 122/123 zu Hilfe.*

Bewachte römische Reichsgrenze

Der Limes bildete so weithin sichtbar die römische Reichsgrenze. Er war aber keine Grenze im modernen Sinn mit Passkontrollen oder ein Verteidigungswall. Der auf weite Strecken kaum befestige Limes war vielmehr vor allem das sichtbare Zeichen des Beginns der römischen Herrschaft.

Nur an bestimmten Übergangsstellen konnten Kaufleute und Reisende die Grenze überqueren.

Reichtum und Wohlstand in den römischen Siedlungen hinter dem Limes verlockten Germanen immer wieder zu kleineren Raub- und Plünderungszügen. Entdeckte der römische Posten auf einem Wachturm Germanen, die sich heimlich der Grenze näherten, gab er sofort ein Signal an die benachbarten Wachtürme weiter, nachts z. B. mit einer Fackel, tagsüber mit einer roten Flagge oder – vor allem bei schlechtem Wetter – mit dem Horn. Von Turm zu Turm wurde das Alarmsignal weitergegeben bis zum nächsten Kastell.

2 – Obergermanischer Limes mit Palisade, Graben und Wall. Rekonstruktionszeichnung.

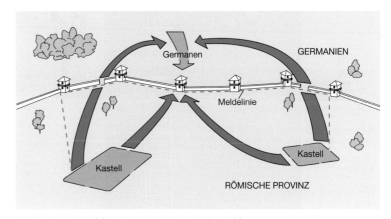

3 – Wach- und Meldeanlagen am Limes. Schaubild.

❹◻ Beschreibt mithilfe der Bilder 2 und 3 den Aufbau der Grenzanlagen am Limes und wozu sie dienten.

* Palisade
Zaun aus Holzpflöcken.

Wahlaufgaben

Ⓐ◻ Schaut euch das Schaubild 3 genau an. Was geschah, wenn ein römischer Wachposten germanische Krieger sichtete? Verfasst dazu eine spannende Geschichte.

Ⓑ◻ Ein junger Soldat schreibt an seine Eltern einen Brief über den Alltag am Limes. Nennt dazu alle Informationen, die ihr dem Text oder den Bildern entnehmen könnt.

▶ *Liebe Eltern! Seit einem Monat bewache ich nun den obergermanischen Limes. Dies ist ein Zaun ... Meistens geht es hier ruhig zu: ... Es gibt aber auch Überfälle ...*

Werkstatt Geschichte

Bau eines Limes-Wachturmes

Modellbau eines Limes-Wachturms

Vereinbart mit eurem Geschichts- oder Werklehrer, ob ihr ein Modell eines Limes-Wachturms in der Schule nachbauen könnt.

1 – Blick in einen Wachturm am Limes. Ende des 1. Jh. n. Chr.

Die Wachtürme am Limes waren wegen des unebenen Geländes unterschiedlich hoch. Ihre Höhe schwankte zwischen 8 und 15 m. Der Grundriss der Türme war quadratisch. Die Kantenlänge lag zwischen 3 und 5 m. Damit keine ungebetenen Gäste in den Turm eindringen konnten, befand sich der Einstieg in einer Höhe von etwa drei Metern. Die Leiter zum Einstieg konnte eingezogen werden.

Material zum Herstellen des Modells:
- etwa 12 m Rundhölzer mit 6 mm Durchmesser
- etwa 1 m Rund- oder Vierkanthölzer für das Geländer mit 4 mm Durchmesser
- eine Feinsäge
- ein Schnitzmesser
- eine flache Holzfeile
- einen Schraubstock
- Holzleim
- Furnierreste oder dünne Leisten

Der Wachturm (Bild 1) wird auf einer Sperrholz- oder Pressspanplatte aufgebaut. Für den Nachbau ist ein Maßstab von 1:50 sinnvoll, das Modell wird dann etwa 20 cm hoch.

So solltet ihr vorgehen:

❶ Als Erstes werden 8 cm lange „Baumstämme" zurechtgesägt.
   Diese werden dann auf beiden Seiten jeweils oben und unten mit der Holzfeile eingekerbt (Bild 2). Die Einkerbungen sind jeweils 1,5 mm tief (ein Viertel des Holzdurchmessers). Werden diese „Stämme" dann rechtwinklig übereinander gelegt, so müssen sie ohne Zwischenraum aufeinander liegen.

❷ Zuerst werden zwei gegenüberliegende Stämme (a) gelegt. Darauf wird wenig Holzleim aufgetragen, dann werden die zwei Stämme (b) aufgesetzt (Bild 3). So können 10–12 Baumlagen aufgebaut werden; in dieser Höhe befindet sich dann die Tür.

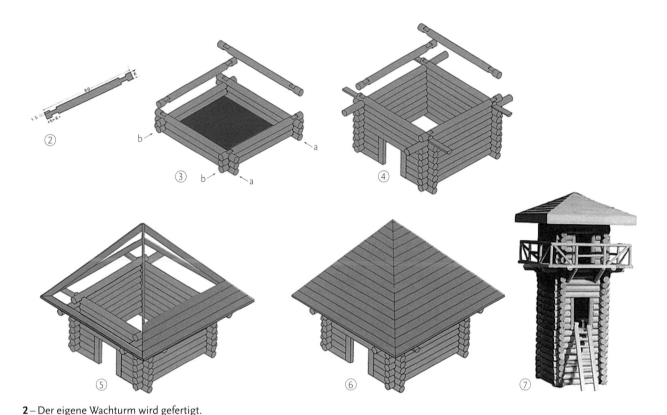

2 – Der eigene Wachturm wird gefertigt.

---

❸ Die Tür ist 5 Lagen hoch und 2 cm breit. Für die Tür werden also 10 Hölzer benötigt mit einer Länge von 2,5 cm (Bild 7); sie werden nur an einer Seite oben und unten eingeklebt.

❹ Rechts und links der Tür werden zwei senkrechte Hölzer, die in der Länge halbiert sind, eingeklebt. Danach können wieder 5–7 Lagen hochgebaut werden, dann wird die Plattform angelegt. Dazu werden „Baumstämme" verwendet, die jeweils an beiden Seiten 2 cm überstehen. Diese sind also 12 cm lang. Auf die überstehenden Holzenden kann dann später die Plattform aufgebaut werden (Bild 5).

❺ Direkt über der Plattform wird eine zweite Tür angelegt. Darüber werden noch 3 Baumlagen aufgebaut. Die oberste Lage besteht aus Balken, die wie bei der Plattform 2 cm überstehen. Darauf wird ein Grundrahmen für das Dach aufgeleimt. Dieser Rahmen sollte aus flachen Leisten gebaut werden.

❻ Auf die Ecken des Rahmens werden die 4 Dachbalken (9 cm lang) wie bei einem Zelt aufgebaut. Diese Dachbalken müssen an beiden Enden abgeschrägt werden, damit sie voll auf dem Rahmen bzw. aufeinander liegen (Bild 6). Zum Decken des Daches eignen sich Furnierreste oder dünne Leisten.
Schließlich muss noch die Plattform aufgebaut werden.
Zunächst wird der Boden der Plattform mit dünnen Leisten gelegt. Dabei ist zu beachten, dass die 4 überstehenden Balkenenden auf gleiche Höhe gebracht werden. Dazu können dann die 4 Balkenenden, die zu hoch sind, mit der Holzfeile abgeflacht werden.
Der Aufbau des Geländers wird einfacher, wenn man Vierkanthölzer (ca. 4 mm stark) verwendet.

❼ Alle Teile des Geländers müssen sorgfältig gesägt und geleimt werden. Die schrägen Stützen werden oben und unten abgeschrägt (Bild 7).

Unterschiedliche Kulturen

Wie lebten die Germanen?

1 – Germanen bei der Feldarbeit. Rekonstruktionszeichnung.

* Germanen
Als „Germanen" wurden
von den Römern alle Stäm-
me bezeichnet, die östlich
des Rheins lebten.

* Tacitus
Der Historiker Tacitus
verurteilte in seinen Werken
den luxuriösen Lebensstil
seiner römischen Lands-
leute. Daher beschreibt er
ausführlich das seiner
Meinung nach einfache,
aber aufrichtige Leben der
Germanen.

Germanen im Urteil von Römern

*Germanische Stämme lebten zwischen Rhein und Weichsel, von der Donau bis nach Schweden. Über ihren Alltag wissen wir nur wenig, da sie selbst keine schriftlichen Nachrichten hinterlassen haben. So sind wir auf die Funde der Archäologen angewiesen und auf die Berichte römischer Schriftsteller. Sie haben aufgeschrieben, was ihnen Soldaten und Kaufleute von den Germanen und Germanien berichteten.

Q1 Publius Cornelius *Tacitus (55–120 n. Chr.) hat sogar ein ganzes Buch über Germanien verfasst.
Das Land sieht zwar im Einzelnen recht verschieden aus, ist jedoch im Ganzen schaurig durch seine Urwälder oder hässlich durch seine Moore. Saatkorn trägt es recht gut, Obstbäume gibt es nicht. Das Vieh ist kleinwüchsig. Selbst die Pflugtiere haben kein stattliches Aussehen oder prächtiges Gehörn wie in Italien.

Alle Germanen besitzen dasselbe körperliche Aussehen: trotzige blaue Augen, rotblondes Haar und große Körper, die freilich nur zum Angriff taugen. Bei mühsamer Arbeit zeigen sie keine entsprechende Ausdauer. Durst und Hitze zu ertragen, sind sie gar nicht gewohnt, wohl aber Kälte und Hunger infolge des Wetters und Bodens ... Sehr selten ist der Ehebruch; hierfür gibt es nämlich keine Verzeihung. Trotz Schönheit, trotz Jugend, trotz Reichtum wird (eine Frau, die Ehebruch begangen hat), keinen Mann mehr finden ...

❶ ◨ Gebt mit eigenen Worten wieder, was Tacitus über die Germanen und Germanien berichtet.
❷ ◧ Notiert anhand der Bilder 1 und 2, welche zusätzlichen Informationen ihr ihnen über das Leben der Germanen entnehmen könnt.
▶ *Achtet dabei auf Tätigkeiten in der Landwirtschaft, Einrichtung der Häuser, Kleidung usw.*

2 – In einem germanischen Bauernhaus. Rekonstruktionszeichnung.

Das Leben bei den Germanen

Die Germanen lebten als Bauern und Krieger in kleinen Dorfgemeinschaften, die nur etwa vier bis fünf Familien umfassten. In der Volksversammlung wurde über Krieg oder Frieden entschieden. Kriege gab es ziemlich oft, weil einzelne Stämme immer wieder versuchten, das eigene Gebiet durch Kriegszüge gegen die Nachbarstämme zu erweitern.

Q2 Über das Leben germanischer Stämme in Zeiten des Friedens schrieb Tacitus:

… Wenn die Germanen nicht auf einem Kriegszug sind, verbringen sie ihre Zeit mit der Jagd oder sie tun überhaupt nichts außer essen und trinken. Als Getränk haben sie eine Flüssigkeit aus Gerste oder Weizen, die zu einem weinartigen Getränk vergoren ist. Die Speisen sind einfach: wild wachsende Früchte, frisches Wild oder Dickmilch. Ohne feinere Zubereitung, ohne Gewürze stillen sie ihren Hunger. Die Sorge für Hof, Heim und Äcker überlassen die Germanen den Frauen und Alten. Sie selbst dösen dahin.

Dass die Germanen keine Städte bewohnen, ja nicht einmal geschlossene Siedlungen leiden können, ist bekannt. Jeder wohnt für sich und legt seinen Hof dort an, wo eine Quelle, ein schönes Stück Land oder Gehölz ihm günstig erscheint. In den Dörfern stößt nicht wie bei uns Haus an Haus. Jeder umgibt sein Haus vielmehr mit einem Hofraum zum Schutz vor Bränden. Bruchsteine oder Ziegel kennen sie nicht. Für Bauzwecke benutzt man nur unbehauenes Bauholz. Manche Wandstellen bestreichen sie aber mit so glänzendem Lehmverputz, dass es wie Bemalung oder farbige Verzierung wirkt.

❸ Unterteilt Q2 in inhaltlich zusammengehörige Abschnitte und formuliert Überschriften für diese.

❹ Lest nochmals Q1 und Q2. Stellt fest, worüber Tacitus – aus römischer Sicht – positiv berichtet, was er negativ an den Germanen findet.

Wahlaufgaben

Ⓐ Ein römischer Händler war in einem germanischen Dorf. Nach seiner Rückkehr berichtet er seinen Freunden, was er dort gesehen und erlebt hat.

Ⓑ Notiert, welche Aussagen des Tacitus in Q2 von Archäologen überprüft werden können, welche nicht. Begründet eure Antworten.

Wie wurden aus Feinden gute Nachbarn?

1 – Römer und Germanen am Limes. Rekonstruktionsmodell im Limesmuseum Aalen.

❶ ▣ Beschreibt Bild 1.

Römische Lebensweise in den Provinzen

Die Soldaten am Limes lebten in Kastellen. In deren Nähe entstanden Lagerdörfer, in denen die Frauen und Kinder der Soldaten lebten und Händler und Handwerker ihre Waren anboten. Zur Versorgung der Soldaten und der Bevölkerung legten die Römer Gutshöfe an. Diese spielten als Landsitz eines örtlichen Grundbesitzers eine wirtschaftlich bedeutende Rolle und haben entscheidend dazu beigetragen, dass sich die Lebensweise in den Provinzen verbreitet hat. Ihre Bewohner vermittelten römische Bräuche, Feste, Landwirtschaft, neue Arbeitstechniken wie den Hausbau aus Stein, den Weinanbau und die dazugehörigen Werkzeuge.

Lateinische Lehnwörter

Der folgende Text enthält viele Wörter aus dem Lateinischen, die von der einheimischen Bevölkerung übernommen wurden:
„Auf einer *strata*, bedeckt mit *plastrum*, nähert sich ein germanischer Händler auf seinem *carrus* dem römischen Gutshof.

Seine Ware hat er sorgfältig verpackt in *cista*, *saccus* und *corbis*. Umgeben war der Gutshof von einer *murus*. Durch die geöffnete *porta* gelangte er in den Innenhof. Jetzt stand er vor der *villa*, gedeckt mit roten *tegula*. In der villa gab es eine *camera* und ein geheiztes Zimmer mit einem langen *discus*. An der Wand hing ein *speculum*. Jedes Zimmer hatte ein großes *fenestra*. Im *cellarium* befand sich die riesige *pressa*, mit deren Hilfe *vinum* und *mustum* hergestellt wurden. Unterm Dach war noch ein *spicarium*. Für seine Waren, Felle und Bernstein erhielt der germanische Händler Obst und Gemüse wie *prunum*, *persicum* und *radix*; außerdem *oleum*, *vinum* und den guten *caseus*. Einige Waren ließ er sich auch in römischer *moneta* bezahlen.“

❷ ▣ Ersetzt im Text die lateinischen durch die entsprechenden deutschen Wörter und notiert diese. Berücksichtigt dabei auch Bild 2.
▶ *strata* = Straße, *plastrum* = ...

villa
tegula
fenestra
porta
cellarium
moneta
saccus
plastrum
strata
murus
vinum

Romanisierung
Die Anpassung der besiegten Volksstämme an die römische Lebensweise.

2 – Lateinische Wörter in der deutschen Sprache. Schaubild.

Germanen übernehmen die römische Lebensweise

Die Einheimischen mussten nun lernen, mit der ständigen Anwesenheit der Römer in ihrem Land zurechtzukommen. Manche zogen in die Städte. Hier gab es neben zahlreichen Wohn- und Geschäfthäusern auch Verwaltungsgebäude, Tempel und Freizeiteinrichtungen wie in Rom. Es gab ferner Frischwasserleitungen und Abwasserkanäle. Die Straßen waren gepflastert. Da die Einheimischen in ihrer eigenen Sprache keine Bezeichnungen für diese Dinge hatten, übernahmen sie dafür die lateinischen Begriffe. Sie sind als „Lehnwörter" in unsere Sprache eingegangen.

Es war zudem von Vorteil, wenn man Lesen, Schreiben, Rechnen und die fremde Sprache erlernte. Die Bevölkerung passte sich so immer mehr der römischen Lebensweise an. Die Besiegten fühlten sich als Angehörige des Römischen Reiches. Manche erhielten sogar das *römische Bürgerrecht. Durch die Übertragung der römischen Lebensweise und Kultur auf die eroberten Gebiete ist es den Römern lange Zeit gelungen, Aufstände weitgehend zu vermeiden

und damit ein friedliches Zusammenleben zu sichern.

Die lateinische Sprache ging mit dem Untergang des Römischen Reiches nicht verloren. Noch heute wird in vielen Staaten Europas eine *romanische Sprache gesprochen (s. Karte S. 162).

❸ 🖼 Seht euch die Bilder 1 und 2 genau an. Entsprechen sie den Berichten des Tacitus oder sollten sie korrigiert werden? Begründet euer Urteil.

❹ 🖼 Zählt Beispiele dafür auf, warum eine friedliche Nachbarschaft zwischen Germanen und Römern für alle vorteilhaft war.

Wahlaufgaben

Ⓐ 🖼 Sammelt Argumente für folgende Behauptung: Latein spielte damals die gleiche Rolle wie heute die englische Sprache.

▶ *Nehmt die Methoden „Eine Mindmap erstellen" oder „Ein Cluster erstellen" von S. 245 zu Hilfe.*

Ⓑ 🖼 Begegnung mit fremden Kulturen heute – in Deutschland oder zum Beispiel im Urlaub. Worauf sollte man achten? Bearbeitet dieses Thema in Gruppen und stellt eure Vorschläge der Klasse vor.

* **römisches Bürgerrecht**
In Rom galt das Bürgerrecht zunächst für die Bürger von Rom. Bürger waren freie erwachsene Männer, die wählen bzw. gewählt werden durften. Das Bürgerrecht war erblich. Seit 212 n. Chr. erhielten alle freien Bewohner des Römischen Reiches das Bürgerrecht.

* **romanische Sprache**
Sprache, die Latein als Ursprungssprache hat, z. B. Spanisch, Portugiesisch, Französisch, Italienisch.

Geschichte vor Ort

Die Schlacht im Teutoburger Wald

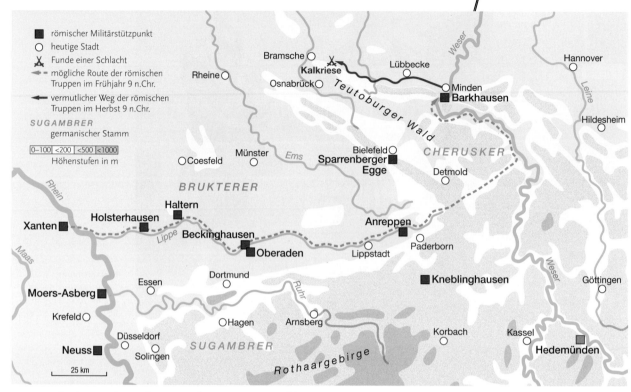

Legende:
- ■ römischer Militärstützpunkt
- ○ heutige Stadt
- ✕ Funde einer Schlacht
- ◂- mögliche Route der römischen Truppen im Frühjahr 9 n. Chr.
- ◂— vermutlicher Weg der römischen Truppen im Herbst 9 n. Chr.
- *SUGAMBRER* germanischer Stamm
- 0–100 | <200 | <500 | <1000 Höhenstufen in m

25 km

1 – Römische Stützpunkte und germanische Stämme in Westfalen um 9 n. Chr.

Aus Nachbarn werden Feinde

Zur Zeit des Kaisers Augustus bildete der Rhein die Grenze zwischen dem Römischen Reich und den germanischen Stämmen (s. Karte S. 144). Immer wieder drangen die Germanen über die Grenze in das römische Gebiet vor, raubten und plünderten und zogen sich dann schnell wieder zurück. Mehrmals mussten römische Truppen, die sich den Eindringlingen entgegenstellten, dabei empfindliche Niederlagen hinnehmen. Um weitere Niederlagen zu vermeiden, beschloss Augustus, die römische Reichsgrenze bis an die Elbe vorzuschieben. In mehreren Schlachten wurden zahlreiche germanische Stämme besiegt, ihre Siedlungen zerstört, die Äcker verwüstet. Die Germanen erkannten, dass weiterer Widerstand zwecklos sei. Sie schlossen Friedensverträge mit den Römern und begannen, sich an die römische Lebensweise zu gewöhnen.

Q1 Über das Zusammenleben von Germanen und Römern um das Jahr 7 n. Chr. berichtete der römische Geschichtsschreiber Cassius Dio (etwa 164–229 n. Chr.):

... Die Barbaren passten sich der römischen Lebensweise an, besuchten die Märkte und hielten friedliche Zusammenkünfte ab. Freilich hatten sie auch nicht die Sitten ihrer Väter, ... ihre unabhängige Lebensweise und die Macht ihrer Waffen vergessen. Solange sie allmählich und behutsam umlernten, fiel ihnen der Wechsel der Lebensweise nicht schwer – sie fühlten die Veränderung nicht einmal. Als aber Quinctilius Varus den Oberbefehl über Germanien übernahm und sie zu rasch umformen wollte, indem er ihnen wie Unterworfenen Vorschriften machte und insbesondere von ihnen wie von Untertanen Steuern eintrieb, da hatte ihre Geduld ein Ende. ...

2 – Das Hermannsdenkmal bei Detmold, eingeweiht 1875. Foto, 2010.

❶ 💠 Erklärt mithilfe von Q1, warum es zum Aufstand der Germanen kam..

❷ 💠 Ein germanischer Stammesführer weigert sich, Steuern zu zahlen. Entwerft ein Gespräch zwischen ihm und Varus.

Der Aufstand bricht los:

Q2 Cassius Dio schreibt:
... Das Gebirge war voller Schluchten, die Wälder waren dicht und voller gewaltiger Baumstämme, sodass die Römer schon vor dem Angriff der Feinde Mühe hatten, sie zu fällen, Wege zu bahnen und Brücken zu schlagen. ... Während nun die Römer sich in so verzweifelter Lage befanden, umstellten die Feinde sie plötzlich von allen Seiten zugleich; sie kannten die Fußpfade und drangen daher selbst durch die dichtesten Wälder. Anfangs schleuderten sie von weitem Geschosse, dann rückten sie ihnen dicht auf den Leib. Denn da die Kampftruppen nicht in geschlossenem Zuge, sondern zusammen mit Unbewaffneten und Wagen marschierten, konnten sie sich nicht zusammenschließen. An den einzelnen Punkten waren sie deshalb immer schwächer an Zahl als die angreifenden Germanen. ...

Nach dieser verlustreichen und demütigenden Niederlage gab Augustus seinen Plan auf, bis an die Elbe vorzudringen. Rhein und Donau bildeten jetzt die Reichsgrenze.

❸ 💠 Einer der wenigen überlebenden römischen Soldaten berichtet nach Rom, wie es zu dieser Niederlage kam. Verfasst selbst einen entsprechenden Bericht.

▶ *Wie schon so oft, so zogen wir auch dieses Jahr wieder gegen die Germanen. Wir waren sicher, sie schnell besiegen zu können, doch es kam ganz anders ...*

Auf der Suche nach dem Ort der Schlacht
Auf der Suche nach dem Ort der Schlacht Seit Jahrhunderten suchen Wissenschaftler nach dem genauen Ort der Varus-Schlacht. Da der römische Geschichtsschreiber Tacitus (55–120 n. Chr.) von einer Schlacht im „Teutoburger Wald" berichtete, suchte man ihn vor allem in diesem Gebiet. Im Laufe der Zeit wurden über 700 Orte genannt, an denen der Sieg über die Legionen des Augustus stattgefunden haben könnte. Im 19. Jahrhundert wurde im Teutoburger Wald das Hermannsdenkmal errichtet. Es soll an den Sieg der germanischen Krieger unter Führung des Arminius (= Hermann) über die Römer erinnern. Heute gilt es als wahrscheinlich, dass die Varus-Schlacht bei Kalkriese (Osnabrück) stattgefunden hat.

❹ 💠 Beschreibt das Denkmal. Welchen Eindruck soll es erzeugen?

❺ 💠 Informiert euch, ob auch euer Schulort schon im Zusammenhang mit der Suche nach dem Ort der Schlacht genannt wurde.

Methode

Ein Museum erkunden

Im Museum Geschichte erfahren
Vielleicht macht ihr eine Exkursion in ein Museum, das euch über die Zeit der Römer in eurer Nähe informiert. Dort haben Archäologen und andere Wissenschaftler Gegenstände aus der Römerzeit rekonstruiert und ausgestellt. Bestimmt sind auch Originalgegenstände aus der Römerzeit zu sehen.

Sicher könnt ihr im Museum eine Menge lernen, wenn ihr einfach durch die Räume geht und euch die „Exponate" – so nennt man die ausgestellten Gegenstände – anseht und die dazu gehörigen Texte lest. Aber viele Museen machen auch weitere Angebote. Mehr und besser lernen könnt ihr, wenn euer Museumsbesuch gut vorbereitet ist.

Diese Schritte helfen euch, bei einem Museumsbesuch mehr zu lernen und die Ergebnisse auszuwerten:

Schritt 1 **Den Museumsbesuch vorbereiten**	■ Welches **Museum** bietet etwas zum aktuellen Thema an? ■ Welche **Fragen** interessieren uns? ■ Was wollen wir im Museum lernen, was wir nicht ohne Weiteres auch in Büchern erfahren können? ■ Welche besonderen Programme bieten die Museen an? ■ Welche **Prospekte** oder Materialien stellt das Museum für die Vorbereitung des Museumsbesuchs zur Verfügung? ■ Wie sollen die Informationsmöglichkeiten genutzt werden? ■ Wie sollen die **Ergebnisse** des Museumsbesuchs festgehalten werden?
Schritt 2 **Den Museumsbesuch durchführen**	■ Was machen wir **zuerst**: besondere Angebote wie museumspädagogische Führungen, Filmvorführungen und Experimente oder eine allgemeine Erkundung des Museums? ■ Was kann notiert und fotografiert (nach Erlaubnis fragen) werden? ■ Wie werden vom Museum im Vorfeld zur Verfügung gestellte Materialien benutzt?
Schritt 3 **Auswertung und Vorstellung**	■ Wie erfährt am besten jemand etwas über unsere Ergebnisse, der selbst nicht mit im Museum war? ■ Wie **präsentieren** wir unsere Erfahrungen und Ergebnisse? ■ Was ist bei unserem Museumsbesuch gut verlaufen? Was hätten wir in der Vorbereitung oder Durchführung **besser machen** können?

Wie ihr einen Museumsbesuch vorbereiten, durchführen und auswerten könnt, seht ihr an dem Beispiel auf der rechten Seite.

❶ 🖼 Bereitet einen Museumsbesuch vor und führt ihn durch.

❷ 🖼 Stellt fest, was man besonders gut während eines Museumsbesuchs lernen kann.

❸ 🖼 Präsentiert eure Ergebnisse im Klassenraum.

Mitmachprogramme des Römermuseums Xanten

Viel besser als Zuschauen ist Selbermachen, und das gilt nicht nur für Kinder. Bei den Mitmachprogrammen können Groß und Klein auf vielfältige Weise selbst aktiv werden. Dabei erfährt man allerhand Wissenswertes über das Leben der Menschen in römischer Zeit.

- Römische Kleidung
- Schreibtafeln herstellen
- Fibeln biegen
- Geschichte zum Anfassen
- Römische Namensschildchen
- Römische Orden – Phalerae
- Kindergeburtstag im Römermuseum
- Römische Spiele
- Münzen gießen
- Stationen in der Legion
- Info & Buchung

Münzen gießen

Beim Münzen gießen stellen die Teilnehmerinnen und Teilnehmer eine handtellergroße Form aus Ton her, um anschließend ein Motiv nach eigenem Geschmack darin einzuarbeiten. Wenn die Form fertig ist, wird sie mit rotem Wachs ausgegossen und kann nach wenigen Minuten abgenommen werden. Zum Vorschein kommt eine rot glänzende Wachsmünze, die als selbst angefertigtes Souvenir mit nach Hause genommen werden kann. Nebenher erfährt man eine Menge über die Münzherstellung der Römer und den „antiken Euro".
(Dauer etwa 60 Minuten)

1 – Ausschnitt aus dem museumspädagogischen Angebot des Römermuseums in Xanten.

Die Museumspädagogin zeigte uns zunächst einige römische Münzen. Wir lernten, was man auf allen Münzen erkennen ist: der Kopf des Kaisers, Abkürzungen für Namen ... Dann erklärte sie, wie die Römer Metallmünzen prägten.
Danach durften wir selbst Münzen aus Wachs herstellen. Zuerst

2 – Ausschnitt aus der Wandzeitung zum Besuch im Römermuseum Xanten.

Ralf und Murat berichten über den Museumsbesuch:

Zum Schritt 1: Wir haben Prospekte und Internetseiten von Museen zur Römerzeit durchgesehen. Dabei sind wir auch auf Angebote zu Museumsführungen gestoßen. Besonders interessant fanden wir ein Angebot „Mitmachprogramme" des Römermuseums in Xanten.
Die Klasse hat über die verschiedenen „Mitmachprogramme" diskutiert und wir haben uns für „Münzen gießen" entschieden.

Zum Schritt 2: Bei unserem Besuch im Museum haben wir zunächst eine Stunde mit dem „Mitmachprogramm: Münzen gießen" verbracht.
Danach machten wir eine Führung durch das Museum. Dann haben wir das Museum „auf eigene Faust" erkundet. Dabei sollte alles notiert und fotografiert werden, was aus dem Unterricht noch nicht bekannt war.

Zum Schritt 3: Besonders gut hat unserer Klasse gefallen, dass wir im Museum viele Originalgegenstände aus der Römerzeit sehen und bei dem Mitmachprogramm selbst etwas ausprobieren konnten. Unsere Ergebnisse des Museumsbesuchs haben wir in der Klasse an einer Wandzeitung mit selbst gemachten Bildern und Texten präsentiert.

Das Römische Reich im Wandel

Warum ging das Römische Reich unter?

1 – Germanische Stämme bei der Überquerung des zugefrorenen Rheins im Winter des Jahres 406 n. Chr. Rekonstruktionszeichnung.

✳ Kirchenlehrer
Wissenschaftler, der die Inhalte der christlichen Religion erforscht und deren Verkündung entscheidend beeinflusst.

Das Römische Reich in Gefahr

Seit dem 3. Jahrhundert n. Chr. verließen germanische Stämme in Nordeuropa ihre Heimat, um nach Süden zu ziehen. Gründe gab es genug: Überbevölkerung, Verschlechterung des Klimas, Überschwemmungen und Missernten. All dies hatte immer wieder zu Hungersnöten geführt. Viele lockten sicher auch das milde Klimas des Südens und Berichte über das angenehme Leben im Römischen Reich. Immer wieder kam es an den Grenzen zu Gefechten und Überfällen durch die Germanen, die auf ihren Beutezügen römische Gebiete plünderten.

Wirklich bedrohlich wurde die Situation für das Römische Reich aber, als die Hunnen, ein Reitervolk aus der Mongolei, seit 375 n. Chr. nach Mitteleuropa vordrangen. Voller Entsetzen vor diesem gewaltigen Ansturm flohen die Germanen und brachen jetzt endgültig mit aller Gewalt in das Römische Reich ein.

Q1 Der ✳**Kirchenlehrer Hieronymus (347–420 n. Chr.) schrieb um 410:**

... Zahllose Völkerschaften, und zwar solche von äußerster Wildheit, haben ganz Gallien in Besitz genommen. Alles Land zwischen den Alpen und Pyrenäen, zwischen dem Ozean und dem Rhein haben Wandalen ..., Burgunder, Alamannen und – o du armes Reich! – die Pannonischen Feinde (die Hunnen) verwüstet. Mainz, die einst hochberühmte Stadt, ist erobert und zerstört, und in der Kirche sind viele tausende Menschen niedergemetzelt worden. Worms ist durch lange Belagerung vernichtet ... Draußen vor den Toren der Städte wütet das Schwert, drinnen der Hunger.

❶◪ Fasst den Inhalt dieser Seite kurz zusammen unter der Überschrift: Ursachen und Folgen der Völkerwanderung.

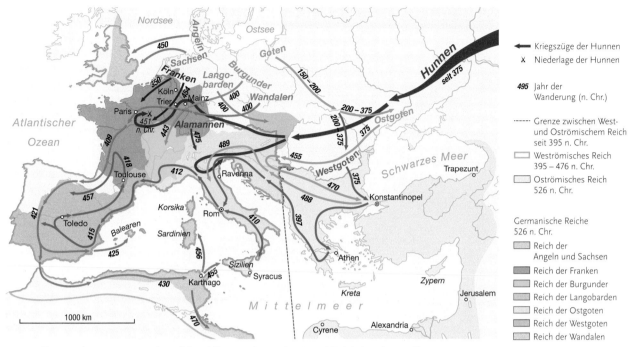

2 – Bevölkerungsbewegungen während der Völkerwanderung im 4. und 5. Jahrhundert n. Chr.

Das Römische Reich geht unter

Im Jahre 395 wurde das Römische Reich geteilt in ein West- und Oströmisches Reich. Man hoffte so, die beiden Reichshälften leichter verteidigen zu können. Doch diese Hoffnung erfüllte sich nicht. Im Jahre 410 n. Chr. wurde Rom von den Westgoten unter Führung ihres Königs Alarich erobert.

Q2 Der Kirchenlehrer Hieronymus (347–420 n. Chr.) schrieb:

... Das strahlendste Licht aller Länder ist ausgelöscht, das Haupt des Römischen Reiches abgeschlagen – mit einer Stadt ist der ganze Erdkreis untergegangen ... Die Stimme versagt mir ... Die Stadt ist erobert, die einst die Welt unterwarf ...

❷ Schreibt den Text des Hieronymus weiter. Was könnte er noch gesagt haben?

Im Jahre 476 n. Chr. setzte der germanische Heerführer Odoaker den letzten weströmischen Kaiser ab. Das war das Ende des Weströmischen Reiches. Auf seinem Gebiet entstanden mehrere germanische Reiche, von denen die meisten aber nur kurze Zeit

bestanden. Nur ein Reich stieg zu besonderer Größe und Macht auf: das Reich der Franken. Das Oströmische Reich bestand noch bis zum Jahr 1453. Byzanz – das heutige Istanbul – wurde die Hauptstadt, und nach ihr hieß das Oströmische Reich auch das „Byzantinische Reich".

❸ Bearbeitet die Karte.
▶ *Nehmt die Methode „Geschichtskarten auswerten" von S. 122/123 zu Hilfe.*
❹ Benennt die germanischen Reiche, die auf dem Boden des Weströmischen Reiches gegründet wurden und zählt die Staaten auf, die sich heute dort befinden.

Wahlaufgaben

Ⓐ Entwerft ein Lernplakat mit den vermutlichen Ursachen der Bevölkerungsbewegungen. Unterscheidet dabei zwischen äußeren Zwängen und eigenen Motiven der Menschen.
▶ *Nehmt die Methoden „Wir erstellen ein Lernplakat" von S. 242 und „Tipps beim Plakate und Folienerstellen" von S. 245 zu Hilfe.*
Ⓑ Die Frage, ob man Flüchtlingen Asyl gewähren soll, wird immer wieder diskutiert. Entwickelt im Gespräch dazu eure Ansicht und begründet sie ausführlich.

Wie verbreitete sich das Christentum?

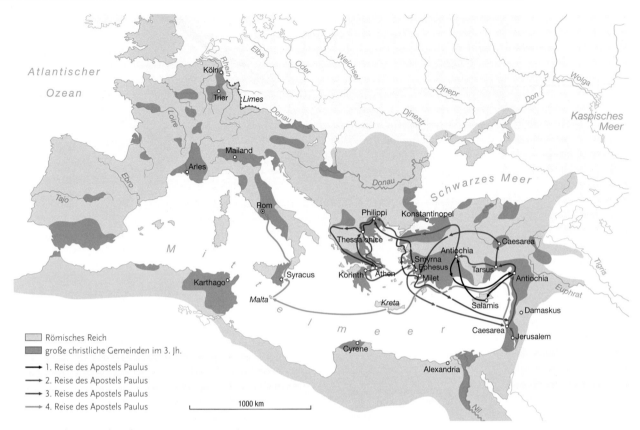

1 – Die Ausbreitung des Christentums im Römischen Reich.

Legende:
- Römisches Reich
- große christliche Gemeinden im 3. Jh.
- → 1. Reise des Apostels Paulus
- → 2. Reise des Apostels Paulus
- → 3. Reise des Apostels Paulus
- → 4. Reise des Apostels Paulus

1000 km

---

*Apostel
Im Neuen Testament
Bezeichnung für die zwölf
Jünger Jesu, die er aussand-
te, um seine Lehre zu ver-
künden.

*Evangelium
Die Botschaft Jesu vom
Kommen des Gottesreiches.
Diese Botschaft wurde zu-
sammen mit Berichten
über das Leben Jesu in den
Werken der vier Evangelis-
ten Matthäus, Markus,
Lukas und Johannes auf-
geschrieben.

Die Anfänge des Christentums

Im Neuen Testament (Matthäus 28, 16–20)
wird davon berichtet, wie Jesus den *Apos-
teln den Auftrag gab, in der ganzen Welt das
*Evangelium zu verkünden. Es war vor al-
lem der Apostel Paulus, der mehrere große
Reisen unternahm, um den neuen Glauben
zu verkünden.

**Q1 Eindrücklich ermahnte Paulus die
Christen:**

... Liebt einander in brüderlicher Liebe und
habt Achtung voreinander. Seid gastfreund-
lich. Segnet eure Verfolger, segnet sie, ver-
flucht sie nicht! ... Vergeltet niemand Böses
mit Bösem. Soweit es euch möglich ist, haltet mit allen Menschen Frieden! ...

Das waren für die Römer ungewohnte Worte. Kämpfen, erobern und herrschen – so
hießen ihre eigentlichen Ziele. Paulus aber
forderte von ihnen die Nächsten- und Fein-

desliebe. Jetzt sollten sie brüderlich miteinander umgehen. Viele Römerinnen und Römer wurden Christen, als sie sahen, wie die
Christen selbst nach dieser Lehre lebten.
Besonders die ärmeren Schichten fühlten
sich von dem neuen Glauben angespro-
chen.

**Q2 Der Gelehrte Aristides
(gest. nach 125 n. Chr.) schrieb:**

... Die Sklaven und Sklavinnen aber bereden
sie aus Liebe zu ihnen, Christen zu werden.
Und sind sie es geworden, so nennen sie
dieselben ohne Unterschied Brüder ... Wer
hat, gibt neidlos dem, der nicht hat. Wenn
sie einen Fremdling erblicken, führen sie
ihn unter ihr Dach und freuen sich über ihn
wie über einen wirklichen Bruder ...

❶▢ Erklärt, wie sich die christliche Lehre auf
die römische Gesellschaft auswirkte (Q1
und Q2).

Iesous **Ch**ristos **Th**eou **Y**ious **S**oter
= Jesus Christus, Gottes Sohn, Retter

2 – Das Ichtys-Symbol:
Erkennungszeichen der Christen.

3 – Auch heute noch gibt es das Ichthys-Symbol im Alltag. Foto, 2008.

Christen werden verfolgt

Die Christen waren im Römischen Reich zunächst nur eine Minderheit. Sie gingen ihren Berufen nach, zahlten pünktlich ihre Steuern und beteten auf ihren Zusammenkünften für das Wohl des Kaisers. Abgelehnt wurde von ihnen aber die Verehrung der Kaiser als Götter. Das führte bald zu allerlei Verdächtigungen: Waren die Christen vielleicht Gegner des Römischen Reiches? Es dauerte nicht lange, da galten die Christen als Staatsfeinde, die man streng verfolgen musste.

Q3 Tertullian (etwa 150–225 n. Chr.), ein Rechtsanwalt und Christ, schrieb:

… Täglich werden wir umlauert, täglich verraten, sehr häufig mitten in unseren Versammlungen und Zusammenkünften überfallen … „Ihr erweist den Göttern keine Ehren", werft ihr uns vor, und „für die Kaiser bringt ihr keine Opfer dar" … Daher werden wir der Religionsverletzung und Majestätsverletzung angeklagt. … Wir wenden uns für das Wohl des Kaisers an den ewigen Gott, den wahren Gott … Unsere Gegner schreien laut nach dem Blut Unschuldiger, wobei sie freilich ihren Hass mit dem sinnlosen Vorwand begründen, dass nach ihrer Überzeugung an jeder Katastrophe des Staates … die Christen die Schuld trügen. Wenn der Tiber die Mauern überflutet, … wenn eine Hungersnot … wütet, gleich schreit man: „Die Christen vor die Löwen!" …

❷ 🖼 Besprecht mithilfe von Text und Q3, wie es zu Vorurteilen kommen kann.

Unter Kaiser Nero fand im Jahre 64 n. Chr. die erste große Christenverfolgung statt, der zahlreiche unschuldige Menschen zum Opfer fielen. Sie werden bis heute als *Märtyrer verehrt. Trotz der Verfolgung breitete sich das Christentum weiter im ganzen Römischen Reich aus. Im Jahre 313 n. Chr. erklärte Kaiser Konstantin das Christentum zur gleichberechtigten Religion. Im Jahre 391 wurde das Christentum zur *Staatsreligion im Römischen Reich bestimmt. Nach dem Untergang des Römischen Reiches lebten auf seinem Gebiet verschiedene Völker (siehe Seite 157). Sie alle verband der gemeinsame christliche Glaube und damit auch die gleichen Wertvorstellungen. Kunst und Literatur wurden in Europa während des ganzen Mittelalters vom Christentum bestimmt (siehe Seite 173).

* **Märtyrer**
Ein Mensch, der für seinen Glauben verfolgt wird oder gestorben ist.

* **Staatsreligion**
Ein Staat bestimmt eine Religion, alle anderen werden verboten.

Wahlaufgaben

Ⓐ 🔲 Fertigt mithilfe der Materialien und der Texte auf dieser Doppelseite einen Zeitstrahl an, der die Entwicklung des Christentums von der Gemeinde zur Staatsreligion darstellt.

Ⓑ 🔲 Eine Sklavin, die an einer Feier der christlichen Gemeinde teilnahm, berichtet davon ihren Freundinnen. Führt die Erzählung unter Berücksichtigung von Q1 und Q2 weiter.

▶ *Eigentlich hatte ich große Angst, denn ich sah, dass zwei Senatoren und einige sehr reiche Römer anwesend waren und ich bin doch nur eine Sklavin. Doch das störte niemanden …*

Webcode: EV650521-159

Das Erbe der Römer

Was wussten Menschen im Altertum voneinander?

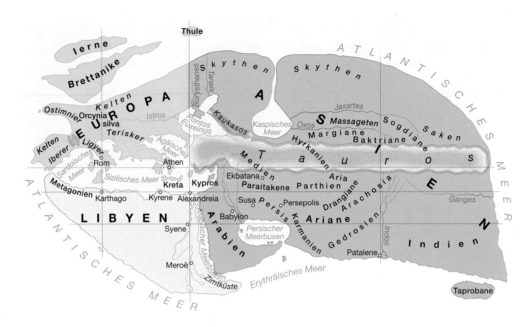

1 – Weltkarte des Eratosthenes von Kyrene in Libyen. Rekonstruktion des verlorenen Originals.

* Olympiade
  Im antiken Griechenland
  der Zeitraum von vier
  Jahren zwischen zwei
  Olympischen Spielen.

Nachrichten aus aller Welt

In Kyrene, einer griechischen Stadt in Libyen, lebte der Wissenschaftler Eratosthenes (etwa 285–205 v. Chr.). Ptolemaios III., König von Ägypten, holte den berühmten Gelehrten nach Alexandria (siehe Karte 1). Hier war er Erzieher der Prinzen und zugleich Leiter der größten Bibliothek der damaligen Zeit mit über 700 000 Buchrollen. Eratosthenes beschäftigte sich vor allem mit Geschichte und Geografie. Um die Zeitrechnung übersichtlicher zu machen, führte er die Zählung nach den *Olympiaden ein. Berühmt wurde er aber vor allem durch seine Weltkarte, mit der er ein möglichst genaues Bild der damals bekannten Welt wiedergeben wollte. Er versah diese Karte mit einem Gradnetz, um auch die Entfernungen zwischen einzelnen Ländern und Städten angeben zu können. Eratosthenes war selbst – so weit wir wissen – nicht allzu viel gereist. Woher hatte er aber dann sein Wissen? Alexandria war eine Hafenstadt mit über 600 000 Einwohnern. Täglich kamen hier Schiffe aus dem gesamten Mittelmeerraum an.

Matrosen, Soldaten und Händler erzählten von ihren Fahrten, von fremden Ländern und ihren Bewohnern. Als Grieche war Eratosthenes darüber hinaus mit der griechischen Kolonisation rund um das Mittelmeer und das Schwarze Meer vertraut (siehe Karte S. 89). Weitere Berichte fanden sich mit Sicherheit in seiner Bibliothek. Schwierigkeiten ergaben sich für ihn nur für weit entfernte Gebiete, bei denen er sich ausschließlich auf mündliche Überlieferungen verlassen musste. Bei seinen Forschungen fand Erathosthenes noch heraus, dass die Erde eine Kugelgestalt haben müsse und der Erdumfang etwa 40 000 km betrage.

❶ 🖺 Seht euch die Karte 1 genau an und haltet schriftlich fest:
Welche Erdteile waren damals schon ganz oder teilweise bekannt?
Welche Gebiete sind auf der Karte weitgehend richtig dargestellt, welche weichen von der tatsächlichen Gestalt der Erde doch deutlich ab? Wie ist das zu erklären?

▶ *Nehmt die Methode „Geschichtskarten auswerten" von S. 122/123 zu Hilfe.*

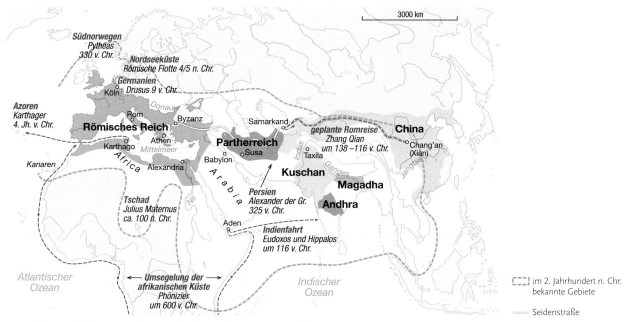

2 – Im Altertum bekannte Gebiete und bedeutende Entdeckungsfahrten.

Die Seidenstraße – Beginn des Welthandels?

Zu der Zeit als Rom in den Kämpfen gegen Karthago (siehe Seite 124/125) zur Großmacht im Mittelmeerraum wurde, entstand auch das chinesische Weltreich.

Berühmt wegen ihrer Schönheit und Kostbarkeit waren die chinesischen Seidenstoffe. Jeder, der es sich leisten konnte, wollte sich mit Kleidern aus Seide deutlich von der übrigen Bevölkerung unterscheiden. So wurde die Seide zum Zeichen der Macht und des Ansehens – zunächst in China, schon bald aber auch im Römischen Reich.

Q1 Der römische Naturforscher Plinius (ca. 23–79 n. Chr.) berichtet über die Handelsbeziehungen Roms:

… Die Serer (Chinesen) sind berühmt für eine wollartige Substanz, die sie aus den Wäldern gewinnen. Nach dem Einweichen ins Wasser schaben sie das Weiße von den Blättern ab. Von so weit her kommen die Produkte ihrer Arbeit, … um römischen Mädchen zu ermöglichen, in der Öffentlichkeit mit durchsichtiger Kleidung zu protzen …

Haupthandelsweg war die später sogenannte „Seidenstraße" (siehe Karte 2). Auf ihr kamen Seide, aber auch Pelze, Bronze und Porzellan bis nach Rom. Mit der Seidenstraße begann der freie Welthandel. Mit dem Kaufen und Verkaufen erweiterte sich für die Menschen der Antike auch ihr Bild von der Welt. Es waren aber nicht nur Händler, die die Fernstraßen nutzten. Es gab Wissenschaftler, die andere Lebensgewohnheiten erkunden wollten, junge Leute, die auf Bildungsreisen gingen. Man benutzte dabei die zahllosen Raststationen, in denen man Neuigkeiten austauschte.

❷ 🗊 Notiert mithilfe von Text und Q1, aus welchen Gründen es zu Kontakten mit anderen Kulturen kommen konnte.

Wahlaufgaben

Ⓐ 🗊 Auf der Karte 2 findet ihr Namen von Seefahrern und Entdeckern in der Antike. Sucht Informationen zu einer dieser Personen im Webcode und berichtet in der Klasse, welche Motive es für diese Entdeckungsreisen gab.

Ⓑ 🗊 Eine Gruppe von Händlern macht sich von China auf den Weg nach Rom. Schreibt auf, was sie nach ihrer Rückkehr von Rom berichtet haben könnten.

Was gehört zum Erbe der Römer?

1 – Der Petersdom in Rom. Foto.

2 – Romanische Sprachen in Europa.

Sprache, Religion, Recht und Kalender

Das Römische Reich ging vor mehr als 1500 Jahren unter, aber auf unser Leben hat es seinen Einfluss bis heute behalten:

– Rom, dort wo man die Apostel Petrus und Paulus hinrichtete, wurde zum Hauptsitz der christlichen Kirche (der Petersdom ist die größte der Papstbasiliken in Rom). Der Bischof von Rom, der Papst, ist das Oberhaupt der katholischen Kirche. Noch heute werden manche katholischen Gottesdienste in lateinischer Sprache gefeiert.

– Germanische Stämme, die sich auf römischem Boden ansiedelten, übernahmen oft die römische Sprache. So gibt es heute mehrere europäische Staaten, in denen eine romanische Sprache gesprochen wird (siehe Karte 2).

– Unser Kalender geht auf Julius Caesar zurück. Ein Jahr dauert ungefähr 365 1/4 Tage; d. h., in dieser Zeit umkreist die Erde einmal die Sonne. Caesar legte daher fest, dass ein Jahr 365 Tage haben soll und alle vier Jahre ein weiterer Tag dazugeschaltet werden sollte.

– Die späteren Herrscher des Frankenreiches fühlten sich als Nachfolger des Römischen Reiches und ebenso die deutschen Könige, die zugleich „Kaiser des Heiligen Römischen Reiches Deutscher Nation" waren. Symbol dieses Reiches, das bis 1806 bestand, war – wie bei den Römern – der Adler.

– Viele unserer heute gültigen Gesetze gehen auf das römische Recht zurück.

– Das Römische Reich gilt zudem als Vorbild für die Europäische Gemeinschaft. Wie damals Völker und Stämme sich als Mitglieder des Römischen Reiches fühlten, so sollen sich auch heute unterschiedliche Völker mit ihren ganz eigenen Traditionen und Vorstellungen als Mitglieder der Europäischen Gemeinschaft fühlen können.

– Auch dieses Buch ist in lateinischen Buchstaben geschrieben.

❶ ▣ Schreibt mithilfe der Karte 2 auf, in welchen Ländern heute romanische Sprachen gesprochen werden.

▶ *Portugal …*

Zusammenfassung

Das römische Weltreich

Die römische Republik

Eine römische Sage berichtet von der Gründung Roms im Jahre 753 v. Chr. durch Romulus. Tatsächlich wurde Rom erst um 500 v. Chr. gegründet. Zu dieser Zeit vertrieben die Römer den letzten etruskischen König. Ihren Staat nannten sie jetzt „Republik". Diese Republik sollte eine Angelegenheit aller Bürger sein. In Wirklichkeit herrschten die Adligen, die Patrizier. Die Plebejer waren damit nicht einverstanden. Es kam zu Aufständen. Nach fast 200 Jahren dauernden Auseinandersetzungen zwischen diesen beiden Gruppen hatten sich die Plebejer viel Reche erkämpft, vor allem das Recht, an den politischen Entscheidungen mitzuwirken.

753 v. Chr.

Nach der Sage Gründung Roms durch Romulus und Remus.

Vom Stadtstaat zum Weltreich

Um 500 v. Chr. war Rom noch ein kleiner Bauernstaat, nicht viel größer als das heutige Köln. Etwa 250 Jahre später beherrschte es fast ganz Italien. Durch weitere Eroberungen in den folgenden Jahrzehnten entstand das römische Weltreich. Um die Herrschaft in diesem Weltreich kämpften im 1. Jahrhundert v. Chr. immer wieder ehrgeizige Heerführer. Besonders erfolgreich war hierbei der Feldherr Gaius Julius Caesar (100–44 v. Chr.), der die Alleinherrschaft anstrebte. Um dies zu verhindern und die Republik zu retten, wurde er während einer Senatssitzung ermordet.

Um 200 v. Chr.

Rom ist stärkste Landmacht im Mittelmeerraum.

Von der Republik zum Kaiserreich

Nach der Ermordung Caesars kam es zu jahrelangen Bürgerkriegen, aus denen Augustus (31 v. Chr. – 14 n. Chr.) als Sieger hervorging. Augustus bezeichnete sich als „Erster unter Gleichen", kontrollierte aber in Wirklichkeit alle wichtigen Bereiche im Staat. Mit Kaiser Augustus begann für die Römer eine Zeit des Friedens. Die Grenzen waren gesichert. Aus den unterworfenen Gebieten wurden Luxusgüter aller Art nach Rom gebracht. Der Reichtum Roms zeigt sich in den großzügigen öffentlichen Bauten ebenso wie in den Palästen und herrschaftlichen Häusern von Privatleuten. Wettrennen und Gladiatorenspiele lenkten die Massen von ihrer Armut ab. Ein elendes Leben führten häufig die Sklaven.

31 v. Chr. – 14 n. Chr.

Herrschaft des Kaisers Augustus, Beginn der römischen Kaiserzeit.

Der Untergang des Römischen Reiches

Die Grenze zwischen dem Römischen Reich und dem freien Germanien wurde zum großen Teil durch den Limes gesichert. Hier kam es für lange Zeit zu einem weitgehend friedlichen Zusammenleben von Römern und Germanen, die im Laufe der Zeit die römische Lebensweise und auch viele Begriffe aus der lateinischen Sprache übernahmen. Seit dem 3. Jahrhundert n. Chr. aber bedrohten germanische Stämme immer mehr die römischen Grenzen. Im Jahre 476 wurde der letzte römische Kaiser von einem germanischen Heerführer abgesetzt. Das war das Ende des Weströmischen Reiches, das aber in vielen Bereichen unsere Kultur bis heute beeinflusst. Das Oströmische Reich bestand noch bis 1453.

1. Jh. n. Chr. – 3. Jh. n. Chr.

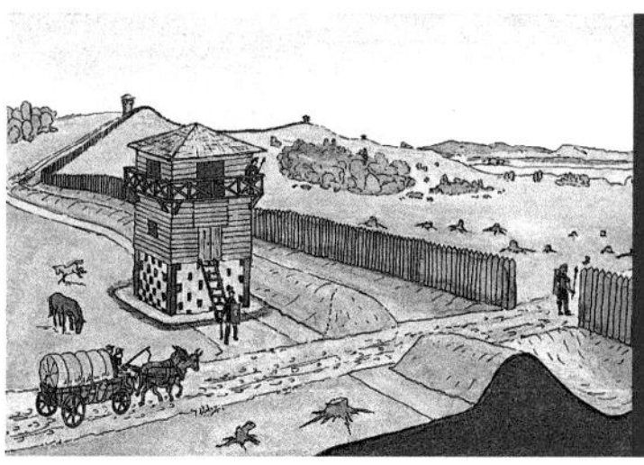

Die Römer errichten eine Grenzbefestigung gegen die Germanen, den Limes.

Das kann ich ...

Das römische Weltreich

1 – Straßenszene in Rom. Rekonstruktionszeichnung.

2 – Verkehrswege in der Römerzeit. Rekonstruktionszeichnung.

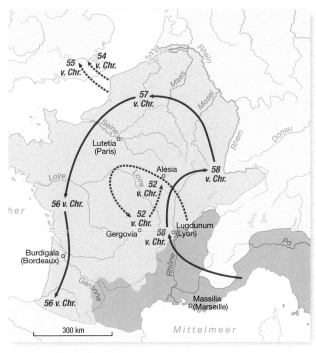

Römisches Reich 58 v. Chr.
Eroberungen Caesars
Feldzüge Caesars (mit Jahreszahl)

3 – Die Feldzüge Caesars in Gallien.

Q1 Im Alter von 79 Jahren schrieb Kaiser Augustus seinem „Tatenbericht", eine Darstellung seiner Leistungen und Entscheidungen:

... Mit 19 (= 44 v. Chr.) stellte ich als Privatmann ein Heer auf. Damit gab ich dem Staat, der durch die Gewaltherrschaft einer Gruppe unterdrückt wurde, die Freiheit wieder. Die Mörder meines Vaters trieb ich in die Verbannung. ... Die Diktatur, die mir sowohl vom Senat wie vom Volk angetragen wurde, habe ich nicht angenommen. ... Für all meine Verdienste gab mir der Senat den Titel „Augustus". Danach übertraf ich alle an Ansehen. An Macht besaß ich nicht mehr als meine Kollegen im jeweiligen Amt.

Wichtige Begriffe

Plebejer
Patrizier
Römische Republik
Senat
Konsuln
Kaiser Augustus
Limes
Völkerwanderung
Romanische Sprachen

Wissen und erklären

❶🔲 Erklärt euch gegenseitig die oben genannten Begriffe. Wenn ihr unsicher seid, lest nochmals auf den entsprechenden Seiten nach.

❷🔲 Notiert euch wichtige Stichpunkte zum Alltagsleben in Rom anhand von Bild 1. Entscheidet euch zunächst, ob ihr dies aus der Sicht eines reichen Römers oder aus der Sicht eines einfachen Handwerkers tun wollt.

❸🔲 Unter der Überschrift: „Reisen in der Römerzeit" nennt ihr mithilfe von Bild 2 die unterschiedlichen Verkehrsteilnehmer. Erklärt außerdem, warum das römische Straßennetz so wichtig war.

Anwenden

❹🔲 Untersucht mithilfe der Methodenseiten 122/123 die Karte 3.

Beurteilen und handeln

❺🔲 Beurteilt die Aussage des Kaisers Augustus, er habe nur an Ansehen seine Kollegen im Amt übertroffen, aber nicht an Macht.

❻🔲 Stellt euch gegenseitig die Eintragungen in eurem Portfolio vor.

Leben im Mittelalter

Menschen unterwegs: Bauern, die eine
Schweineherde auf den Markt einer von
Stadtmauern geschützen Stadt treiben,
Fuhrleute, die Bauholz aus dem Wald in
die Stadt liefern, Adlige, die im Wald auf
der Jagd sind.
Entstanden ist dieses Bild in einer Zeit,
die wir Mittelalter nennen. Vom damaligen
Leben der Bauern in ihren Dörfern, von den
Rittern auf ihren Burgen, den Mönchen
und Nonnen in den Klöstern und den Bür-
gern in den Städten handelt dieses Kapitel.

Leben im Mittelalter

476

Germanen
erobern Rom

ca. 700

Christianisierung
Europas

1 – Europa um 1250.

Fsm. = Fürstentum
Kgr. = Königreich
Rep. = Republik

Die meisten Menschen lebten im Mittelalter auf dem Land, einige auf den Burgen und wieder andere in den Klöstern. In den mittelalterlichen Städten aber entwickelten sich Lebensformen, die uns heute noch prägen.

Bei der Arbeit mit diesem Kapitel könnt ihr euch mit folgenden Fragen beschäftigen:

■ Wie wurde Europa christlich?

■ Wie lebten Bauern, Ritter, Mönche und städtische Bürger im Mittelalter?

■ Wie entwickelte sich die mittelalterliche Stadt?

■ Welche Fortschritte gab es in der Landwirtschaft?

■ War das Mittelalter wirklich so finster, wie manche behaupten?

■ Außerdem lernt ihr, wie ihr im Internet recherchieren und Sachquellen untersuchen könnt. Ihr erfahrt auch, wie man ein Rollenspiel durchführt.

❶ ◨ Betrachtet die Bilder und sammelt Fragen, die ihr gern beantwortet hättet.

▶ *Nehmt die Methoden „Eine Mindmap erstellen" oder „Ein Cluster erstellen" von S. 245 zu Hilfe.*

❷ ◨ Viele von euch haben schon Jugendbücher zum Mittelalter gelesen. Berichtet, was dort vom Mittelalter erzählt wird.

800	ca. 900	ca. 1100	1500
Kaiserkrönung Karls des Großen	Einführung der Dreifelderwirtschaft	Städtegründungen	Beginn der Neuzeit

3 – Ein kaiserlicher Reiterzug. Miniatur, um 1400.

2 – Die Wasserburg Vischering in Lüdinghausen. Foto, 2009.

4 – Zwei Bauern bei der Feldarbeit. Buchmalerei, England, um 1340.

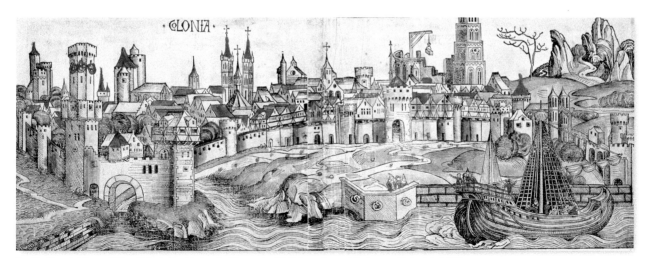

5 – Stadtansicht von Köln. Kolorierter Holzschnitt aus der Weltchronik von Hartmann Schedel, 1493.

Das christliche Mittelalter

Warum wurden die Franken Christen?

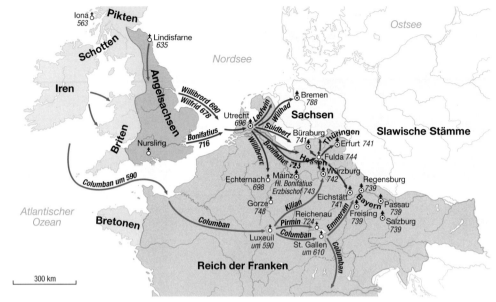

1 – Irische und angelsächsische Mönche verbreiten das Christentum in Europa.

Legende:
→ irische Missionare
→ angelsächsische Missionare
⚲ Erzbistum oder Bistum (Amtsbereich eines Bischofs)
⚲ Kloster

*Heiden
Abwertender Begriff für Nicht-Christen und nicht-christliche religiöse Gebräuche.

Die Franken werden Christen

Im 5. Jahrhundert entstanden auf dem Gebiet des Weströmischen Reiches verschiedene germanische Königreiche. Dazu gehörte auch das Frankenreich. Von 482 bis 511 n. Chr. war Chlodwig der König der Franken. Er vertrieb im Jahre 486 den letzten römischen Statthalter aus Gallien (siehe Seite 157).

Fast alle Bewohner Galliens waren Christen, die Franken aber waren *Heiden. Im Jahre 496 n. Chr. ließ sich Chlodwig zusammen mit 3000 Kriegern taufen.

Q1 Der Bischof und Geschichtsschreiber Gregor von Tours (540–594) schrieb:

... Aber auf keine Weise konnte er [Chlodwig] zum christlichen Glauben bekehrt werden, bis er schließlich mit den Alemannen in einen Krieg geriet. Als die beiden Heere zusammenstießen, kam es zu einem gewaltigen Blutbad, und Chlodwigs Heer war nahe daran, völlig vernichtet zu werden. Als er das sah, erhob er seine Augen zum Himmel ... und sprach: „Jesus Christus! Gewährst Du mir jetzt den Sieg über meine Feinde, so will ich an Dich glauben und mich taufen lassen. Denn ich habe meine Götter angerufen, doch sie helfen mir nicht; sie sind wohl machtlos. Nun rufe ich Dich an ... ." Als er dies gesagt hatte, begannen die Alemannen zu fliehen.

Nun hatten alle Bewohner Galliens die gleiche Religion. Chlodwig setzte vor allem gallische Bischöfe und Äbte in der Verwaltung seines großen Reiches ein. Sie hatten bereits unter den Römern als Verwaltungsbeamte gedient. Franken und Römer benutzten jetzt die gleiche Sprache und die gleiche Schrift, das lateinische Alphabet. Heiraten förderte das Zusammengehörigkeitsgefühl zwischen den Bevölkerungsgruppen. Seit dem 6. Jahrhundert wurden alle Bewohner Galliens „Franken" genannt.

❶ Beschreibt Bild 2 und achtet auf die Teilnehmer, ihre Kleidung und Ausrüstung. Erklärt, was die Taufe des Königs für seine Untertanen bedeutete.
▶ *Nehmt die Methode auf S. 74/75 „Wir untersuchen Bilder" zu Hilfe.*

2 – Chlodwig wird getauft. Kupferstich.

Ein Hofbeamter will König werden

Nach Chlodwigs Tod im Jahr 511 teilten seine vier Söhne die Herrschaft unter sich auf. König – so glaubte man damals – konnte nur Mitglieder der königlichen Familie werden, weil diese von göttlichen Ahnen abstammten. Äußere Zeichen war das lange Haupthaar. Da keiner der Söhne eines Herrschers vom Erbe ausgeschlossen werden durfte, wurde das Frankenreich immer wieder geteilt. Die Folge waren andauernde Erbstreitigkeiten und Bruderkriege. Geschwächt durch diese endlosen Familienfehden verloren die fränkischen Könige immer mehr an Macht. Regiert wurde das Reich in Wirklichkeit von den Hausmeiern, den obersten Hofbeamten.

Im Jahr 751 schickte Pippin, der oberste Hofbeamte, zwei Gesandte zum Papst nach Rom.

Q2 Die fränkischen ⁎Jahrbücher berichten um 790:

... Bischof Burkhard von Würzburg und der Kaplan Folrad wurden zu Papst Zacherias gesandt, um wegen der Könige im Frankenreich zu fragen, die damals keine Macht als Könige hatten, ob das gut sei oder nicht. Der Papst gab Pippin den Bescheid, es sei besser, den als König zu bezeichnen, der die Macht habe, statt den, der ohne königliche Macht blieb.

Um die Ordnung nicht zu stören, ließ er kraft seiner Autorität den Pippin zum König machen ...

Pippin wurde nach der Sitte der Franken zum König gewählt und gesalbt von der Hand des Bischofs Bonifatius ... Childerich aber, der Scheinkönig wurde geschoren und ins Kloster geschickt..

⁎ Jahrbücher
Bücher, in denen die Dinge, die in einem Jahr geschehen sind, festgehalten werden.

❷ ▣ Stellt mithilfe des Textes fest, worauf es im Frankenreich ankam, wenn man König werden wollte.

❸ ▣ Erklärt, warum sich Pippin an den Papst wandte (Q2).

❹ ▣ Pippin wurde vom Bischof mit heiligem Öl gesalbt, Childerich wurde das Haupthaar abgeschnitten. Erklärt die Bedeutung dieser beiden Maßnahmen.

Wahlaufgaben

Ⓐ ▣ Verfasst ein Schreiben, in dem der Hausmeier Pippin dem Papst erklärt, warum er anstelle von Childerich König werden solle.

Ⓑ ▣ Erklärt mithilfe des Textes auf dieser Doppelseite die Aussage: „Die Kirche war eine wichtige Klammer für die Einheit des Fränkischen Reiches."

Warum förderte Karl der Große das Christentum?

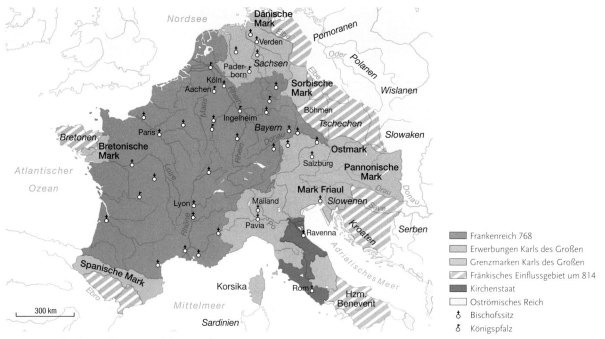

1 – Das Fränkische Reich unter Karl dem Großen.

Karl der Große unterwirft die Sachsen

Der mächtigste Herrscher des Frankenreiches war Karl (Herrscherzeit 768–814). Seine Zeitgenossen nannten ihn schon „den Großen". Das Frankenreich erreichte unter Karl die größte Ausdehnung (siehe Karte 1), weil er neue Gebiete eroberte. Die Sachsen waren der letzte freie Stamm der Germanen und noch nicht zum Christentum übergetreten. Sie leisteten den größten Widerstand gegen die fränkische Eroberung. Über 30 Jahre kämpften sie unter Führung ihres Herzogs Widukind gegen die Franken. Sobald Karl und sein Heer das Gebiet der Sachsen verlassen hatten, erhoben sie sich wieder gegen die fränkische Herrschaft.

Nach einem erneuten Aufstand 782 reagierte Karl hart: Er ließ die Anführer des Widerstands bei Verden (im heutigen Niedersachsen) hinrichten. Es sollen über 4000 Männer gewesen sein.

Widukind konnte fliehen. Um den Widerstand endgültig zu brechen, wurden die Sachsen gezwungen, ihre Religion aufzugeben und das Christentum anzunehmen.

Q1 Karl ordnete im Jahre 782 an:

... 3. Wer mit Gewalt in eine Kirche eindringt und dort raubt oder stiehlt oder die Kirche in Brand steckt, wird mit dem Tode bestraft.

4. Wer die vierzigtägige Fastenzeit vor Ostern nicht einhält und in dieser Zeit Fleisch isst, wird mit dem Tode bestraft. ...

5. Wer einen Bischof oder Priester tötet, wird mit dem Tode bestraft. ...

7. Wer den Leichnam eines Verstorbenen nach heidnischer Sitte verbrennt, wird mit dem Tode bestraft.

8. Wer noch ungetauft ist und es unterlässt, zur Taufe zu kommen, weil er Heide bleiben möchte, wird mit dem Tode bestraft.

17. Jeder Sachse soll den zehnten Teil seines Besitzes den Kirchen und den Priestern geben. ...

34. Wir verbieten allen Sachsen, öffentliche Versammlungen abzuhalten, außer wenn unsere Boten eine Versammlung einberufen.

❶🔍 Wertet Q1 mithilfe der Arbeitsschritte auf Seite 96 aus.

Karl der Große wird Kaiser

Da das Frankenreich zum größten Reich Westeuropas geworden war, fühlte sich Karl dem Kaiser des Oströmischen Reiches ebenbürtig. Auch der Papst, der sich aus der Abhängigkeit vom oströmischen Kaiser lösen wollte, wollte das Ansehen Karls stärken. So kam es im Jahre 800 zur Kaiserkrönung.

2 – Goldmünze mit dem Kopf Kaiser Konstantins des Großen. Die Unterschrift lautet: Imp(erator) Constaninus P(ater) P(atriae) Aug(ustus).

> **Q2 Einhart (ca. 780–840), der Hofschreiber Karls des Großen, schrieb:**
> ... Als der König gerade am heiligen Weihnachtstage sich vom Gebet vor dem Grab des seligen Apostels Petrus zur Messe erhob, setzte ihm Papst Leo eine Krone aufs Haupt, und das ganze Römervolk rief dazu: „Dem erhabenen Karl, dem von Gott gekrönten großen und Frieden bringenden Kaiser der Römer: Leben und Sieg!", und nach den lobenden Zurufen wurde er wie die alten Kaiser durch Kniefall geehrt und ... Kaiser und Augustus genannt ... .

3 – Silbermünze mit dem Kopf Kaiser Karl des Großen. Die Münzinschrift lautet: Carolus Imp(erator) Aug(ustus) (Imperator = Kaiser).

Durch diese Kaiserkrönung sah man Karl im Frankenreich als den Nachfolger der Kaiser des Weströmischen Reiches an.

❷ 🖼 Vergleicht die Abbildungen auf den Bildern 2 und 3. Welchen Herrschaftsanspruch Karls des Großen kann man daran erkennen?

❸ 🖼 Stellt anhand von Q2 fest, welche Rolle der Papst und die Römer bei der Kaiserkrönung gespielt haben.

Bildung und Unterricht

Bildung und christliche Erziehung spielten für Karl den Großen eine wichtige Rolle, denn nur mithilfe gut ausgebildeter Priester konnte er sein großes Reich verwalten und das Christentum weiter fördern. Auf seine Anweisung hin wurden Schulen in Klöstern und an den Bischofssitzen gegründet, in denen Kinder unterrichtet und erzogen werden sollten. Am wichtigsten in der Ausbildung war die Unterweisung im christlichen Glauben, das Lesen in der Bibel und der Kirchengesang. Aber auch Schreiben und Rechnen wurden gelehrt.

Die Hofschule in Aachen war das Zentrum der Bildung. Hier versammelten sich die hervorragendsten Gelehrten und bildeten die besten Schüler aus dem gesamten Frankenreich aus. Karl und seine Gelehrten schufen so für das ganze Fränkische Reich eine einheitliche Bildung. Sie vermittelten allen Bewohnern die gleichen Wertvorstellungen, die auf dem christlichen Glauben beruhten.

Karl war es so gelungen, ein Reich zu schaffen, das die Grundlage für die weitere Geschichte ganz West- und Mitteleuropas bildete.

❹ 🖼 Erklärt, warum Karl der Große Bildung und christliche Erziehung förderte.

Wahlaufgaben

Ⓐ 🖼 Welche Aufgaben hat der Schulbesuch heute? Welche Erfahrungen habt ihr dazu gesammelt? Tragt eure Ergebnisse zusammen und vergleicht sie mit den Absichten Karls des Großen.

Ⓑ 🖼 In Aachen wird jährlich der Karlspreis für besondere Verdienste um die europäische Einheit verliehen.
Informiert euch, wer diesen Preis in den letzten Jahren erhielt, und berichtet darüber in der Klasse.

Was wurde aus dem Frankenreich?

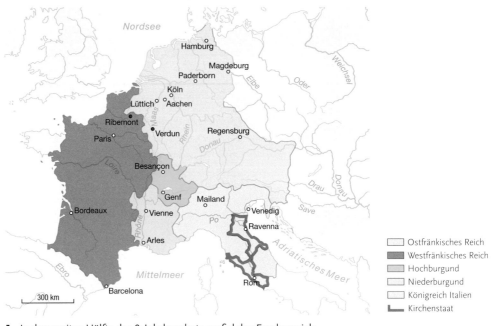

1 – In der zweiten Hälfte des 9. Jahrhunderts zerfiel das Frankenreich.

☀ **Karolinger**
Herrschergeschlecht der Franken, das ab 751 im Frankenreich die Königswürde innehatte. Es ist nach Karl dem Großen benannt.

Eine Grabinschrift im Dom zu Aachen

Die letzten Lebensjahre verbrachte der Kaiser Karl vor allem in seiner Lieblingspfalz Aachen. Hier starb er im Jahre 814. Noch am gleichen Tag wurde er im Dom zu Aachen beigesetzt.

Q1 Über seinem Grab wurde ein Bogen errichtet mit der Inschrift:
… Hier unten liegt der Leib Karls, des großen und rechtgläubigen Kaisers, der das Reich der Franken herrlich vergrößerte und siebenundzwanzig Jahre hindurch glücklich regiert hat. …

❶ 🔲 Schreibt einen kurzen Bericht über das Reich Karls des Großen, indem ihr diese Inschrift erklärt.

Nach dem Tode Karls des Großen zerfiel sein Reich, weil seine Nachfolger es mehrmals aufteilten. Burgund und Italien wurden selbstständige Königreiche. Im Norden kam es zur Bildung eines West- und eines Ostfränkischen Reiches. In beiden Reichen entwickelte sich ein Zusammengehörigkeitsgefühl der Menschen. So entstanden allmählich die beiden Länder Frankreich und Deutschland.

Das Reich der Deutschen entsteht

Der letzte ☀Karolinger im Ostfränkischen Reich starb im Jahre 911. Heinrich I. (Herrscherzeit 919–936) war ein mächtiger Herzog in Sachsen, er wurde der neue König. Während seiner Regierungszeit wurde das Ostreich zum ersten Mal als „Reich der Deutschen" bezeichnet.
Das Wort „deutsch" kommt vom Althochdeutschen „diutisc", was so viel bedeutet wie „volksmäßig, dem Volk gehörig". Als „diutisc" bezeichnete man auch die germanische Sprache, die im Ostreich gesprochen wurde. Allmählich wurde daraus der Name für die Menschen, die diese Sprache sprachen, die „Deutschen".

❷ 🔲 Findet mithilfe der Karte 1 und einer Deutschlandkarte heraus, worin sich das Ostfränkische Reich in seiner Ausdehnung vom heutigen Deutschland unterscheidet.
❸ 🔲 Stellt anhand der Karte auf Seite 172 und einem Atlas fest, welche heutigen europäischen Staaten zum ehemaligen Frankenreich gehörten und damit einen Teil ihrer Geschichte gemeinsam haben.

2 – Otto I. Kolorierter Holzschnitt, um 1493.

3 – *Reichsinsignien der deutschen Könige. Foto.

Otto I. wird König

Nach dem Tod Heinrichs I. wurde sein Sohn Otto I. (Herrscherzeit 936–972) der Nachfolger. Er wurde im Jahr 936 in Aachen mit Zustimmung der Fürsten zum König gekrönt.

Q2 Über die Krönung berichtet der Mönch Widukind von Corvey (925–973):

… Die Herzöge und die Ersten unter den Grafen mit einer Schar der vornehmsten Ritter versammelten sich in Aachen. Sie setzten den neuen Herrscher auf den hier errichteten Thron (Karls des Großen), reichten ihm die Hände, gelobten ihm die Treue, versprachen ihm Hilfe gegen alle seine Feinde und machten ihn nach ihrem Brauch zum König.

Dann erwartete ihn der Erzbischof von Mainz mit der gesamten Geistlichkeit und dem gesamten Volk in der Kirche. … Nun schritt der Erzbischof mit dem König zum Altar, auf dem die Abzeichen des Königs lagen. Der Erzbischof nahm das Schwert und sprach zum König: „Empfange dieses Schwert und treibe mit ihm aus alle Feinde Christi, die Heiden und die schlechten Christen."

Sodann nahm er den Mantel: „Dieses Gewand möge Dich ermahnen, im Eifer für den Glauben und im Schutz des Friedens auszuharren bis in den Tod." Schließlich nahm er Stab und Zepter. „Diese Abzeichen sollen Dich ermahnen, mit väterlicher Zucht die Untertanen zu leiten."

Im Jahr 962 krönte der Papst den deutschen König Otto I. zum Kaiser. Von 962 bis 1806 trugen die meisten deutschen Könige – wie zuvor auch Karl der Große – die Kaiserwürde.

4 Erklärt, warum die Pfalzkapelle in Aachen als Krönungsort ausgewählt wurde.

5 Die königlichen Abzeichen stehen für Aufgaben des Königs. Beschreibt mithilfe der Bilder 2 und 3 ihre Bedeutung.

Wahlaufgaben

A Erstellt mithilfe der Seiten 170–173 einen Zeitstrahl mit wichtigen Daten zur Geschichte des Frankenreiches.

B Berichtet im Stil eines heutigen Zeitungsreporters von der Krönung Ottos I.

▶ *Beachtet dabei den Ort sowie die Personen, die an der Krönung teilnahmen und nennt die einzelnen Abschnitte der Krönung.*

* Reichsinsignien
Symbole der deutschen Königsherrschaft. Um König zu werden, musste der Thronanwärter im Besitz der Insignien sein: Reichskrone, Schwert, Reichsapfel, Reichskreuz.

Wozu diente das Lehnswesen?

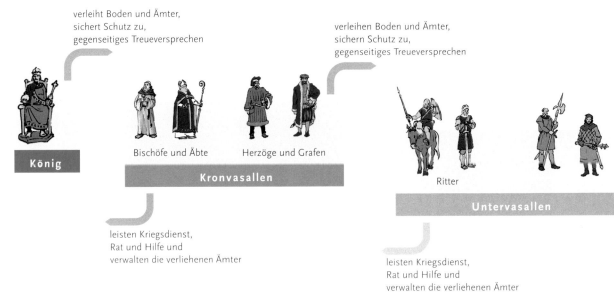

verleiht Boden und Ämter,
sichert Schutz zu,
gegenseitiges Treueversprechen

verleihen Boden und Ämter,
sichern Schutz zu,
gegenseitiges Treueversprechen

König

Bischöfe und Äbte   Herzöge und Grafen

Kronvasallen

Ritter

Untervasallen

leisten Kriegsdienst,
Rat und Hilfe und
verwalten die verliehenen Ämter

leisten Kriegsdienst,
Rat und Hilfe und
verwalten die verliehenen Ämter

1 – Das mittelalterliche Lehnswesen. Durch gegenseitige Treueversprechen waren König, Herzöge, Bischöfe und Ritter bei der Herrschaftsausübung miteinander verbunden. Die große Mehrheit der Bevölkerung, die Unfreien, waren nicht lehnsfähig.

---

* Vasall
(keltisch gwas = Knecht).
Bezeichnung für einen
Lehnsmann, der von einem
Lehnsherrn abhängig ist. Es
wird noch zwischen Kron-
und Untervasallen unter-
schieden.

Persönliche Bindungen sichern Macht

Karl der Große und seine Nachfolger brauchten für die Verwaltung des Reiches die Unterstützung der geistlichen Fürsten (Bischöfe und Äbte) und der weltlichen Herrscher (Herzöge und Grafen). Sie sollten die Durchführung seiner Anordnungen überwachen. Wenn er in den Krieg zog, mussten sie ihm schwer bewaffnete Krieger zur Verfügung stellen. Dafür erhielten die Fürsten vom König als Gegenleistung Land mit Dörfern und Bauern auf Lebenszeit geliehen. Deshalb heißen diese Güter auch Lehen. Wer sein Lehen vom König erhielt, war sein *Kronvasall.

Die Kronvasallen konnten die Güter an Untervasallen weiterverleihen. Sie gaben zum Beispiel Teile des ihnen verliehenen Landes an die Ritter. Dafür leisteten die Ritter Kriegsdienst im fränkischen Heer.

Durch die feierliche Vergabe eines Lehens wurde ein persönliches und gegenseitiges Treueverhältnis begründet: Der Vasall versprach seinem Herrn Rat und Hilfe, der König versprach dem Vasallen Treue und Schutz.

Persönliche Beziehungen und gegenseitige Treueversprechen stützten die mittelalterliche Gesellschaftsordnung. Eine staatliche Ordnung, wie sie heute besteht, gab es nicht.

Was ist ein Lehen?

Ein Lehen bestand nicht immer aus Landgütern. Als Lehen wurden vom König auch Kirchenämter, z. B. Abt, Äbtissin, Bischof, und hohe Verwaltungsämter vergeben, wie etwa das Grafenamt.

Adlige, Bischöfe und Äbte konnten auch Lehen an Untervasallen, wie z. B. Bauern, vergeben.

Wenn ein Vasall starb, so sollte das Lehen an den Lehnsherrn zurückfallen. Der Lehnsherr konnte dann frei entscheiden, ob und an wen er das Lehen wieder ausgeben wollte. Der Vasall wollte das Lehen jedoch oft wie sein Eigentum an seine Kinder vererben.

Nach und nach setzten viele Adlige durch, dass sie die Lehen in ihren Familien weitervererben konnten.

2 – Die Belehnung geistlicher und weltlicher Fürsten. Abbildung aus einer Sammlung von Rechtsgrundsätzen, dem „Sachsenspiegel", 13. Jahrhundert.

Zeichen der Lehnsübergabe:

Krone
Zeichen königlicher Macht

Fahne
Herrschafts- und Lehns-symbol

Kniefall
Geste der Huldigung und Unterwerfung

Zepter
Herrschaftssymbol; im Lehnwesen Zeichen der Übergabe eines Lehens an einen geistlichen Fürsten (Bischof, Abt)

❶ Erklärt mit Bild 1 das Lehnswesen und die Begriffe „Lehen", „Vasall", „Rat und Hilfe".

▶ *Der König verleiht Land und erhält dafür … . Später wollten die Vasallen …*

❷ Findet heraus, was die abgestuften Farben im Bild 1 bedeuten.

❸ Beschreibt Bild 2 und erläutert mithilfe der Bilderklärung in der Randspalte die Zeichen der Lehnsübergabe.

Q1 **Der Rechtsgelehrte Galbert von Brügge schrieb zu einer Belehnung durch den Grafen von Flandern 1127:**
… Zuerst: Der Graf fragte den zukünftigen Vasallen, ob er ohne Vorbehalt sein Mann werden wolle, und dieser antwortete: „Ich will es." Alsdann umschloss der Graf die zusammengelegten Hände des anderen mit seinen Händen und sie besiegelten den Bund mit einem Kuss.

Zweitens gab der Vasall mit folgenden Worten seine Treueversprechen: „Ich verspreche bei meiner Treue, von nun an dem Grafen Wilhelm treu zu sein und ihm gegen alle anderen meine Folgschaft unwandelbar zu erhalten, aufrichtig und ohne Trug." Drittens bekräftigte er sein Versprechen durch einen Eid, den er auf die ✳Reliquien der Heiligen leistete. …

❹ Untersucht Q1 und schildert die Vergabe eines Lehen.

▶ *Nehmt die Methode „Arbeit mit Textquellen" von Seite 96/97 zu Hilfe.*

✳ **Reliquie**
(lat.: Überrest). Gegenstand religiöser Verehrung; meist handelt es sich um einen Knochen-splitter oder einen Teil des persönlichen Besitzes eines verstorbenen Heiligen.

Wahlaufgaben

Ⓐ Entwerft eine Mindmap zum Lehnswesen und stellt sie anschließend der Klasse vor.

▶ *Nehmt die Methoden „Eine Mindmap erstellen" oder „Ein Cluster erstellen" von S. 245 zu Hilfe.*

Ⓑ Untersucht das Wort „Lehen"/leihen in der Gegenwart. Berücksichtigt folgende Fragen:

– Was erwartet ihr, wenn ihr anderen Dinge verleiht?

– In welchen Zusammenhängen gibt es in der Gegenwart Verleihungen?

Wie regierten Könige in England und Frankreich?

300 km

Kgr.
Schottland

Nordsee

Fsm.
Wales

Kgr.
England

Rhein

Ärmelkanal

Atlantischer

Ozean

Seine

Kgr.
Frankreich

Loire

Rhône

Garonne

französische Lehen
im Besitz des englischen Königs
nach 1259

1 – England und Frankreich im 13. Jahrhundert.

Schwache deutsche Könige

Die Auseinandersetzungen zwischen dem Papst und dem König schwächten die deutschen Könige. Die Herzöge des Reiches versuchten, ihren Einfluss auszudehnen und bekämpften zeitweise den König. Die Fürsten entwickelten sich immer mehr zu selbstständigen Landesherren. Aufgrund der starken Stellung der Fürsten konnte sich im Deutschen Reich kein zentral geleiteter Staat entwickeln.
Ganz anders verlief die Entwicklung in England und Frankreich.

Der englische König hat alle Macht

Nach der Eroberung Englands 1066 enteignete der normannische König Wilhelm den alten Adel Englands und ersetzte ihn durch seine Gefolgsleute. Fast ein Fünftel des Grundbesitzes des alten Adels behielt er für sich selbst.
Den übrigen Grund und Boden verlieh Wilhelm als Lehen an normannische Adelige. Überall in England ließ Wilhelm neue Burgen errichten, von denen aus seine Gefolgsleute über das Land herrschten. Die Adeligen konnten ihr Land auch an Untervasallen weitergeben. Doch zuvor mussten die Untervasallen auch dem König den Treueeid leisten. So verhinderte der König in England, dass sich Kron- und Untervasallen gegen ihn verbünden konnten, wie es z. B. im Deutschen Reich immer wieder geschah.

❶◧ Beschreibt, wie Wilhelm, der König von England, den Adel an sich band.

Aufbau einer zentralen Verwaltung

Durch verschiedene Maßnahmen wurde England zum ersten europäischen Staat mit einer dem König unterstellten zentralen Verwaltung:
– das Land wurde in Grafschaften eingeteilt, die durch königliche Beamte streng kontrolliert und verwaltet wurden;
– dem Adel wurde das Recht auf seine eigene Rechtsprechung genommen; königliche Richter und „Oberste Gerichtshöfe" sorgten dafür, dass das königliche Recht im ganzen Land eingehalten wurde;
– die Könige setzten Steuern und Abgaben fest und richteten eine Geldeinnahmebehörde ein. In einer Art von Grundbuch wurden die vom König vergebenen Lehen verzeichnet.

❷◧ Notiert stichwortartig, mit welchen Maßnahmen der englische König in England eine zentrale Verwaltung errichtete.

Die Magna Charta von 1215

Nach einem verlorenen Krieg gegen Frankreich zwangen die englischen Adeligen den König, im Jahre 1215 eine umfangreiche Liste von Forderungen zu bewilligen, die „Magna Charta Libertatum" (Großer Freiheitsbrief) genannt wurde.

Q1 In der Magna Charta von 1215 heißt es:

39. Kein freier Mann soll verhaftet, gefangen gehalten, enteignet, geächtet, verbannt oder auf irgendeine Weise zu grunde gerichtet werden, ... es sei denn aufgrund gesetzlichen Urteilsspruchs von seinesgleichen oder aufgrund des Landesrechts.

❸🖼 Untersucht Q1 und erklärt, was die beiden Bestimmungen für die adeligen und freien Männer damals bedeuteten.

▶ *Nehmt die Methode auf S. 96/97 „Arbeit mit Textquellen" zu Hilfe.*

Fortan konnte der König nur noch mit der Zustimmung des Adelsrates Sonder- oder Kriegssteuern erheben. Aus dem Adelsrat der Magna Charta entwickelte sich im 14. Jahrhundert das *Parlament, in dem auch Vertreter der Ritter, der hohen Geistlichkeit und der Stadtbürger vertreten waren. Doch allein der König entschied, wann und ob das Parlament zusammentreten sollte.

Ausbau der Macht des französischen Königs

Auch in Frankreich stärkten die französischen Könige ihre Macht, indem sie die Rechte der Fürsten einschränkten. Seit dem 12./13. Jahrhundert konnten die Könige frei gewordene Lehen einziehen und neu vergeben; alle Vasallen, auch die Untervasallen, mussten nun in erster Linie dem König den Treueeid leisten.
Die Gerichtsbarkeit des Hochadels wurde eingeschränkt und die gesamte Rechtsprechung wurde beim königlichen Hofgericht in Paris zusammengefasst.

Königliche Beamte verwalteten das Land. Sie kontrollierten die Abgaben und die Steuereinnahmen in den neu geschaffenen Verwaltungsbezirken. Ab dem Jahr 1300 entwickelte sich Frankreich zu einem einheitlichen Staat, in dem die Könige ihre Macht gegenüber den Ansprüchen von Adel und Kirche immer stärker durchsetzen konnten.

1302 berief der französische König eine Versammlung aus hohen Geistlichen, Adel und wohlhabenden Bürgern ein. Sie sollte Angelegenheiten des Königreiches beraten und zusätzliche Steuern bewilligen. Die herausragende Stellung des Königs wurde aber durch diese Versammlung nicht in Frage gestellt.

❹🖼 Übertragt die Tabelle in euer Geschichtsheft und füllt sie mithilfe des Textes weiter aus.

	Deutsches Reich	England	Frankreich
Vergabe der Lehen	durch den König		
Ausbau einer zentralen Gewalt	nein, Stärkung der Fürsten		

❺🖼 Vergleicht die Entwicklung im Deutschen Reich, in England und in Frankreich und stellt fest, wo sich Ansätze von Mitbestimmung entwickelten.

* Parlament
Versammlung von Adeligen, Geistlichen und Stadtbürgern, die 1265 erstmals in England einberufen wurde und die den König beraten sowie in Steuerfragen mitentscheiden konnte. Diese Versammlung war das Vorbild heutiger Parlamente, die aus gewählten Vertretern bestehen.

Wahlaufgaben

🅐🖼 Sucht in den Medien (Lexika, Internet) Informationen zur „Magna Charta". Erklärt, warum mit dieser Vereinbarung die demokratische Entwicklung in England begann.

🅑🖼 Schreibt auf eine Tapete oder auf Packpapier eine „Urkunde" mit den Rechten, die ihr von euren Eltern fordert („Wir die Eltern von ... gewähren unserer lieben Tochter/unserem lieben Sohn folgende unveräußerliche Rechte ...").

▶ *Nehmt die Methode „Tipps beim Plakate- und Folienerstellen" S. 245 zu Hilfe.*

Warum stritten Kaiser und Papst um die Macht?

1 – Einsetzung eines Bischofs in sein Kirchenamt durch Kaiser Otto II. (973 – 983). Bronzetür am Dom von Gnesen, erste Hälfte 12. Jahrhundert.

✳ **Abt/Äbtissin**
Vorsteher/-in eines Klosters.

✳ **Laie**
Ein Gläubiger, der kein Priesteramt ausübt. Im Mittelalter galten als Laien auch die weltlichen Würdenträger (Könige, Fürsten, Grafen).

Der König ernennt die Bischöfe

Für Karl den Großen und seine Nachfolger, die deutschen Könige, war es selbstverständlich, dass sie in ihrem Reich auch über kirchliche Angelegenheiten entscheiden konnten. König Otto I. setzte sogar Papst Johannes XII. ab und einen neuen Papst ein.

Im Deutschen Reich bestimmte der König allein, wer zum Bischof oder ✳Abt gewählt werden sollte. Dazu wählte er Männer aus, auf die er sich unbedingt verlassen konnte und die in der Lage waren, große Besitzungen zu verwalten, Krieger auszurüsten und in den Krieg zu führen. Jedoch war ein frommer Lebenswandel dabei nicht so wichtig. Es gab viele Adlige, die gern Abt oder Bischof werden wollten.

> **Q1   Lampert, ein Mönch, schrieb um 1080:**
> ... Nicht ohne Grund hat der Herr über die Mönche unseres Landes Verachtung ausgeschüttet. Sie kümmerten sich nicht mehr um göttliche Dinge, sondern beschäftigten sich ausschließlich mit Geld und Gewinn. Sie bestürmten die Ohren der Fürsten ungestüm nach Abteien und Bistümern. Selbst um ein kleines Amt zu kaufen, versprachen sie täglich goldene Berge.

❶ 🗪 Nennt die Vorwürfe, die gegen die Lebensweise der Geistlichen erhoben werden.

Die Kirche muss frei sein

Gegen die Ernennung von Bischöfen und Äbten durch die deutschen Könige und das zügellose Klosterleben gab es immer stärkeren Widerstand. Für eine Erneuerung des klösterlichen Lebens und der Kirche insgesamt setzten sich vor allem die Mönche des Cluny in Burgund ein. Sie genossen in ganz Europa hohes Ansehen. Ihren Abt wählten sie frei. Weder König, noch Herzog, Graf oder Bischof durften sich einmischen.

Die Mönche von Cluny forderten, dass die Einsetzung von Geistlichen in hohe Ämter (= Investitur) durch ✳Laien verboten werden müsse. Die Kirche muss frei sein, sagten sie. Die grundsätzliche Frage aber lautete: Wer ist die erste Macht im christlichen Abendland: der deutsche König und Kaiser oder der Papst? Über diese Frage kam es zu einer jahrzehntelangen Auseinandersetzung, dem sogenannten Investiturstreit, zwischen Kaisertum und Papsttum.

❷ 🗪 Vergleicht die Bilder 1 und 3 mit Bild 2. Wie werden hier die Beziehungen zwischen Papst und Kaiser dargestellt?

▶ *Nehmt die Methode auf S. 74/75 „Wir untersuchen Bilder" zu Hilfe.*

2 – Papst und Kaiser. Buchmalerei aus dem Sachsenspiegel, 13. Jahrhundert.

3 – Das Verhältnis Kaiser und Papst ändert sich. Abbildung aus dem „Sachsenspiegel", 12. Jahrhundert.

König Heinrich IV. und Papst Gregor VII.

Mönch Hildebrand wurde im Jahre 1073 zum Papst gewählt und nahm den Namen Gregor VII. (1073–1085) an. Er forderte die Freiheit der Kirche besonders stark.

Q2 Gregor VII. erstellte 27 Leitsätze zum Papsttum. Gregor VII. verkündete:

… Der römische Papst ganz allein kann Bischöfe absetzen oder auch wieder einsetzen. Alle Fürsten haben die Füße einzig und allein des Papstes zu küssen.
Der Papst kann Kaiser absetzen.
Der Papst kann von niemandem gerichtet werden.
Der Papst kann Untertanen vom Treueid gegen ungerechte Herrscher lösen … .

Als Gregor VII. diese Sätze veröffentlichte, war König Heinrich IV. der Herrscher im Deutschen Reich (1056–1106). Er wurde von den Ansprüchen des Papstes völlig überrascht. Sein Vater hatte früher drei Päpste abgesetzt. Für ihn war es undenkbar, auf das Recht zur Einsetzung von kirchlichen Würdenträgern (*Investitur) zu verzichten. Denn Äbte und Bischöfe waren seit den Zeiten Ottos I. die treuesten Stützen der königlichen Macht.

❸ 🖩 Die deutschen Bischöfe erhalten die Leitsätze des Papstes. Wie könnten sie reagiert haben?

Das Wormser Konkordat

Der deutsche König wollte auf die Ernennung von Äbten und Bischöfen nicht verzichten. Deshalb verhängte der Papst über ihn den Kirchenbann. Damit war es allen Christen verboten, dem König zu dienen. Die Untertanen des Königs standen jetzt vor einer schwierigen Entscheidung: Sollten sie ihrem König treu bleiben oder mehr dem Papst gehorchen? Dadurch entstanden Unruhen im Deutschen Reich. Erst 1122 kam es im Wormser *Konkordat zu einer Einigung:

– Die Bischöfe wurden vom Domkapitel frei gewählt.
– Dann erhielten sie vom König das Zepter als Zeichen ihrer weltlichen Herrschaft.
– Erst dann erfolgte die Weihe zum Bischof.

❹ 🖩 Gebt die Regelungen des Wormser Konkordats mit eigenen Worten wieder.

Wahlaufgaben

Ⓐ 🖩 Legt eine Tabelle an, in die ihr die Interessen der Päpste und der Könige bei der Ernennung von Bischöfen notiert.

Ⓑ 🖩 Begründet, warum man das Wormser Konkordat als Kompromiss bezeichnen kann.

*Investitur
(lat.: Einkleidung).
Einsetzung in ein geistliches Amt.

*Konkordat
Übereinkunft zwischen Papst und König; heute auch zwischen dem Papst und den Oberhäuptern von Staaten.

Was ist eine Ständegesellschaft?

1 – Dreiständebild. Christus spricht zu dem Stand rechts von ihm: Du bete demütig! Zum Stand links: Du schütze! Und zum Stand unter ihm: Und du arbeite!
Holzschnitt von Johannes Lichtenberger, 1488; nachträglich koloriert.

✻ Stand
Bezeichnung für eine gesellschaftliche Gruppe im Mittelalter.

❶ 🗐 Untersucht Bild 1 und beschreibt, welche Forderungen an welchen ✻Stand gerichtet werden.

„Gott will es so!"

Q1 Der Mönch Berthold von Regensburg predigte um 1260:
… unser Herr hat alles klug geordnet, deshalb hat er auch dem Menschen sein Leben so zugeteilt, wie er es will und nicht wie wir es wollen. Denn mancher wäre gern ein Graf und muss doch ein Schuster sein; … und du wärst gern Ritter und musst doch Bauer sein und musst uns Getreide und Wein anbauen. Wer sollte für uns den Acker bestellen, wenn ihr alle Herren wärt? Oder wer sollte uns Schuhe machen, wenn du wärst, was du wolltest? Du musst das sein, was Gott will … Wenn du einen niedrigen Beruf hast, sollst du weder in Gedanken noch in Worten dagegen aufbegehren: „Ach Herr Gott, warum hast du mir so ein mühevolles Leben gegeben und vielen so großes Ansehen und Besitz?" Das sollst du nicht tun … Denn wenn er dir eine höhere Stellung hätte geben wollen, er hätte es getan. Da er dir nun eine niedere gegeben hat, so sollst du dich auch erniedrigen und demütig sein mit deinem Beruf; er wird dir wohl oben im Himmel eine hohe Stellung geben …

❷ 🗐 Stellt mithilfe von Bild 1 und Q1 fest, warum im Mittelalter die Auffassung bestand, dass die Menschen angeblich unterschiedlichen Ständen angehören.
❸ 🗐 Lest nochmals Q1 und schreibt auf, wie der Mönch den ärmeren Menschen verdeutlicht, dass ihr Stand gottgewollt ist.
▶ *Der Mönch sagt, dass Gott … .*

Einteilung in Stände
Im Mittelalter gab es drei verschiedene Stände: den Klerus (Bischöfe, Äbte, Priester, Mönche und Nonnen), den Adel (Fürsten, Herzöge, Grafen und Ritter) sowie Bauern und Bürger.
Diese Einteilung – so glaubte man damals – war gottgewollt. In den Stand des Adels oder der Bauern und Bürger wurde man geboren, in den Stand des Klerus konnte man durch die kirchlichen Weihen sowohl aus

2 – Auszug zur Falkenjagd. Französische Buchmalerei, um 1416.

3 – Ein Fest beim Herzog von Berry. Französische Buchmalerei, um 1416.

dem Adelsstand als auch aus dem Bauernstand gelangen.

Die Zugehörigkeit zu einen Stand bestimmte Rechte und Pflichten eines Menschen und seine Lebensbedingungen für sein ganzes Leben.

Die Ungleichheit zwischen den Ständen war ein wichtiges Kennzeichen der mittelalterlichen Gesellschaft.

4 ▫ Erzählt, was auf Bild 2 und Bild 3 vom mittelalterlichen Leben dargestellt wird.

5 ▨ Findet heraus, welche Stände auf Bild 2 und Bild 3 gezeigt werden. Welcher Stand fehlt?

6 ▨ In der Predigt (Q1) heißt es: „Oder wer sollte uns Schuhe machen, wenn du wärst, was du wolltest? Du musst das sein, was Gott will ...". Beurteilt den Satz aus damaliger und heutiger Sicht.

▶ *Nehmt dazu die Methode „Ein eigenes Urteil bilden" von Seite 78/79 zu Hilfe.*

7 ▨ Sucht Gründe dafür, dass der Mönch in Q1 so eindringlich die damalige Gesellschaftsordnung mit Gottes Wille begründet. Was könnte er fürchten?

8 ▨ Prüft, ob es auch bei uns unterschiedliche Gruppen in der Gesellschaft gibt. Wodurch werden Unterschiede deutlich?

Wahlaufgaben

A ▨ Entwerft eine Zeichnung mit Sprechblasen, in der ein Bischof, ein Adliger und ein Bauer sich zur Einteilung der Gesellschaft in drei Stände äußern.

B ▨ Stellt euch vor, ihr wärt als Schuster nach dem Gottesdienst dem Mönch (Q1) begegnet. Was hättet ihr ihm gesagt, wenn ihr wütend über seine Predigt gewesen wäret? Entwerft eine Hörspielszene.

Leben auf dem Lande

Was bedeutete „Grundherrschaft"?

1 – Bauern bei der *Fronarbeit. Buchmalerei, 15. Jahrhundert.

---

* **Fronarbeit**
Dienste von Bauern für ihren Grundherrn.

* **Hörige**
Bezeichnung für Bauern, die an das vom Grundherrn verliehene Land gebunden waren und bestimmte Abgaben und Dienste leisten mussten.

* **Leibeigene**
Ein Leibeigener war abhängig von seinem Herrn. Er gehörte zum persönlichen Besitz des Grundherrn.

Warum wurden die Bauern abhängig?

Als Karl der Große regierte, besaßen noch viele Bauern im Frankenreich ihr eigenes Land. Aber 200 Jahre später gehörte dieses Land zumeist adligen Herren oder Klöstern. Wie kam es dazu?

Die freien Bauern waren verpflichtet, an den vielen Kriegen Karls des Großen teilzunehmen. Weil die Männer dann bei Aussaat und Ernte fehlten, gerieten viele Familien mit ihren Höfen in wirtschaftliche Not. Um dem Kriegsdienst zu entgehen, übergaben freie Bauern ihren Grund und Boden einem Herrn, der dadurch ihr Grundherr wurde. Grundherren konnten z. B. Adlige, Grafen, aber auch Bischöfe oder Äbte sein. Der Grundherr übernahm für seine Bauern den Kriegsdienst. Er schützte und unterstützte sie in Notzeiten. Diese Bauern brauchten also nicht mehr mit dem König in den Krieg zu ziehen. Sie waren nun jedoch unfreie Bauern. Man nannte sie *Hörige. Zwar konnten sie weiter auf ihren Höfen wohnen und von den Erträgen leben, sie waren aber ihrem Herrn zur Treue verpflichtet. Sie mussten Abgaben und Dienste für ihn entrichten.

Ein Höriger durfte seinen Hof nur noch mit Erlaubnis seines Herrn verlassen. Auch einer Eheschließung musste der Grundherr zustimmen.

Die Organisation der Grundherrschaft

Die ländlichen Güter eines Grundherren lagen oft sehr weit verstreut. Um sie besser verwalten zu können, setzte der Grundherr einen Verwalter ein, der Meier genannt wurde. Er führte über mehrere Bauernhöfe die Aufsicht. Jedes Jahr mussten die Bauern bestimmte Abgaben und Dienste an den Grundherrn leisten.

Auf dem Herrenhof arbeiteten auch *Leibeigene. Das waren meistens Knechte und Mägde, die keine Rechte hatten.

❶ Erklärt mit dem Text, dem Schaubild 2 und Bild 1, wie die Grundherrschaft funktionierte.
▶ *Der Hörige bestellte die Felder und … . Der Meier …, der Grundherr … .*
❷ Berichtet über die Vor- und Nachteile der Grundherrschaft für einen Bauern.

Bauer Widrad und das Kloster Prüm

In welchem Umfang die hörigen Bauern Abgaben und Dienste leisteten, erfahren wir aus einem Bericht des Klosters Prüm in der Eifel. Zu diesem Kloster gehörten auch 30 hörige Bauern in Rommersheim. Einer dieser Bauern war Widrad.

Q1 Der Abt des Klosters Prüm schrieb im Jahr 893:

... Widrad gibt an das Kloster jedes Jahr einen Eber, ein Pfund Garn, drei Hühner, 18 Eier. Er fährt fünf Wagenladungen von seinem Mist auf unsere Äcker, bringt fünf Bündel Baumrinde für die Beleuchtung und fährt zwölf Wagenladungen Holz zum Kloster. Dieses Holz dient im Winter zum Heizen. Ferner liefert Widrad dem Kloster jährlich 50 Latten und 100 Schindeln für Dachreparaturen. Sein Brot bäckt Widrad in unserem Backhaus, und das Bier braut er in unserem Brauhaus. Hierfür zahlt er an das Kloster eine Gebühr. Eine Woche in jedem Jahr verrichtet er den Hirtendienst bei unserer Schweineherde im Wald. Er bestellt drei *Morgen Land, das ganze Jahr hindurch, jede Woche drei Tage. Das bedeutet: Er muss bei der Einzäunung unserer Äcker und Weiden helfen, zur rechten Zeit pflügen, säen, ernten und die Ernte in die Scheune bringen. Bis zum Dezember, wenn das Getreide gedroschen wird, muss er es zusammen mit anderen Hörigen bewachen, damit es nicht von Brandstiftern angezündet wird ...Wenn Widrad 15 Nächte den Wachdienst verrichtet, das Heu geerntet und auf unseren Äckern gepflügt hat, erhält er in einem guten Erntejahr Brot, Bier und Fleisch; in anderen Jahren erhält er nichts ... Die Frau Widrads muss leinene Tücher aus reinem Flachs anfertigen, acht *Ellen lang und zwei Ellen breit. Sie fertigt daraus Hosen für die Mönche an ...

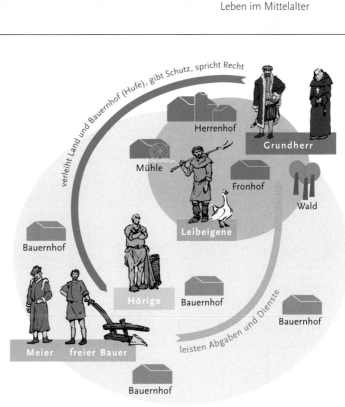

Herrenland

verliehenes Land (Hufenland)

2 – Abhängigkeitsverhältnis zwischen Bauer und Grundherr. Schaubild.

❸ 🔲 Einen Überblick über Abgaben und Dienste eines hörigen Bauern erhaltet ihr, wenn ihr mit Q1 folgende Tabelle erstellt:

Jährliche Abgaben	Frondienste	Weitere Leistungen
...	...	...
...	...	...

❹ 🔲 Versetzt euch in die Lage Widrads und seiner Frau. Notiert, welche Abgaben und Dienste ihr als besonders hart empfunden hättet.

* Morgen
Altes Flächenmaß. Ursprüngluch eine Fläche, die mit einem Pferde- oder Ochsenpflug an einem Vormittag pflügbar war.

* Elle
Altes Längenmaß. Benannt nach der Länge des Unterarmknochens Elle.

Wahlaufgaben

Ⓐ 🔲 Zwei freie Bauern, die wieder in den Krieg ziehen sollen, unterhalten sich. Der eine Bauer möchte sich in die Abhängigkeit des Grundherrn begeben, der andere frei bleiben ...

Ⓑ 🔲 Erarbeitet mithilfe der Informationen dieser Seite eine Mindmap zum Thema „Grundherrschaft".

▶ Nehmt die Methoden „Eine Mindmap erstellen" oder „Ein Cluster erstellen" von S. 245 zu Hilfe.

Wie lebte die Bevölkerung auf dem Land?

1 – Die Arbeit des Bauern in den zwölf Monaten eines Jahres. Die Bilder verlaufen von links oben (Januar) nach rechts unten (Dezember). Das Bild für den Monat Mai zeigt einen Jäger auf seinem Pferd. Dieser Monat stellt die Zeit der Jagd dar. Aus einer französischen Handschrift, um 1480.

✻ Dreschen
Herauslösen der Körner
aus den Ähren.

Die Arbeiten der Bauern

❶ ▶ Bild 1 zeigt, welche Arbeiten die Bauern im Laufe eines Jahres verrichteten. Beschreibt die Tätigkeiten, die ihr erkennt.

❷ ▶ Legt eine Tabelle an: Schreibt in die linke Spalte alle Monate von Januar bis Dezember. Ordnet dann in der rechten Spalte die folgenden Tätigkeiten den jeweils richtigen Monaten zu: Schlachten eines Schweins – Schneiden der Weinreben – Grasernte mit der Sense – Hacken des Bodens – ✻Dreschen des Getreides – Schweine werden zur Eichelmast in den Wald getrieben – Umgraben des Bodens – Scheren der Schafe – Schneiden des Getreides – Aussaat des Wintergetreides – Jagd – Weinernte/Stampfen der Trauben

❸ ▶ Fasst mithilfe der Tabelle aus Frage 2 zusammen, was ihr über das Leben der Bauern im Mittelalter sagen könnt.

Der Alltag der Bauernfamilien

Die Bauern mussten hart arbeiten, damit ihre Familien überleben konnten. Deshalb mussten sie immer so viel erzeugen, dass nach Leistung der Abgaben an den Grundherrn genug zu essen übrig blieb. Jeder Hagelschlag und jede Missernte bedeuteten eine ernste Bedrohung für ihre Ernährung. Die Arbeitszeit wurde durch die Jahreszeit bestimmt. Sobald es hell wurde, stand man auf, also im Sommer zwischen vier und fünf Uhr. Die Mahlzeiten bestanden aus Brot, Haferbrei oder gekochtem Gemüse. Zu trinken gab es dünnen Wein, *Molke oder einfaches Bier. Sobald es dunkel wurde, ging man schlafen.

Alle müssen mit anpacken

M1 Der Historiker Hans-Werner Goetz schrieb über die Arbeit der Bäuerinnen:
… Neben der Hilfe bei Heu- und Getreideernte verrichteten sie eine Fülle von Tätigkeiten in Haus, Garten und Feld, wie Dreschen des Korns, Versorgung des Groß- und Kleinviehs, Weiterverarbeitung der Milch und Schlachten von Haustieren. Zu den üblichen Arbeiten der Frau im bäuerlichen Haushalt gehörten die Betreuung des Herdfeuers, die Zubereitung der Speisen und die Anlage von Vorräten.
– Typisch weibliche Tätigkeiten waren die Verarbeitung von Hanf und Flachs und das Spinnen und Weben von Leinen. Harte … Arbeit vom Morgen bis zum Abend bestimmte den Alltag der Bäuerin …

Arbeit von klein auf

Die Kinder der Bauern konnten nicht lesen und schreiben, aber dafür lernten sie, was für das Überleben der Bauernfamilie wichtig war: Schon mit fünf oder sechs Jahren mussten sie kleinere Arbeiten erledigen, zum Beispiel Kühe und Schweine hüten oder Holz und Beeren sammeln. Wenn sie

2 – Arbeiten auf einem Bauernhof. Buchmalerei, um 1515.

älter waren, mussten sie auf dem Acker helfen. Mit ungefähr zehn Jahren konnten sie schon gut mit Haustieren und Ackergeräten umgehen. Wurden die Eltern krank oder alt, übernahmen die Kinder deren Tätigkeiten.

4 ⬛ Erläutert mithilfe von M1 und den Abbildungen 1 und 2 den Satz: „Für die bäuerliche Lebensgemeinschaft war die Arbeit der Bäuerin besonders wichtig."

5 ⬛ Ein kleines Mädchen in einem Dorf erzählt von seinem Alltag.
▶ *Ich lebe in einem kleinen Dorf mit nur 250 Einwohnern. Hier muss jeder mitarbeiten, damit wir genug zum Leben haben. Schon frühmorgens …*

* **Molke**
Molke ist ein Restprodukt bei der Käseherstellung. Sie besteht zum größten Teil aus Wasser, zu einem geringen Teil noch aus Michzucker. Sie enthält wenig Fett, aber viele Vitamine und Mineralstoffe.

Wahlaufgaben

A ⬛ Die 12-jährige Anna ist Tochter eines mittelalterlichen Bauern. Beschreibt aus ihrer Sicht einen Tag in ihrem Leben.

B ⬛ Vergleicht den Arbeitsalltag und das Familienleben der mittelalterlichen Bauern mit eurem heutigen Alltag. Stellt Gemeinsamkeiten und Unterschiede in einer Tabelle gegenüber.

Leben im mittelalterlichen Dorf

Schauplatz  Geschichte

Im Mittelalter lebten die meisten Menschen von der Landwirtschaft. Nur wenige Bauerndörfer hatten mehr als 200 Einwohner.

Wahlaufgaben

A ◧ Wandert mit den Augen durch das Bild und beschreibt das Dorf und die Umgebung.

▶ *Im Vordergrund sieht man die Mühle ..., auf der Wiese ..., im Hintergrund das ...*

B ◧ Erzählt mithilfe des Bildes vom Leben der Menschen im mittelalterlichen Dorf.

C ◧ Über die bäuerliche Bevölkerung des Mittelalters heißt es: „Die Menschen erwarteten Schutz, Nahrung und Seelenheil." Erarbeitet, wo dies im Bild zum Ausdruck kommt.

Wie bekam man mehr Menschen satt?

	Feld 1	Feld 2			Feld 1	Feld 2	Feld 3
1. Jahr	Getreide	Brache		**1. Jahr**	Wintergetreide	Sommergetreide	Brache
2. Jahr	Brache	Getreide		**2. Jahr**	Sommergetreide	Brache	Wintergetreide
3. Jahr	Getreide	Brache		**3. Jahr**	Brache	Wintergetreide	Sommergetreide

1 – Von der Zweifelder- zur Dreifelderwirtschaft. Schaubild.

Im frühen Mittelalter löste der Räderpflug mit eiserner Pflugschar den Hakenpflug, der den Boden nur aufreißen konnte, ab.

Durch die wachsende Bevölkerung entstehen neue Probleme

Geschichtswissenschaftler schätzen, dass um das Jahr 650 etwa 9 Millionen Menschen in Europa lebten. Die Bevölkerungszahl war um 1340 jedoch auf etwa 50 Millionen Menschen in Europa angestiegen.

Um so viele Menschen zu ernähren, benötigte man neue Anbaumethoden und Geräte. Für die Ernährung der Menschen war der Getreideanbau am wichtigsten. Deshalb stand er im Mittelpunkt der bäuerlichen Arbeit.

Rinder und später auch Pferde – dienten als Zugtiere und lieferten den Dünger für die Felder. Die Bauern hielten Schweine für ihre Versorgung mit Fleisch.

Die Dreifelderwirtschaft

Jahrhundertelang bearbeiteten die Bauern ihre Äcker immer auf die gleiche Art: Sie teilten ihr Land in zwei gleich große Teile. Die eine Hälfte wurde von ihnen beackert, die andere ließen sie unbearbeitet liegen. Der Boden konnte sich auf der brachliegenden Hälfte erholen. Die Ernteerträge dieser Zweifelderwirtschaft waren häufig sehr gering. Sie reichten kaum zur Ernährung der Bevölkerung aus.

Seit dem 9. Jahrhundert setzte sich langsam in ganz Europa eine neue Art der Bodennutzung durch: Die Bauern teilten ihre Ackerfläche jetzt in drei gleich große Teile ein. Ein Feld bestellte man mit Wintergetreide (Weizen, Roggen oder Gerste), das zweite mit Sommergetreide (Hafer, Gerste), und das dritte diente als Weide für das Vieh. Die Dreifelderwirtschaft brachte den Bauern große Vorteile:

– Das Feld, das nicht bearbeitet wurde, konnte sich erholen. Da das Vieh darauf weidete, wurden es gleichzeitig gedüngt.

– Die Arbeiten des Pflügens, Säens und Erntens konnten gleichmäßiger über das ganze Jahr verteilt werden.

– Die Getreideerträge fielen höher aus.

– Zwei verschiedene Saaten boten größere Sicherheit gegenüber Unwettern.

❶ 🔲 Beschreibt mithilfe von Schaubild 1 die Veränderungen von der Zwei- zur Dreifelderwirtschaft.

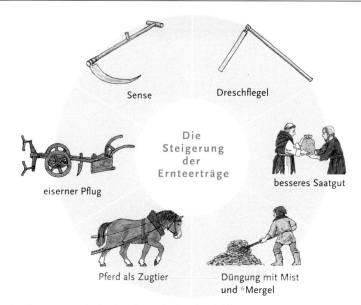

Die Steigerung der Ernteerträge

Sense

Dreschflegel

besseres Saatgut

Düngung mit Mist und *Mergel

Pferd als Zugtier

eiserner Pflug

2 – Neuerungen in der Landwirtschaft. Schaubild.

	um 800	um 1200
Aussaat	100	100
Ertrag	z.B. 100 50	100 100 100
Nach Abzug der Saatmenge für das neue Jahr bleiben für den Verbrauch:	50	100 100

3 – Das Verhältnis zwischen Aussaat und Ernteertrag bei der Getreideernte in Kilogramm um 800 und um 1200. Schaubild.

Neue Arbeitsgeräte und Techniken

Mit dem neuen Räderpflug konnte der Boden stärker aufgelockert werden. Die im Boden befindlichen Nährstoffe gelangten leichter nach oben zu den Pflanzen.
Im 8. Jahrhundert wurde für die Pferde das Kummet, ein gepolsterter versteifter Halsring, entwickelt. Er übertrug die Zuglast auf die auf die Schulterblätter der Pferde und erhöhte so die Zugkraft auf das Vier- bis Fünffache. Aber lange Zeit blieb das Pflügen mit Rindern der Normalfall, da Rinder weniger Futter als Pferde benötigten und auch als Schlachtvieh dienten. Zu einem verstärkten Einsatz von Pferden in der Landwirtschaft kam es erst im 12. Jahrhundert. Das Dreschen des Korns wurde durch den Einsatz von Dreschflegeln einfacher und ergiebiger. Zuvor war das Korn mit einem Stock ausgeschlagen oder durch Tiere oder Menschen ausgetreten oder ausgestampft worden. Erst im 19. Jahrhundert wurde der Dreschflegel in Mitteleuropa von der Dreschmaschine abgelöst.

❷ Erstellt eine Tabelle zu Schaubild 2. In die linke Spalte tragt ihr ein, welche Neuerungen in der Landwirtschaft eingeführt wurden; in der rechten Spalte nennt ihr die dadurch erzielten Verbesserungen.

Neuerungen	Verbesserungen
...	...

❸ Untersucht mithilfe von Schaubild 3, wie sich das Verhältnis zwischen Aussaat und Ernteertrag zwischen 800 und 1200 veränderte. Was bedeutete das für die Menschen?

❹ Erkundigt euch bei einem Landwirt, wie heute das Verhältnis zwischen Aussaat und Ernteertrag ist.

Die Sense ersetzte im 11. Jahrhundert die Sichel. Mit der Sense konnten die Bauern rascher ernten und die Getreidehalme tief unten abschneiden. Übrig blieben nur kurze Stoppeln. Der Halmschnitt brachte Winterfutter für die Stalltiere.

✳ **Mergel**
Gestein aus Ton und Kalk, verbessert vor allem Sandböden.

Wahlaufgaben

Ⓐ Erstellt ein Lernplakat zur Frage „Wie bekommt man mehr Menschen satt?"
▶ *Nehmt die Methoden auf S. 242 „Wir erstellen ein Lernplakat" auf S. 245 und „Tipps beim Plakate- und Folienerstellen" zu Hilfe.*
Ⓑ Entwerft zu einer der Verbesserungen in der Landwirtschaft ein Werbeplakat.

Leben auf der Burg

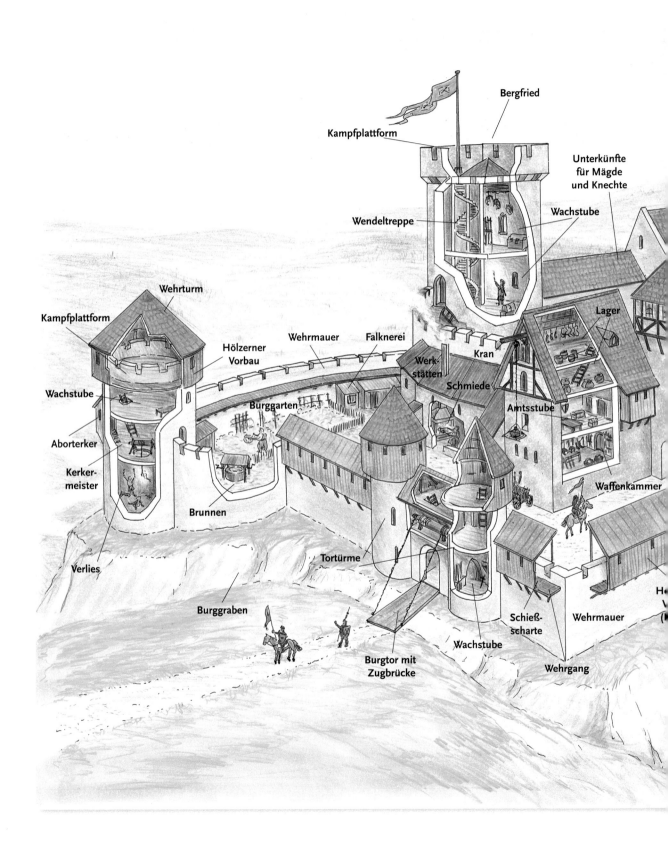

Kampfplattform

Bergfried

Wendeltreppe

Unterkünfte für Mägde und Knechte

Wachstube

Wehrturm

Kampfplattform

Wachstube

Aborterker

Kerkermeister

Verlies

Hölzerner Vorbau

Wehrmauer

Falknerei

Kran

Lager

Werkstätten

Schmiede

Amtsstube

Burggarten

Brunnen

Waffenkammer

Tortürme

Burggraben

Schießscharte

Wehrmauer

Wachstube

Burgtor mit Zugbrücke

Wehrgang

Schauplatz Geschichte

Wehrturm

Wohnräume des Burgherrn und seiner Familie

Palas

Großer Saal

Kamin

Brennholzlager

Brunnen

Plumpsklo

Spüle

Keller

Küche

Kapelle

Abfluss

Pferde-stall

...orturm zur ...uptburg mit ...Fallgitter

Burgen waren sehr unterschiedlich ausgebaut. Hier seht ihr ein Modell einer idealen Burg, die es in Wirklichkeit so nicht gegeben hat.

❶ ▣ Seht euch die Burg an und erzählt, was ihr über folgende Gebäudeteile aus dem Bild erfahrt.
– Burgtor mit Zugbrücke
– Palas
– Wehrturm
– Bergfried
– Kemenate
– Brunnen
– Mauer
– Kapelle

Wahlaufgaben

Ⓐ ▣ Ihr seid Reporter eines bekannten Fernsehsenders und wollt Jugendliche für den Besuch einer Burg begeistern.
▶ *Schon von Weitem sieht man die Burg hoch oben auf dem Felsen. Als Erstes erkennt man ...*

Ⓑ ▣ Ein Adliger will eine Burg bauen. Schreibt mithilfe des Bildes einen kurzen Text, in dem der Adlige seinem Baumeister erklärt, welche Räume er unbedingt braucht.

Warum wurden Burgen gebaut?

1 – Burg Altena im Sauerland. Die Burg wurde im 12. Jahrhundert gebaut. Luftbild, 2010.

2 – Burg Vischering in Lüdinghausen. Foto, 2010.

3 – Burg Eltz, Eifel. Foto, 2013.

Burgen haben eine Aufgabe

Im 12. Jahrhundert gab es im Deutschen Reich über 19 000 Burgen. Sie dienten alle denselben Zwecken:

- Sie waren Herrschaftszentrum für eine bestimmte Region.
- Sie dienten in Kriegszeiten zur Verteidigung und als Fluchtburgen für die Bevölkerung.
- Sie waren Wohnsitze der Burgherren und
- ein Zeichen ihrer Macht.

Die auf den Bergen errichteten Burgen heißen Höhenburgen. Im flachen Gelände Norddeutschlands entstanden aber auch viele Wasserburgen, umgeben von einem See oder künstlich angelegten Wassergräben.

❶ ▣ Gebt die im Text aufgeführten Funktionen einer Burg mit euren Worten wieder.

▶ *Die Burg diente der Verteidigung. Das heißt, das ... Dafür musste man ...*

Q1 Der Ritter Ulrich von Hutten schrieb über sein Leben auf der Burg Steckelberg:

... Die Burg selbst, mag sie auf dem Berg oder im Tal liegen, ist nicht gebaut, um schön sondern um fest zu sein. Sie ist von Wall und Graben umgeben und innen eng, da sie durch die Stallungen für Vieh und Herden versperrt wird. Daneben liegen die dunklen Kammern, angefüllt mit Pech, Schwefel und dem übrigen Zubehör der Waffen und Kriegswerkzeuge. Überall stinkt es, dazu kommen die Hunde mit ihrem Dreck ... Reiter kommen und gehen, unter ihnen sind Räuber, Diebe und Banditen. Denn fast für alle sind unsere Häuser offen, entweder, weil wir nicht wissen, wer ein jeder ist, oder weil wir nicht weiter danach fragen. Man hört das Blöken der Schafe, das Brüllen der Rinder, das Hundegebell, das Rufen der Arbeiter auf dem Feld, das Knarren und Rattern von Fuhrwerken und Karren. Ja wahrhaftig, auch das Heulen der Wölfe wird am Haus vernehmbar, da der Wald so nahe ist. Der ganze Tag, vom frühen Morgen an, bringt Sorge und Plage, beständige Unruhe und dauernder Betrieb. Die Äcker müssen gepflügt und gegraben werden; man muss eggen, säen, düngen, mühen und dreschen. Es kommt die Ernte und Weinlese. Wenn es dann einmal ein schlechtes Jahr gewesen ist, wie es bei jener Magerkeit häufig geschieht, so tritt furchtbare Not und Bedrängung ein. Bange Unruhe und tiefe Niedergeschlagenheit ergreifen alle ...

4 – Angriff auf eine Burg. Aus der Manessischen Handschrift, um 1300.

Das Herrenhaus war das größte und schönste Gebäude. Hinzu kamen in noch viele andere Gebäude: Wohnräume für Knechte und Mägde, Stallungen und Scheunen. Es war kalt und zugig.
Auf keinen Fall durfte eine Kapelle für den Gottesdienst und kirchliche Feste fehlen. Um nicht an Wassernot zu leiden, legte man bis zu 80 m tiefe Ziehbrunnen an. Umgeben war die gesamte Anlage von einem Wall und einer Ringmauer mit Wehrgängen und Türmen, die Schutz vor Angriffen und Überfällen boten.

❷ ▣ Das Leben auf einer Burg war keineswegs luxuriös. Erklärt diese Behauptung mithilfe von Q1 und des Textes.

Wahlaufgaben

ⒶⓏ Sammelt Bilder von Burgen aus der näheren Umgebung und stellt eine „Burgenkarte" her. Vergleicht sie mit der Zeichnung auf der vorherigen Seite. Was ist anders oder gleich, was ist im Laufe der Zeit zerfallen?

Ⓑ▣ Informiert euch über eine Burg mithilfe des Internets genauer und verfasst einen Kurzvortrag.
▶ *Berücksichtigt dabei die Lage, ihren Zweck, Befestigung und die Räume.*

Webcode: EV650521-195

Was mussten Ritter können?

1 – Ritter zu Pferd. Buchmalerei, 14. Jahrhundert.

❶ ▣ Beschreibt die Bilder 1 und 2 und schildert, was die Ritter auf den Bildern tun.

Ritter

Ritter waren reiche Adlige. Für die Kämpfe, die sie z. B. für den König führten, brauchten sie eine teure Ausrüstung. Allein ein Streitpferd hatte den Wert eines mittleren Bauernhofes. Nur Adlige, die einen großen Besitz und hohe Einnahmen hatten, konnten auch Ritter sein.

Was ein Ritter können musste

Q1 Aus einem Text Anfang des 15. Jahrhunderts:
... Zu einem vollkommenen Ritter gehört, dass er gut reiten, schnell auf- und absitzen, gut traben, rennen und wenden kann. Zum Zweiten muss er schwimmen ... Zum Dritten muss er mit Armbrust und Bogen schießen können ... Zum Vierten muss er auf Leitern klettern können, wenn es nötig ist, wie etwa im Kriege, auch an Stangen und Seilen. Zum Fünften muss er wohl *turnieren können, streiten und stechen und recht und redlich im Zweikampf bestehen. Zum Sechsten muss er zu Abwehr und Angriff

ringen können, auch weit springen und mit der Linken ebenso gut fechten wie mit der Rechten. Zum Siebten muss er bei Tische aufwarten können, tanzen und hofieren, auch Schach zu spielen verstehen und alles, was ihm zur Zierde gereicht ...

❷ ▣ Erstellt mithilfe Q1 eine Liste der Fertigkeiten, die von einem Ritter erwartet wurden.

❸ ▣ Notiert, bei welchen Gelegenheiten der Ritter diese Fertigkeiten brauchte.

Ausbildung zum Ritter

Die Erziehung zum Ritter begann mit dem siebten Lebensjahr. Viele adlige Jungen wurden zur Ausbildung an den Hof eines anderen Ritters geschickt. Dort lernten sie als *Page zunächst höfisches Benehmen, d. h., ein Betragen, wie es an einem Adels- oder Königshof üblich war, vor allem das Benehmen bei Tisch.

*turnieren/Turnier
Mittelalterliches Kampfspiel der Ritter zu Pferd.

*Page
Knabe im Dienst eines Adligen.

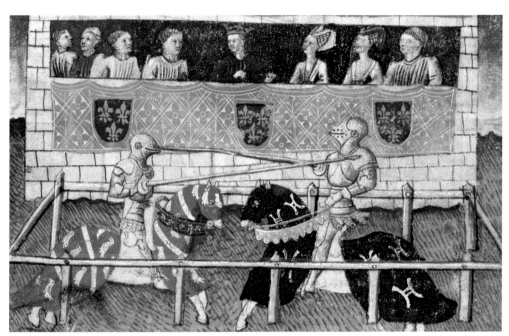

2 – Ein Ritterturnier. Buchmalerei für den Herzog von Burgund, um 1470.

Schreiben und Lesen musste ein zukünftiger Ritter nicht können. In der Ausbildung lernte er, auf die Jagd zu gehen und den Umgang mit Waffen. Mit 14 Jahren erhielt der Page ein Schwert. Als Knappe trug er nun Speer und Schild des Lehrmeisters und bediente ihn beim Essen.

Mit 21 Jahren wurde der Knappe in einer Feier, die Schwertleite hieß, zum Ritter geschlagen.

❹⬛ Berichtet, was ein künftiger Ritter alles lernen musste.

Auf dem Turnierplatz

Nach dem Ritterschlag durfte der junge Ritter erstmals als Kämpfer an einem Turnier teilnehmen. Als Berufskrieger musste er sich ständig in der Beherrschung seiner Waffen üben. Diesem Zweck dienten die Turniere. Sie waren aber zugleich prächtige und aufwändige Feste der ritterlich-höfischen Gesellschaft. Siege im Turnier galten als ebenso ehrenhaft wie Siege im Krieg.

Deshalb waren Turnierplätze genauso wie Kriegsschauplätze Orte, an denen Ritter ihr Können und ihre Tapferkeit zeigen konnten. Beim Zweikampf kam es darauf an, dass der gepanzerte Ritter beim Aufeinandertreffen im schärfsten Galopp seinen Gegner mit der 3,70 m langen Stechlanze aus dem Sattel hob.

Der Turnierplatz war durch Schranken abgetrennt. Dahinter drängten sich die Zuschauer. Besonders junge Ritter versuchten mit ihren Kämpfen die vornehmen und adlige Damen, die auf der Tribüne saßen, zu beeindrucken.

❺⬛ Nennt Gründe, warum Turniere für die Ritter wichtig waren.

Wahlaufgaben

Ⓐ✖ Ein Knappe begleitet seinen Herrn zum ersten Mal zu einem Turnier. Nach Hause zurückgekehrt, berichtet er davon. Nutzt die Bilder und den Text.

▶ *Nehmt die Methode auf S. 142/143 „Eine Erzählung verfassen" zu Hilfe.*

Ⓑ✖ Findet heraus, was folgende Redensarten aus der Rittersprache heute bedeuten: „Fest im Sattel sitzen", „Böses im Schilde führen", „sich die Sporen verdienen", „sich aufs hohe Ross setzen".

Was mussten adlige Frauen können?

Die Erziehung adliger Mädchen

Die Töchter der Ritter wurden so ausgebildet, dass sie auf ihr zukünftiges Leben als Ehefrau eines Ritters vorbereitet waren. Sie lernten nützliche Handarbeiten wie Spinnen, Nähen und Sticken. Auch die Aufgaben einer zukünftigen Burgherrin mussten sie beherrschen. Eine Burgherrin hatte sich um die Hauswirtschaft der ganzen Burg zu kümmern; so musste von ihr und ihren Mägden z. B. alle Kleidung selbst genäht werden. Adlige Mädchen erlernten auch Lesen und Schreiben, manche beherrschten sogar Fremdsprachen (Französisch). Auch der Gesang und das Spielen eines Musikinstrumentes gehörten zur Ausbildung.

1 – Frau beim Hanfschlagen (Zusammendrehen verschiedener Hanffasern zu einem Seil). Buchmalerei, 14. Jahrhundert.

2 – Schreiberin (rechts im Bild) des Minnesängers Reinmar von Sweter. Im Minnesang wurde die Liebe zur adligen Frau von fahrenden Sängern (Troubadoure) besungen. Buchmalerei, 14. Jahrhundert.

Die adlige Frau in der Gesellschaft

Diese umfassende Erziehung und Ausbildung waren auch Voraussetzung und Grundlage für die gesellschaftliche Stellung adliger Frauen. Früh entschieden die Eltern, wen ein Mädchen heiraten sollte. Heiraten dienten überwiegend der Sicherung von Einfluss und Macht sowie der Vergrößerung des Besitzes einer adligen Familie.

Die adligen Frauen unterstanden der Vormundschaft des Vaters oder des Ehemannes. Lange Zeit galt das Wort der adligen Frauen vor Gericht nichts, da nur der Schwur eines Mannes vor Gericht anerkannt wurde. Als Herrin eines Hofes konnten sie aber Befehle erteilen und Entscheidungen treffen, die von den Untergebenen ohne Einschränkung befolgt wurden. Falls es in einer adligen Familie keine männlichen Nachkommen gab, konnten adlige Frauen Rechte und Pflichten wie ein Mann übernehmen. In diesem Falle verwalteten sie den Besitz, hielten Gericht und stellten sogar im Kriegsfall Truppen auf.

ent tdecken

3 – Hildegard von Bingen mit ihrem Sekretär, dem Mönch Volmar. Sie erhält eine göttliche Botschaft (verdeutlicht durch den roten Strom von oben), die von ihr und dem Mönch aufgeschrieben wird. Buchmalerei, um 1220.

Hildegard von Bingen

Hildegard von Bingen (1098 – 1179) wurde als zehntes Kind eines Adligen in einem Kloster erzogen, in dem sie dann auch als Nonne blieb. Als Äbtissin gründete sie die Abteien der Benediktinerinnen Rupertsberg bei Bingen und Eibingen bei Rüdesheim.

Bereits als Kind soll sie Erscheinungen gehabt haben, in denen Gott ihr Botschaften mitteilte. Sie verfasste neben theologischen auch zahlreiche naturwissenschaftliche und medizinische Schriften, die ihren Ruhm als Naturforscherin und Ärztin bis heute begründen.

Elisabeth von Thüringen

Elisabeth von Thüringen (1207 – 1231) gehörte zu den bekanntesten Frauen der Ritterzeit. Die Tochter des ungarischen Königs Andreas II. wurde schon als Baby mit dem Thüringer Landgrafen verlobt und wuchs ab dem vierten Lebensjahr am Hof ihres künftigen Ehemannes auf der Wartburg auf. Mit 14 Jahren heiratete sie den Landgrafen. Nach dem Tod ihres Mannes wurde sie von missgünstigen Verwandten von der Burg vertrieben. Ihr Leben widmete sie ganz der Fürsorge und Pflege von armen und kranken Menschen. Nach ihrem frühen Tod mit 24 Jahren wurde sie heilig gesprochen. Für viele Frauenklöster diente Elisabeths Tätigkeit als Vorbild.

Wahlaufgaben

Bildet Gruppen und wählt aus den folgenden Themen eines aus. Für alle Themen könnt ihr euch mithilfe des Webcodes zusätzliche Informationen beschaffen.

A-Gruppe: „Erziehung adliger Mädchen"
❶ ◼ Beschreibt die Ausbildung eines adligen Mädchens.
❷ ◼ Vergleicht diese Ausbildung mit der eines adligen Jungen.

B-Gruppe: „Die Stellung der adligen Frau in der mittelalterlichen Gesellschaft"
❸ ◼ Erläutert die Stellung der adligen Frau in der mittelalterlichen Gesellschaft.
❹ ◼ Untersucht die Bilder 1 und 2 und nennt die Voraussetzungen, die Frauen erfüllen mussten, um diese Tätigkeit auszuüben.
▶ *Nehmt die Methode auf S. 74/75 „Wir untersuchen Bilder" zu Hilfe.*

C-Gruppe: „Lebensgeschichten"
❺ ◼ Berichtet über das Leben von Hildegard von Bingen oder über das Leben von Elisabeth von Thüringen.

4 – Die Mildtätigkeit der heiligen Elisabeth. Miniatur von Nikolaus Glockendon, um 1529/1530.

Webcode: EV650521-199

Methode

Eine Sachquelle untersuchen

Fast überall, vor allem aber in Museen und Ausstellungen, findet ihr Sachquellen, auch gegenständliche Quellen genannt. Sie sind neben Text- und Bildquellen die wichtigste und größte Gruppe historischer Überreste. Zu unterscheiden sind bewegliche Objekte, wie Werkzeuge, Einrichtungsgegenstände, Geld und Abzeichen, und ortsfeste Objekte, wie Gebäude.

Nicht alle der unten aufgeführten Fragen lassen sich bei der Untersuchung einer Sachquelle beantworten, da die hierzu nötigen Informationen oft fehlen.

Diese Schritte helfen euch, eine Sachquelle zu untersuchen:

Schritt 1 **Die Sachquelle beschreiben**	■ Wie sieht das **Objekt** aus? Aus welchen Teilen besteht es? ■ Aus welchen **Materialien** ist es hergestellt? ■ Gibt es Verzierungen oder Inschriften (z. B. bei Münzen)?
Schritt 2 **Die Funktion der Sachquelle erkunden**	■ Wozu wurde das Objekt genutzt? ■ Welche Hinweise ergeben sich aus ihm selbst? ■ Welche Hinweise liefert die Bildlegende (bzw. die Beschriftung im Museum)? ■ Welche **weiteren Informationen** sind zu bekommen (z. B. im Museum, aus Sachbüchern, Internet)?
Schritt 3 **Die geschichtliche Bedeutung der Sachquelle erschließen**	■ Welche Rückschlüsse lässt die Sachquelle auf das Leben, Arbeiten und Wohnen der Menschen in jener Zeit zu? ■ Wie ist die Sachquelle **zeitlich** einzuordnen?

❶ ■ Untersucht mit den drei Arbeitsschritten eine der Sachquellen auf Seite 201 (Bild 2 oder Bild 3).

❷ ■ Besucht euer Heimat- oder Stadtmuseum und bearbeitet mit dieser Methode eine dort ausgestellte Sachquelle aus der Zeit des Mittelalters.

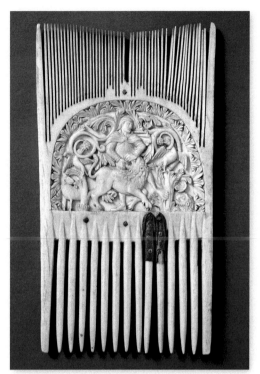

Lösungsbeispiel zu Bild 1

Zum Schritt 1: Zu sehen ist eine kleine bewegliche Figur auf einem hölzernen Sockel. Auf dem Kopf und im oberen Bereich trägt die Figur eine eiserne Rüstung, die aus acht Teilen besteht, die durch eine Art Nägel miteinander verbunden sind. Der Kopf der Figur ist durch einen großen Helm verdeckt, der nur einen breiten Sehschlitz offen lässt. Die Rüstung ist durch Gravuren an den äußeren Rändern und im Bereich des Helmes verziert.

Zum Schritt 2: Die Bildlegende gibt Auskunft darüber, dass es sich um ein Kinderspielzeug handelt, das nur 28 cm hoch ist. Aus der Legende geht auch hervor, dass der untere Teil der Rüstung und das Pferd, die zu dieser Spielzeugfigur gehörten, verloren gegangen sind. Die Figur stammt aus der ersten Hälfte des 16. Jahrhunderts.

Zum Schritt 3: Die Figur stammt aus dem ausgehenden Mittelalter und zeigt, dass das Leben der Ritter für Kinder so interessant war, dass sie es mithilfe einer solchen Figur nachspielen wollten. Die Rüstung ist einer echten Ritterrüstung genau nachempfunden und aufwändig verziert. Vermutlich war die Figur sehr teuer, sodass wohl nur wenige reiche Kinder mit einer solchen Figur gespielt haben werden.

1 – Turnierspielzeug. 1. Hälfte 16. Jahrhundert. Eisen, graviert, geätzt, Holz, teilweise farbig. 28 × 9 cm. Diese Gliederpuppe war Teil eines Kinderspielzeuges; die Rüstung ist genau gearbeitet. Das Untergewand und das dazugehörige Pferd sind verloren gegangen.

2 – Zweiseitiger geschnitzter Dreilagenkamm aus Elfenbein (Samson tötet den Löwen). Wahrscheinlich 11. oder 12. Jahrhundert. 11,5 × 6,5 cm.

3 – Schachspielstein mit gepanzerten Reitern im Zweikampf. Elfenbein, Vergoldungen, um 1100, 6,1 × 6,8 x 2,4 cm. Die Darstellung zeigt einen Zweikampf; der linke Kämpfer ist getroffen und lehnt sich fallend zurück. Das Schachspielen war seit dem 9. Jahrhundert in Europa verbreitet.

Gespieltes Mittelalter auf Burg Satzvey

1 – Das Mittelalter erleben auf der Burg Satzvey. Foto, 2003.

2 – Einzug der Ritter mit Burgfräulein. Foto, 2014.

Turnier: jeweils um 15.00 Uhr

Ein erlebnisreicher Tag im Mittelalter, mit großem Ritterturnier, Mittelaltermarkt, alter Handwerkskunst, eindrucksvollen Ritterlagern, Musik und Gaukelei bei den

RITTERFESTSPIELEN
auf Burg SATZVEY

Eintritt: Erwachsene
Gelände 10,00 €

... Ein umfassendes Rahmenprogramm mit großem Ritterlager, mittelalterlichem Markttreiben, Händlern, Spielleuten, Gauklern, Stelzenläufern, Märchenerzählern und Köstlichkeiten aus fernen Landen führt die Besucher zurück in die Zeit des hohen Mittelalters, der Ritter, Minne und Romantik.

Wasserburg Satzvey

Die Wasserburg Satzvey liegt in einem Stadtteil von Mechernich in der Nordeifel. 1396 wurde sie zum ersten Mal in einer Urkunde erwähnt. Seit über 300 Jahren gehört die Burg der Familie des Grafen Beissel von Gymnich.

3 – Die Ritter beim Turnier. Fotos, 2014.

Ritterfestspiele

Die Anlage der Burg mit Brücke, Burghof und Gärten und die Innenräume wie das Burgzimmer oder der Wappensaal vermitteln einen Eindruck vom mittelalterlichen Leben auf einer Burg. Die Burg Satzvey ist aber vor allem für ihre prächtigen Veranstaltungen bekannt. Ritterspiele und mittelalterliche Feste, ziehen viele Touristen an.

M1 Aus dem Ruhr – Guide, einem Onlinemagazin für das Ruhrgebiet im Jahre 2010:

… Rund um die Wasserburg haben stolze Ritter und flinke Bogenschützen ihr Heerlager aufgeschlagen. Unzählige historische Zelte säumen die Burgwiesen, vor denen sich Ritter im Kampfe üben oder Burgfräuleins am offenen Feuer kochen. In den Burghöfen dagegen finden sich die Spielleute und Gaukler, die Handwerker und Marketender. Hier lässt sich alles erstehen, was man sich vorstellen kann: Ritterrüstungen und mittelalterliche Waffen, Gewandungen und Schellenschuhe; eigene Wappen können entworfen werden, Met und historische Speisen werden gereicht oder man kann sich im Badezuber verwöhnen lassen. … Besonders sehenswert ist das Flammenturnier der Ritter. …

❶ Erläutert, warum so viele Menschen von Ritterspielen und heutigen „mittelalterlichen Märkten" begeistert sind.

❷ Befragt eure Mitschülerinnen und Mitschüler, ob sie Lust hätten, ein Ritterfestspiel zu besuchen.

❸ Untersucht die Texte und Bilder dieser Doppelseite und erklärt, wie mit der Geschichte des Mittelalters zum Beispiel auf der Burg Satzvey umgegangen wird.

▶ *Die Geschichte des Mittelalters dient …*

❹ Prüft, ob ihr mit den Informationen aus diesem Kapitel über genügend Informationen verfügt, die Ritterfestspiele beurteilen zu können.

❺ Beurteilt, ob Ritterfestspiele wie diese auf Burg Satzvey ein realistisches Bild vom mittelalterlichen Rittertum zeigen.

▶ *Nehmt die Methode „Ein eigenes Urteil bilden" auf Seite 78/79 zu Hilfe.*

❻ Informiert euch mithilfe des Internets, wo es in NRW weitere Veranstaltungen zum Mittelalter gibt. Informiert die Klasse.

▶ *Nehmt die Methoden „Eine Internetrecherche durchführen" von S. 212/213 und „Im Internet etwas suchen / Mit Suchmaschinen umgehen" von S. 244 zu Hilfe.*

Leben im Kloster

Wie lebten Mönche und Nonnen?

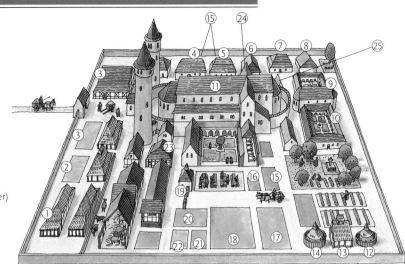

1	Pferde	14	Hühner
2	Schweine	15	Latrinen
3	Gesinde	16	Bad
4	Gästehaus	17	Scheune
5	Schule	18	Handwerkshaus
6	Haus des Abtes	19	Küche
7	Aderlasshaus	20	Brauerei/Bäckerei
8	Ärzte/Apotheke	21	Mühlen
9	Hospital	22	Stampfe (Malzlager)
10	*Noviziat	23	Gästehaus
11	Kirche	24	Bibliothek
12	Gänse	25	Küche
13	Wärter		

1 – Klosterplan von St. Gallen. Rekonstruktionszeichnung nach einem Plan von 820 n. Chr. Das Kloster entwickelte sich in der Mitte des 8. Jh. aus einer Einsiedlerzelle des heiligen Gallus zu einer der bedeutendsten Stätten mittelalterlicher Kultur.

---

* **Noviziat/Novizen und Novizinnen**
Männer und Frauen, die im Kloster leben und prüfen, ob sie Mönche oder Nonnen werden und die Gelübde ablegen wollen.

❶ 🔲 Aus dem Klosterplan könnt ihr die Berufe und Tätigkeiten der Mönche erkennen. Tragt in eine Tabelle ein:

▶	Gebäude und Gebäudeteile	Berufe	Tätigkeiten
	...	...	...

❷ 🔲 Legt eine einfache Skizze des Klosterplans an und kennzeichnet die Bereiche Beten und Arbeiten mit unterschiedlichen Farben. Was wird deutlich?

Leben im Kloster

Seit dem 5. Jahrhundert breitete sich das Mönchtum in Europa aus. Die Mönche lebten, von der Außenwelt durch Mauern abgeschirmt, nach festen Regeln unter der Leitung eines Abtes. Ihr Tagesablauf war durch den Wechsel von Gebet-, Arbeits- und Ruhezeiten bestimmt. Diese Lebensform wurde zum Vorbild für Benedikt von Nursia (480–547) in Italien. Er hatte einige Jahre als Einsiedler gelebt, bevor er 529 auf dem Monte Cassino, in der Nähe von Neapel, ein Kloster gründete.

Die Benediktregel

Frauen und Männer, die in ein Kloster eintreten wollten, mussten sich verpflichten, ohne Besitz zu leben. Sie gelobten, ehelos zu bleiben und dem Abt unbedingt zu gehorchen.

Benedikt gab in 73 Kapiteln klare Anweisungen für das Leben im Kloster. In allen Benediktinerklöstern bestimmten diese Regeln das Leben von Mönchen und Nonnen in ganz Europa vom 6. Jahrhundert an und tun dies auch heute noch.

Q1 Aus den Regeln des heiligen Benedikt:

... 33: Vom Eigentum

Keiner wage es, ohne Erlaubnis des Abtes etwas wegzunehmen oder zu empfangen oder etwas zu Eigen zu besitzen ..., weder Buch noch Tafel, nein, überhaupt nichts ...

„Alles sei allen gemeinsam" (Apostelgeschichte 4,32), wie es in der Schrift heißt, damit keiner etwas als sein Eigentum bezeichnen oder beanspruchen kann. Stellt es sich heraus, dass einer an diesem sehr schlimmen Laster Gefallen findet, werde er einmal und ein zweites Mal ermahnt. Wenn er sich nicht bessert, treffe ihn eine Strafe ...

48: Von der täglichen Handarbeit
Müßiggang ist ein Feind der Seele. Deshalb
sollen sich die Brüder beschäftigen: zu bestimmten Zeiten mit Handarbeit, zu bestimmten anderen Stunden mit heiliger Le-
sung. Wenn die Ortsverhältnisse oder die
Armut fordern, dass sie das Einbringen der
Ernte selbst besorgen, sollen sie deswegen
nicht missmutig werden. Sie sind nämlich
erst wahre Mönche, wenn sie von der Arbeit
ihrer Hände leben ...

66: Von der Anlage des Klosters
Wenn möglich, ist das Kloster so anzule-
gen, dass alles Notwendige, nämlich Wasser, Mühle, Garten und die verschiedenen
Werkstätten, sich innerhalb der Kloster-
mauern befinden. So brauchen die Mönche
nicht draußen umherzulaufen, was für ihre
Seelen durchaus nicht zuträglich ist ...

❸ 🔲 Notiert, was Benedikt von den Mönchen
fordert.
❹ 🔲 Vergleicht die Forderungen mit der
Anlage des Klosterplans von St. Gallen.
Weist nach, dass dieses Kloster den Vorstellungen Benedikts1 entspricht.

Bedeutung der Klöster

Die über 10 000 Klöster waren im Mittelalter
nicht nur Orte des Gebets. So wurde in ihren Bibliotheken das Wissen aus der Antike
und die Kenntnisse der damaligen Zeit gesammelt. Die Handwerksbetriebe der Klöster waren Vorbild für die Region. Die Mönche vermittelten den Bauern in der
Umgebung verbesserte Anbaumethoden
und gaben neue Erkenntnisse zur Viehzucht weiter. Manche Mönche waren Kran-
kenpfleger oder gaben medizinischen Rat.
Ein Abt konnte auch Grundherr sein, dem
die Bauern Abgaben und Dienste leisten
mussten (siehe Seite 184/185).

Ruhe
Gebete
Studium und Arbeit
Mahlzeiten

2 – Tagesablauf in einem mittelalterlichen Kloster nach den Regeln des heiligen Benedikt.

❺ 🔲 Beschreibt mit der Grafik 2 den Tagesablauf eines Mönches, einer Nonne.
❻ 🔲 Notiert Stichpunkte über die Bedeutung
und die Aufgaben eines Klosters im
Mittelalter.

Wahlaufgaben

Ⓐ 🔲 Zeichnet nach dem Vorbild von Grafik 2 euren Tagesablauf auf
und vergleicht.
Ⓑ 🔲 Findet heraus, wo sich in der Nähe eures Schul- bzw. Heimat-
ortes ein Kloster befindet. Erkundigt euch nach dem
Gründungsjahr der Klosteranlage und den Aufgaben des
Klosters heute.

Was leisteten Mönche und Nonnen im Mittelalter?

1 – Mönche beim Gebet. Buchmalerei.

2 – Mönche bei der Ernte. Buchmalerei, 12. Jahrhundert.

☆ **Spelt**
Eine Getreideart, die heute „Dinkel" genannt wird und eng mit dem Weizen verwandt ist.

☆ **ziselieren**
Bearbeitungsform zur Verzierung von Metall, bei der Muster in die Oberfläche getrieben werden.

Die Arbeit der Mönche

M1 **Der Sachbuchautor Otto Zierer beschrieb 1969 in einem Buch, was bei einem Besuch des Herzogs von Bayern im Kloster Tegernsee im Jahr 756 n. Chr. passiert sein könnte:**

... Das Bild der Landschaft hat sich in wenigen Jahren völlig verändert. Früher traf man in diesen endlosen Wald- und Sumpfgebieten nur alle paar Stunden auf ein ärmliches Dorf mit niederen, strohgedeckten Hütten. Jetzt zieht sich eine breite, ausgeholzte Fläche am östlichen Ufer des Sees dahin. Auf den Feldern treiben Mönche die Ochsengespanne; Bauern, die dem Kloster zinspflichtig sind, fällen im nahen Wald die Bäume, andere roden Bäume, und eine Schar von Jungen verbrennt das Astwerk in großen Haufen zu Asche. ...

Der Abt des Klosters führt seine Gäste durch das Klostergebiet: „Wir haben den Ackerbau wesentlich verbessert", erklärt der Abt seinen Gästen. „Vor uns kannte man in dieser Gegend nur ☆Spelt, Hafer und Roggen. Unsere Bruderabtei Bobbio in Norditalien schickte uns vor einigen Jahren mehrere Säcke Sämereien über den Brennerpass. Nicht nur der Weizenanbau ist seitdem ansehnlich gewachsen, auch die Zucht von Edelobst haben wir eingeführt."

... Der Abt weist auf einen lang gestreckten, hölzernen Bau, aus dem Sägen, Hobeln und Hämmern erschallt. „Das ist die Schreinerei", sagt er, „ich habe angeordnet, dass ihre Erzeugnisse zusammen mit anderen Klosterarbeiten im Speisesaal ausgelegt werden."

Der Herzog wendet sich den langen, roh gezimmerten Tischen der Mönche zu, auf denen die Schaustücke bereitliegen. Neben höfischen Kleidern, die eines Königs würdig sind, prunken gestickte Messgewänder mit Gold- und Silberborten; da gibt es wunderbar weich gegerbte Schaftstiefel aus der Klosterschusterei, Zaumzeug aus Holz, Eisen und Kupfer von den Brüdern Werkzeugmachern, Schreinern und Schmieden verfertigt. Wagenräder, Fässer, Truhen mit eingesetzten Bildern, mit Einlagen aus farbigem Holz, aus Metall und Elfenbein, getriebene, ☆ziselierte und gegossene Waffen, Schilde, Helme und vor allem Kelche, Weihegeräte und Schmuck entlocken dem Herzog und seinen Mannen laute Rufe der Bewunderung. „Wer sind die Künstler, die solche Dinge schaffen?", fragt der Herzog erstaunt. „Unsere Mönche kommen aus Franken", antwortet der Abt, „aus Angelsachsen und Italien. Hier im Orden Sankt Benedikts lebt vieles fort, was schon vergessen schien."

Anschließend führt der Abt seinen Gast in die Schreibstube: „Wir erziehen unsere Schreiber zu größter Sorgfalt", bemerkt der Abt, „ein Buchstabe muss wie der andere sein." Ein fleißiger Schreiber liefert von Sonnenaufgang bis Sonnenuntergang nicht mehr als zwei Seiten. Ein besonders kunstvoll gefertigtes Buch stellt manchmal die Lebensarbeit eines Mönches dar. „Man bezahlt es mit einem kleinen Bauerngut." Zum Schluss besuchte der Herzog noch die Klosterschule. Junge Männer, die sich auf ihr Leben im Kloster vorbereiteten, erhielten hier ihre Ausbildung im Lesen, Rechnen und Schreiben. Einige von ihnen würden später am Hof des Königs, bei einem Grafen oder Fürsten als Lehrer oder Schreiber tätig sein. ...

3 – Benediktinerabtei Gerleve bei Coesfeld in Nordrhein-Westfalen. Foto, 2009.

❶ 🖪 „Bete und arbeite." Diese Forderung sollte das tägliche Leben im Kloster bestimmen. Berichtet mithilfe von M1 und Bild 1 und Bild 2, wie diese Forderungen von den Mönchen erfüllt werden.

❷ 🖪 Schreibt mithilfe von M1 und der Bilder einen Text zum Thema: „Mittelalterliche Klöster als wirtschaftliche, religiöse und kulturelle Zentren".

▶ *Im Mittelalter lebten die Menschen verstreut in kleinen Dörfern und Städten. Von neuen Entwicklungen zum Beispiel in der Landwirtschaft oder der Medizin erfuhren sie nur selten. Wenn allerdings ein Kloster in ihrer Nähe gebaut wurde, konnten sie von Mönchen oder Nonnen lernen ...*

Klosterleben heute

Seit mehr als 100 Jahren gib es im westlichen Münsterland das Kloster Gerleve. Ihm gehören derzeit 45 Mönche an. Sie leben nach der Regel des Heiligen Benedikt, ihr Alltag wird von Gottesdienst und Arbeit geprägt. Die Gottesdienste des Klosters werden von zahlreichen Menschen besucht. Die Arbeit der Mönche hat ihre Schwerpunkte in der christlichen Erwachsenenbildung und in der Bildung für Jugendliche. Weiter bietet das Kloster Freizeiten für Familien an. In den Gästehäusern des Klosters werden auch interessierten Jugendlichen, Schulklassen und Erwachsenen zahlreiche Kurse angeboten. Es gibt dabei immer das Angebot, an den Gottesdiensten des Klosters teilzunehmen. Die früher betriebene Landwirtschaft hat das Kloster aufgegeben.

❸ 🖪 Informiert euch (M2) über den Alltag der Mönche im Kloster Gerleve heute. Vergleicht mit dem Tagesablauf der Mönche im Mittelalter (M2, Seite 205).

M2 Tagesablauf im Kloster Gerleve

5.20 Uhr: Gemeinsames Gebet, stille Zeit
7.30 Uhr: Arbeit (werktags)
8.45 Uhr: Gemeinsames Gebet (sonntags 9.45)
9.00 Uhr: Hl. Messe (sonntags 10.00)
9.45 Uhr: Arbeit (an Werktagen)
12.00 Uhr: Gemeinsames Gebet, Mittagessen, Erholung
13.15 Uhr: Gemeinsames Gebet, Mittagspause
14.30 Uhr: Arbeit (werktags)
17.30 Uhr: Gemeinsames Gebet
18.15 Uhr: Abendessen, stille Zeit
19.45 Uhr: Erholung
20.15 Uhr: Gemeinsames Gebet, Nachtruhe

Wahlaufgaben

Ⓐ 🖪 Entwerft eine Mindmap zur Rolle der Klöster im Mittelalter.

Ⓑ 🖪 Die Zahl der Menschen, die einen Teil ihrer Ferien in einem Kloster verbringen, steigt. Entwerft ein Plakat, das zum Kurzurlaub in einem Kloster einlädt.

Die Stadt im Mittelalter

Was unterscheidet die Stadt vom Land?

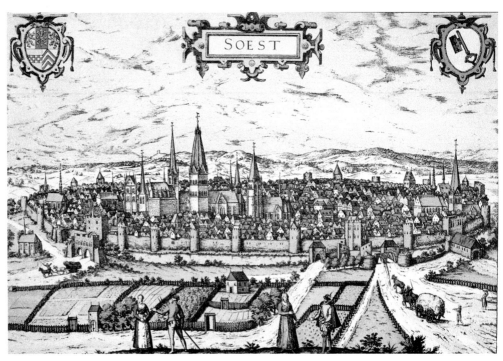

1 – Stadtansicht von Soest. Stich, 1588.

❶ Beschreibt Bild 1. Nennt Merkmale, die eine Stadt von einem Dorf unterscheiden. Vergleicht mit Seite 188/189.

Ein Bauer besucht die Stadt

Im Mittelalter gab es rund 4000 Städte, aber nur 20 Prozent der Bevölkerung lebte innerhalb der Stadtmauern.

M1 Der Historiker Winfried Ackermann schrieb:

... Noch ehe der Tag angebrochen ist, macht sich der Bauer auf den Weg zur Stadt. Heute nimmt er zum ersten Mal seinen Sohn mit. Dieser trägt einen Korb mit Eiern. Über die Schulter hat er sich zwei Hühner gehängt. Der Vater hat in seinem schweren Tragkorb einige Maß Mehl, Butter und noch ein paar Felle. Das Dorf liegt über vier Stunden Fußmarsch von der Stadt entfernt.

Endlich ... sehen sie die Türme der Stadt. „Vater! So viele Türme und Dächer habe ich noch nie gesehen. Jetzt weiß ich, was eine Stadt ist! Wo viele Menschen wohnen, das ist eine Stadt."

„Nein", entgegnet der Vater, „das stimmt nicht ganz. Nicht die Zahl der Menschen ist entscheidend. Der Ort muss eine Mauer, sein eigenes Gericht und sein eigenes Rathaus haben. Dann kann er sich Stadt nennen. Außerdem hat jede Stadt einen Markt. Er befindet sich in der Nähe der großen Stadtkirche und des Rathauses. Wir sind bald dort." Mit vielen anderen Bauern stehen sie vor dem Stadttor. ... Sie dürfen passieren ohne eine Abgabe zahlen zu müssen, denn sie tragen nur die für die Stadt wichtigen Lebensmittel mit sich. Für andere Waren muss man nämlich Torzoll bezahlen ... Sie laufen durch enge Gassen und gelangen endlich auf den Hauptmarkt.

Hier wird alles angeboten, was die Bürger gebrauchen können: Fleisch und Gewürze, Fisch und Gemüse, aber auch Kleider, Töpfe und andere Handwerkserzeugnisse ...

❷ Beschreibt mithilfe von M1 und Bild 1 die wichtigsten Merkmale, durch die sich eine Stadt von einem Dorf unterscheidet.

2 – Alltag in einer mittelalterlichen Stadt. Aquarellzeichnung.

Alltag in einer mittelalterlichen Stadt

M2 Der Sachbuchautor Heinrich Pleticha schrieb:

... War der Tag heraufgezogen, herrschte ein munteres Treiben, ein unaufhörliches Kommen und Gehen, Messen und Wägen, Rufen und Schwatzen. In vielen Städten wurde deshalb der innerste Bereich freigehalten vom Handwerks- und Menschentreiben. Dort, zwischen Rathaus und Kirche, standen die Steinhäuser der vornehmen Patrizier und die wollten verschont sein vom Lärm der Menge. So spielte sich das eigentliche städtische Leben in den Seitengassen und auf den Spezialmärkten ab; alle Augenblicke Glockengetöse und fromme Gesänge, dazwischen das Brüllen und Grunzen des Viehs, das Grölen der Randalierer und Nichtstuer in den Wirtshäusern, das Hämmern, Hobeln und Klopfen der Tätigen in den offenen Werkstätten, das Rattern der Wagen und Stampfen der Zugtiere und dazu der Lärm der zahllosen Ausrufer, die in einer Zeit, da nur wenige lesen konnten, das Plakat und die Neonröhren ersetzen mussten.

Die Geschäfte, die Gerichte, Ämter und Ratssitzungen fingen gewöhnlich um 6 Uhr an. Um 10 Uhr wurde in den meisten Städten zu Mittag gegessen. Um 12 Uhr begannen die Geschäfte wieder, sie dauerten bis 3 oder 4 Uhr. Das Abendessen wurde in der Regel um 6 Uhr eingenommen. Mit Anbruch der Dunkelheit wurde es fast schlagartig ruhiger. Es gab keine Straßenlaternen Und in den Häusern brannten nur düstere Talgkerzen oder Kienspäne. Wer abends ausging, musste eine eigene Laterne haben oder sich einen Fackelträger mieten. Nach 9 Uhr abends versank die Stadt in tiefem Schlummer ...

❸ ▣ Beschreibt mithilfe von M2 und Bild 2 das Leben in einer mittelalterlichen Stadt:

✳ Kienspan
Span aus Kiefernholz, in dem Harz eingelagert und das entzündbar ist. Es entsteht eine Art Fackel.

Wahlaufgaben

Ⓐ▣ Als der Sohn (vgl. M1) spätabends mit seinem Vater nach Hause zurückkehrt, möchte er noch erzählen, was er alles gesehen hat. Erzählt diese Geschichte weiter: „Wir waren noch weit entfernt, da sahen wir bereits die großen Kirchtürme und die Stadtmauer ..."

▶ *Beachtet dabei auch M2.*

Ⓑ▣ „Städte und Dörfer waren waren aufeinander angewiesen". Begründet diese Behauptung mithilfe von M1.

Wie entstanden Städte?

1 – Voraussetzungen für die Entstehung von Städten. Schaubild.

❶🔲 Ordnet den Darstellungen die richtigen Bildunterschriften zu: Kreuzungen von Handelswegen – Hafenbuchten – ehemalige Römerstädte – Pfalzen, Burgen, Klöster – Flussübergänge (Furten, Brücken).

Städte entwickeln sich

M1 Der Sachbuchautor Heinrich Pleticha schrieb:

... Die ältesten Siedlungen entstanden an den Stellen, wo die Römer an Rhein und Donau ihre Kastelle und Niederlassungen angelegt hatten. Soldaten und Kaufleute wohnten in diesen Niederlassungen. Im 8. und 9. Jahrhundert ließen sich hier Grafen und Bischöfe in Burgen nieder. Sie fanden in Kriegszeiten Schutz hinter den starken, alten römischen Mauern.
Solche sicheren Plätze suchten auch Kaufleute. Deshalb schlossen sie sich zusammen und siedelten in der Nähe der Burg eines Grafen oder Bischofs, um sicheren Schutz zu haben ...

M2 Über die Entstehung der Stadt Brügge heißt im heutigen Belgien heißt es bei Pleticha:

... Vor dem Burgtor, sammelten sich Gewerbetreibende, um für die zu arbeiten, die in der Burg wohnten. Außer Kaufleuten, die alles Mögliche feilboten, gab es Schank- und Gastwirte. Sie machten es sich zur Aufgabe, diejenigen, die beim Grafen zu tun hatten, zu beköstigen und zu beherbergen. Mit der Zeit begannen die Zuzügler Häuser zu bauen und sich wohnlich einzurichten; dort fanden alle Aufnahme, die nicht in der Burg selbst wohnen konnten. Die Siedlung wuchs, sodass in kurzer Zeit ein großer Ort entstand ...

Außer an Burgen ließen sich die Kaufleute vor allem an Flussübergängen und Hafenbuchten nieder.

❷🔲 Erklärt, welche Orte besonders günstig für eine Stadtgründung waren und warum. Nehmt das Schaubild 1, M1 und M2 zuhilfe.

❸◧ Gebt die Informationen in Schaubild 2 mit eigenen Worten wieder.

Städte werden auch planmäßig gegründet

Jede Stadt hatte einen Stadtherrn. Das war meistens ein Graf, Herzog oder Bischof. Auf seinem Boden stand die Stadt. Der Stadtherr sorgte für einen geordneten Handel in der Stadt. Er setzte Maße und Gewichte fest und ließ die Einhaltung aller Vorschriften überwachen. Von den Kaufleuten und Händlern zog er Zölle und Marktgebühren ein. Viele Stadtherren gründeten planmäßig Städte, weil jede neue Stadt eine wichtige Einnahmequelle war und zugleich der Festigung seiner Herrschaft diente.

Q1 Aus der Gründungsurkunde für Freiburg (1120 v. Chr.) des Herzogs Konrad von Zähringen:

... Es sei den lebenden und zukünftigen Geschlechtern bekannt, dass ich, Konrad (Herzog von Zähringen), auf meinem eigenen Besitz Freiburg einen Markt eingerichtet habe im Jahre des Herrn 1120. ... Jedem Kaufmann habe ich ein Grundstück zum Bau eines eigenen Hauses gegeben ... Nun sei allen kundgetan, welche Rechte ich aufgrund der Wünsche und Bitten dieser Kaufleute festgelegt habe:
1. Ich verspreche allen, die zu meinem Markt kommen, Frieden und Schutz.
2. Wenn einer meiner *Bürger stirbt, soll seine Frau mit den Kindern alles besitzen, was er hinterlassen hat.
3. Allen Kaufleuten der Stadt erlasse ich den Zoll ...
5. Wenn ein Streit unter den Bürgern entsteht, soll nicht von mir oder meinem Richter darüber entschieden werden, sondern nach Gewohnheit und Recht aller Kaufleute, wie sie besonders in Köln geübt werden ...

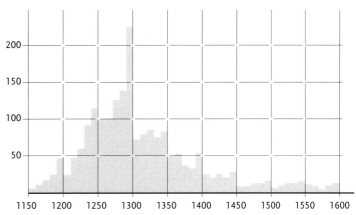

Stadtgründungen

2 – Städtegründungen in Mitteleuropa 1150 – 1600.

11. Jeder, der in diese Stadt kommt, darf sich hier frei niederlassen, wenn er nicht der Leibeigene irgendeines Herrn ist ... Wer aber über Jahr und Tag in der Stadt gewohnt hat, ohne dass irgendein Herr ihn als seinen Leibeigenen gefordert hat, der genießt von da an sicher die Freiheit ...

❹◧ Lest Q1 genau durch und beantwortet dann folgende Fragen:
– Wer ist der Stadtgründer und damit Stadtherr?
– Welche Bürger interessieren den Stadtherrn?
– Wie versucht er sie für die Ansiedlung in der Stadt zu gewinnen?
❺◧ Zwei Leibeigene unterhalten sich, ob sie nach Freiburg fliehen sollen.
▶ *„Wenn ich sehe"* – sagt der eine – *„dann weiß ich, so möchte ich nicht weiterleben. Vor einigen Wochen durfte ich meinen Bauern in die Stadt begleiten, dort sah ich, einige frühere Leibeigene, die jetzt ..."*

* Bürger
(lat. burgus = Burg, befestigte Siedlung).
Die Bewohner wurden als Bürger bezeichnet – jedoch nicht alle. Voraussetzung für das Bürgerrecht war Grundbesitz und die Ausübung eines Handwerks oder Handelsgeschäfts.

Wahlaufgaben

Ⓐ◧ In einigen Städtenamen erkennt man, wie die Städte entstanden sind. In diesen Städtenamen sind „-kreuz-", „-brück", „-furt" oder „-burg" enthalten. Nehmt die Nordrhein-Westfalen-Karte im Atlas zuhilfe und listet zehn solcher Städtenamen auf.
Ⓑ◧ Die Bauern Wigard und Hermann wollen in der Stadt leben. Schreibt ein Gespräch, in dem sie über die Gründe sprechen, warum sie ein Leben in der Stadt dem Leben auf dem Land als Leibeigene vorziehen.

Methode

Eine Internetrecherche durchführen

Im Internet nach Informationen suchen
Zu jeder Stadt findet man Informationen im Internet. Viele Internetseiten über eine Stadt dienen der Orientierung in dieser Stadt heute oder zeigen, was man dort machen kann: Die Vielzahl der Informationen wird schnell unübersehbar.
Die Schritte 1 bis 3 sollen euch helfen, euch über die Geschichte einer Stadt im Mittelalter im Internet zu informieren. Sie zeigen, wie ihr schnell an Informationen kommt und sie auswerten könnt.
Bekannte Suchmaschinen sind:
– www.bing.de
– www.google.de
– www.yahoo.de

Die folgenden Arbeitsschritte sollen euch helfen, eine Internetrecherche durchzuführen und Informationen auszuwerten:

Schritt 1 **Geeignetes Suchwort finden**	■ Welches Suchwort hilft mir weiter? ■ Mit welchem Suchwort bekomme ich nicht zu viele Suchergebnisse oder zu wenige Informationen?
Schritt 2 **Brauchbarkeit und Übersichtlichkeit prüfen**	■ Ist der aufgeführte Artikel überschaubar? ■ Hat die ausgewählte Seite ein Inhaltsverzeichnis, das mich sofort zu einer brauchbaren Stelle führt?
Schritt 3 **Informationen auswerten**	■ Ist der gefundene Text für mich verständlich? ■ Kann ich das Gelesene mit eigenen Worten wiedergeben? ■ Muss ich unbekannte Wörter klären? Wenn ja, welche? ■ Was sind die „Schlüsselwörter", die mir beim Verstehen des Textes weiterhelfen? ■ Welche Bilder kann ich verwenden, um meine Informationen zu veranschaulichen?

❶ Sucht mithilfe der Schritte 1 bis 3 Informationen über eure Stadt im Mittelalter im Internet.

❷ Wertet die Informationen nach Schritt 3 aus. Formuliert einen eigenen Text und sucht Bilder heraus, die eure Ausführungen anschaulich machen.

❸ Tragt eure Ergebnisse in der Klasse vor. Überlegt, wie ihr Bilder oder andere Darstellungen der Klasse präsentieren wollt.

1 – Zu Schritt 1

2 – Zu Schritt 2

Lösungsbeispiel

Martin und Michael wollen über ihre Heimatstadt Münster im Mittelalter vor der Klasse ein Referat halten. Die beiden entscheiden sich für die Suchmaschine „Google", weil sie mit dieser Suchmaschine schon gearbeitet haben.

Zum Schritt 1: Martin und Michael geben als Suchwort „Münster Geschichte" ein.

Zum Schritt 2: Ganz oben auf der Seite finden Martin und Michael einen Link zum Onlinelexikon „Wikipedia" mit einem Artikel zur Geschichte der Stadt Münster. Sie klicken diesen Artikel an und stoßen auf das Inhaltsverzeichnis. Hier gehen sie auf „4. Mittelalter".

Zum Schritt 3: Dort finden sie einen Artikel zur mittelalterlichen Geschichte der Stadt Münster. Der Text ist gut zu verstehen. Er enthält viele Informationen, ist aber nicht unübersichtlich. Michael und Martin drucken den Text aus. Dann unterstreichen sie Unbekanntes und streichen Schlüsselwörter an.

3 – Zu Schritt 3

Geschichte vor Ort

Städte in Nordrhein-Westfalen

1 – Das Osthofener Tor in Soest. Foto, 2006.

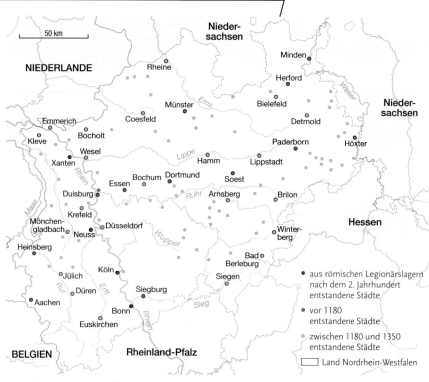

2 – Stadtgründungen auf dem Gebiet des heutigen Nordrhein-Westfalen.

Legende der Karte:
- aus römischen Legionärslagern nach dem 2. Jahrhundert entstandene Städte
- vor 1180 entstandene Städte
- zwischen 1180 und 1350 entstandene Städte
- Land Nordrhein-Westfalen

Reste der alten Stadtmauer und der einzige erhaltene Turm, der Kattenturm. Foto, 2006.

Beispiel: Soest

Auch im heutigen Nordrhein-Westfalen gibt es viele mittelalterliche Städte. Jede von ihnen hat ihre eigene Geschichte. Diese Geschichte zu erforschen, kann sehr spannend sein – wie das Beispiel von Soest zeigt.

In einer Urkunde aus dem Jahr 836 wird Soest zum ersten Mal erwähnt. Von 1200 bis 1450 war Soest die bedeutendste Stadt Westfalens. Sie hatte etwa 10 000 Einwohner. Zum Vergleich: Köln war damals die größte Stadt in Deutschland mit 40 000 Einwohnern.

Geschützt war Soest durch eine Stadtmauer. Sie war 3,8 km lang, 1,7 m dick und 10 m hoch. Durch 10 Tore konnte man in die Stadt gelangen. Vor der Mauer war ein 21 Meter breiter Graben. Somit war Soest vor feindlichen Angriffen gut geschützt.

❶ Vergleicht die Einwohnerzahl des mittelalterlichen Soest mit der Einwohnerzahl einer heutigen Stadt (Lexikon, Internet).

❷ Nennt mithilfe der Karte zwei Städte, die sich aus römischen Legionslagern entwickelt haben und Städte, die vor 1180 entstanden sind. Vergleicht ihre Anzahl mit den nach 1180 gegründeten Städten.

❸ Prüft anhand der Karte 2 oder sucht im Lexikon: Wann ist eure Stadt bzw. Kreisstadt gegründet worden und wer war der Stadtherr?

❹ Sucht nach mittelalterlichen Resten in eurer Stadt oder eurem Ort. Gibt es z. B. noch Reste der Stadtmauer, von Toren oder Türmen?

❺ Gestaltet eine Plakatwand mit Bildern und Texten über Spuren aus dem Mittelalter in eurer Stadt. Ein Besuch des Stadtmuseums hilft euch dabei.

3 – Bilder aus dem Soester Nequambuch. Buchmalerei, 1315 –1421.

Das „Soester Nequambuch"

In der Stadt Soest wurden Gesetzesbrüche und deren Bestrafung in einem Buch aufgelistet. Das „Nequambuch" entstand in den Jahren von 1315 bis 1421. „Nequam" kommt aus dem Lateinischen und bedeutet „nichtnützig" oder „Taugenichts". Mit diesen Wörtern wurden die Taten der Gesetzesbrecher und die Gesetzesbrecher selbst bezeichnet.

6 🖼 Beschreibt die Bilder ① bis ④ in Bild 3. Vermutet, welche Art von Vergehen oder Bestrafung dargestellt wird.

▶ *Nehmt die Methode auf S. 74/75 „Wir untersuchen Bilder" zu Hilfe.*

7 🖥 Ordnet die folgenden Texte A bis D den Bildern zu.

A Diebe, Lügner und Betrüger mussten auf die oberste Stufe einer Wippe gehen und wurden dann in einen Teich gewippt. Unter dem Gespött der Leute wurden sie dann mit langen Stangen wieder herausgefischt.

B Manchmal wurde ein Verbrecher nicht nur mit der Verbannung, sondern auch mit der Vernichtung seines Eigentums, wie z. B. dem Abbrennen seines Hauses, bestraft.

C Viehdiebstahl galt als ein schweres Verbrechen und wurde für gewöhnlich mit dem Tod bestraft.

D Vergehen wie Körperverletzung, Ehebruch oder Diebstahl wurden häufig mit der Verbannung aus der Stadt geahndet. Wer trotz der Verbannung in die Stadt zurückkehrte, konnte mit dem Tod bestraft werden.

Welche Bedeutung hatte der Markt?

1 – Auf dem Markt. Rekonstruktionszeichnung.

Die Marktfahne wird aufgezogen

An festgelegten Tagen – häufig an drei Tagen – der Woche war Markt. An diesen Tagen strömten die Menschen aus der ganzen Umgebung in die Stadt, kamen Bauern mit ihren Wagen oder zu Fuß, brachten Händler ihre Waren aus fernen Ländern herbei. Am Stadttor herrschte großes Gedränge; alle Wagen wurden von den Torhütern erst gründlich kontrolliert, bevor sie in die Stadt durften. Pünktlich um sieben Uhr in der Früh wurde die Marktfahne aufgezogen. Metzger, Bäcker, Bauern, Händler und Handwerker boten ihre Waren feil. Doch die Märkte dienten nicht nur dem Kaufen und Verkaufen. Sie waren ein Treffpunkt, wo Nachrichten ausgetauscht wurden. Die fahrenden Kaufleute brachten Nachrichten aus der großen, weiten Welt, fahrendes Volk, Gaukler und Musikanten traten auf und sorgten für Vergnügen. An den Markttagen hatten auch die Bader ihren Stand aufgestellt (siehe Abbildung 2). Sie behandelten kleinere Beschwerden, zogen Zähne und ließen zur Ader. Auch Schreiber fanden sich auf dem Markt (siehe Abbildung 3).

2 – Stand eines Baders auf dem Markt. Rekonstruktionszeichnung nach schriftlichen und archäologischen Quellen von Jörg Müller, Biel, 1994.

3 – Ein Schreiber auf dem Markt. Rekonstruktionszeichnung nach schriftlichen und archäologischen Quellen von Jörg Müller, Biel, 1994.

M1 Die Schriftstellerin Anita Siegfried schrieb:

... Weil nur wenige lesen und schreiben konnten, war der Schreiber am Markttag ein viel besuchter Mann. Bei ihm ließen sich die Leute Briefe oder Verträge, Listen und Abrechnungen schreiben. Als Werkzeuge dienten ihm das Tintenhorn, Federn und Messerchen zum Radieren. Man schrieb auf Pergamentblätter, die aus Kalbs- oder Schafhäuten hergestellt waren. ...

❶ ▣ Beschreibt mithilfe des Textes Bild 1. Welche Berufsgruppen sind zu erkennen?

Die Marktordnung

Kauf und Verkauf wurden durch die Marktordnung geregelt. Zuwiderhandlungen konnten hart bestraft werden.

Q1 In einer Marktordnung aus dem Jahre 1526 heißt es:

1. Wir verbieten, Schwerter und Dolche Innerhalb der Stadt zu tragen. Wer ein Schwert trägt, zahlt der Stadt 6 Schilling und dem Richter 60 Pfennig.
... 10. Wir verordnen, dass kein Kauf außerhalb des öffentlichen Marktes stattfindet. Dies gilt für Leute, die Waren in die Stadt bringen. ... Wer sich nicht an die Vorschrift hält, muss der Stadt 6 Schilling und dem

Richter 60 Pfennig bezahlen. Wenn einer kein Geld besitzt, wird ihm die Hand abgeschlagen werden.
11. Wir verordnen, dass zwei gute Würste, die die vorgeschriebene Größe besitzen, für einen Pfennig verkauft werden, sie dürfen aber nur aus reinem Schweinefleisch gemacht sein. Zuwiderhandelnde müssen 1 Pfund (= 240 Pfennig) zahlen und werden ein Jahr lang von ihrem Handwerk ausgeschlossen. ...
20. Lotterbuben jeder Art, fahrende Schüler mit langem Haar halten wir fern. Die Leute, die sie über eine Nacht hinaus beherbergen, verurteilen wir zu 1 Pfund.

❷ ▣ Stellt anhand von Q1 fest, was mit der Marktordnung geregelt wurde.

Es kosteten etwa:
2½ Pfund Rindfleisch 1 Pfg.
1 Pfund Butter 9 Pfg.
2 Stück Brot: 1 Pfennig

Wahlaufgaben

❹ ▣ Befragt Marktstandbetreiber oder die Marktaufsicht des Wochenmarktes eurer Stadt, welche Regeln heute auf dem Markt gelten. Erkundigt euch nach dem Sinn der Regeln und erklärt ihn euren Mitschülern und Mitschülerinnen.

❺ ▣ „Die Strafen waren zu hoch und zu hart." – „Kauf ist Vertrauenssache. Wer das Vertrauen missbraucht, kann gar nicht hart genug bestraft werden." Entscheidet euch für eine dieser beiden Ansichten und begründet eure Entscheidung.

▶ *Beurteilt mithilfe der Methode „Ein eigenes Urteil bilden" auf Seite 78/79.*

Die Bewohner der Stadt

Wer lebte in der Stadt?

1 – Ein Patrizier mit seiner Familie. Gemälde von Jean Bourdichon (etwa 1457–1521).

2 – Eine Handwerkerfamilie. Gemälde von Jean Bourdichon.

❶◼ Vergleicht anhand der Bilder 1–4 die Lebensbedingungen von mittelalterlichen Stadtbewohnern. Achtet auch auf Kleidung, Wohnung und Mobiliar.
▶ *Nehmt die Methode auf S. 74/75 „Wir untersuchen Bilder" zu Hilfe.*

Die Patrizier

Seit dem 11. Jahrhundert bildete sich in den Städten eine neue Gruppe heraus, die sich von den anderen Stadtbewohnern vor allem durch ihren Reichtum unterschied: die Patrizier. Der Begriff „Patrizier" wurde erst später für diese Gruppe verwendet. Sie selbst nannten sich „die Geschlechter" und bezogen sich damit auf ihre traditionsreichen Familien. Die Patrizier waren angesehene Kaufleute. Am Marktplatz, also im Zentrum der Stadt, standen ihre Häuser. Sie zeugten mit ihren prächtigen, verzierten Fassaden vom Reichtum ihrer Bewohner. Diese reichen Familien führten einen großen luxuriösen Haushalt. Zu diesem Haushalt gehörten Bedienstete wie Köche, Mägde oder Knechte. Patrizierin oder Patrizier konnte nur sein,

wer das Kind einer Patrizierfamilie war. Normalerweise heiratete ein Patrizier nur eine Patrizierin.

Die Handwerker und „Krämer"

Den größten Teil der Stadtbevölkerung bildeten die Handwerker und Krämer, also kleine Kaufleute. Die Handwerker schlossen sich seit dem 12. Jahrhundert zu Zünften oder Gilden zusammen, um ihre gemeinsamen Interessen durchzusetzen. Allerdings konnte nur ein Handwerksmeister Mitglied in einer Zunft werden. Handwerksgesellen arbeiteten für ihren Meister. Sie lebten in der Regel auch im Haus des Meisters. Sie waren vom Meister sehr abhängig, denn die Handwerksmeister einer Zunft bestimmten, wer auch ein Meister und damit Zunftmitglied werden konnte. Die Frauen der Zunftmitglieder waren oft für den Verkauf der Waren zuständig. Aber in einigen Berufen wie Garnmacher oder Seidenweber waren auch Frauen als Zunftmitglieder zugelassen. Die Mitglieder einer Zunft hielten zusammen und traten gemeinsam in der Öffentlichkeit auf. Kranke

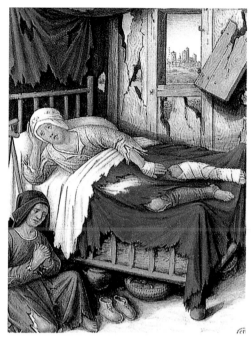

3 – Ein Tagelöhner. Gemälde von Jean Bourdichon.

4 – Ein Bettler bei der Armenspeisung. Gemälde von Borgognone, um 1490.

oder in Not geratene Zunftmitglieder sowie Witwen und Waisen verstorbener Zunftmitglieder wurden unterstützt. Deshalb war die Mitgliedschaft in einer Zunft sehr vorteilhaft und lebenswichtig.

Handwerksgesellen und „Randgruppen"

Wer kein Meister eines Handwerks war, gehörte folglich nicht der Zunft an. Ein Handwerksgeselle arbeitete für Lohn, konnte es aber nur zu sehr geringem Wohlstand bringen.

Die Juden bildeten eine in sich geschlossene Gruppe (siehe Seite 228/229). Auch innerhalb dieser Gruppe gab es Reiche und Arme.

Zu den Gruppen in einer Stadt, die keinem Stand angehörten, zählten ungelernte Tagelöhner, Knechte und Mägde. Ihr Leben war wenig abgesichert, denn sie verfügten nur über ein sehr geringes Einkommen.

Als „unehrlich" oder „unrein" galten Berufsgruppen wie Henker, Totengräber oder Abdecker, die tote Tiere verwerteten, Tierkadaver oder auch menschliche Leichen berührten.

Gaukler, Schauspieler und Musiker waren ebenfalls nicht angesehen und befanden sich als „fahrendes Volk" auf der sozialen Leiter weit unten.

Unter ihnen standen noch die Bettler. Wer wegen Krankheit, infolge eines Unfalls oder einer Kriegsverletzung in Not geriet, verlor schnell sein Obdach und war auf die Almosen der anderen Stadtbewohner angewiesen.

2 Ergänzt eure Ergebnisse aus Aufgabe 1 zu den Lebensbedingungen der Stadtbewohner mit den Informationen aus dem Verfassertext.

3 Auch heute geraten bei uns Menschen in Not. Erklärt, von welcher Seite sie mit Hilfe rechnen können.

Wahlaufgaben

A Erklärt den Satz: „Stadtluft macht frei – aber nicht gleich." Gestaltet dazu ein Lernplakat.

▶ *Nehmt dazu die Methoden „Wir erstellen ein Lernplakat" von Seite 242 und „Tipps beim Plakate- und Folienerstellen" von S. 245 zu Hilfe.*

B Fertigt eine Skizze zur sozialen Rangordnung der Stadtbevölkerung (Gesellschaftspyramide) im Mittelalter an.

Was waren Zünfte und Gilden?

1 – Ein Zunftmeister kontrolliert zwei Handwerksgesellen bei der Anfertigung ihrer Meisterstücke. Buchmalerei, 1482.

2 – Zunftzeichen der Kölner Zünfte.

Gemeinsame Interessen der Handwerker

Die Handwerker machten den größten Teil der Stadtbevölkerung aus. Zusammen mit ihren Familien stellten sie etwa zwei Drittel der Einwohnerschaft.

Seit dem 12. Jahrhundert schlossen sich die Handwerker zu Zünften zusammen. Jedes Handwerk hatte seine eigene Zunft. Die Zünfte erließen zahlreiche Verordnungen. Diese hatten das Ziel, dass alle Handwerker unter den gleichen Bedingungen arbeiteten und den gleichen Verdienst hatten. Jede Zunft

– erließ feste Regeln zur Ausbildung,
– setzte die Zahl der Lehrlinge und Gesellen für jeden Betrieb fest,
– überwachte die Qualität der Produkte und die Einhaltung der vorgeschriebenen Preise und
– schrieb den Mitgliedern genau vor, wie viel Ware sie produzieren durften.

Die Vorschriften waren für alle verbindlich. Schaumeister überwachten die Zunftgenossen. Wenn ein Handwerker nicht in einer Zunft war, galt er als Pfuscher. Die Schaumeister „legten ihm dann das Handwerk", sie verboten also die Weiterarbeit. Minderwertige Erzeugnisse wurden eingezogen und die Hersteller bestraft.

Q1 Über den Sinn dieser Regelungen schrieb Kaiser Sigismund im Jahre 1483:

... Unsere Vorfahren sind nicht Toren gewesen. Die Zünfte und Gilden sind zu dem Zweck erfunden worden, dass jeder durch sie sein täglich Brot verdiene und niemand ins Handwerk des anderen übergreife. So wird die Welt ihr Elend los und jeder kann seinen Unterhalt finden und jeder seiner Nahrung sicher sein.

Neben den Handwerksmeistern gab es aber auch Meisterinnen. Fast immer handelte es sich dabei um Witwen, die nach dem Tod ihres Mannes die Werkstatt leiteten. Von den Zünften erhielten diese Frauen meist den Auftrag, einen erfahrenen Gesellen einzustellen, der der Zunft angehörte.

❶ ▣ Erklärt mithilfe des Textes und Q1 die Behauptung: Die Zunftmitglieder wollten nicht Reichtum, sondern Sicherheit.

3 – Die überschwemmte Landstraße. Gemälde von Jan Brueghel dem Älteren, 1614.

❷🔲 Nennt die Handwerksberufe, die in den Zunftzeichen (Bild 2) dargestellt sind.

▶ *Bäcker ...*

Handel braucht Sicherheit

Ähnlich wie die Handwerker schlossen sich auch die Kaufleute zu Gilden zusammen. Die Gilden vertraten auch die Interessen ihrer Mitglieder vor dem Rat der Stadt. Die Mitglieder einer Gilde versprachen, sich immer und überall gegenseitig in allen Notfällen zu helfen, vor allem auch im Fernhandel.

Der Warentransport über weite Strecken bereitete den Kaufleuten nämlich große Schwierigkeiten. Die „Fernverkehrsstraßen" waren in schlechtem Zustand. Häufig handelte es sich um holprige, unbefestigte Wege, die bei Regen oder im Winter kaum befahrbar waren.

Die von mehreren Pferden gezogenen Lastkarren blieben nicht selten mit Achsenbruch liegen oder versanken im Morast. Gefährlicher als diese natürlichen Hindernisse waren für die Kaufleute die Wegelagerer und Raubritter. Gegen diese Gefahren konnte sich ein einzelner Kaufmann nicht schützen.

Q2 In einer Wormser *Chronik steht zum Jahr 1254:

... Damals stand es in Deutschland, vornehmlich am Rhein so ... Die Ritter und die Edelleute ... mordeten, wen sie konnten, verlegten und versperrten die Straßen und Pässe und stellten denen nach, die ihres Gewerbes wegen über Land ziehen mussten. ...

Weil sonst keine Hilfe zu erwarten war, verbanden sich sechzig am Rhein gelegene Städte ... und wollten einander in Nöten beistehen. Sie vereinigten ihre Kriegsrüstungen und vertrieben die Mörder und Straßenräuber aus dem Land. ...

* Chronik
Buch über die wichtigen Ereignisse eines Jahres.

❸🔲 Spielt folgende Situation: Kaufleute einer Stadt, deren Warentransporte immer wieder überfallen werden, beraten, was zu tun ist.

Wahlaufgaben

🅐🔲 Einem Bauern, der zum ersten Mal in die Stadt kommt, erklärt ihr die Ziele einer Zunft und einer Gilde.

🅑🔲 Schreibt mithilfe des Textes und Bild 3 eine kleine Geschichte: „Bauern und Händler auf dem Weg zur Stadt."

Warum forderten die Stadtbewohner mehr Rechte?

Bürgermeister

mit politischen Rechten

entscheiden
gemeinsam über
Angelegenheiten
der Stadt

wählen

Ratsherren

wählen aus
ihren Reihen

Patrizier

ohne politische Mitbestimmung

Frauen

**Handwerksmeister
(Zunftmitglieder)**

**Gesellen, Lehrlinge,
Lohnarbeiter, Knechte**

**„Unehrliche Leute",
Bettler**

Juden

1 – Herrschaft in mittelalterlichen Städten ab dem 12. Jahrhundert. Schaubild.

Stadtherr und selbstbewusste Kaufleute

Wie die Bauern auf dem Land einem Grundherrn unterstanden, so unterstanden anfangs auch die Stadtbewohner ihrem Stadtherrn. Mit der Größe einer Stadt wuchs aber auch das Selbstbewusstsein ihrer Bürger. Vor allem Kaufleute hatten es zu beachtlichem Wohlstand gebracht. Deshalb wollten sie sich nicht länger von einem Stadtherrn bevormunden lassen. Voller Stolz nannten sie sich Patrizier – wie einst die Angehörigen der Oberschicht im antiken Rom (siehe Seite 120). Sie wollten ihre Stadt selbst verwalten und verlangten deshalb dieses Recht vom Stadtherrn. Auch wollten sie selbst über die Straftaten richten und nicht von den Urteilen des Stadtherrn abhängig sein. Sie wollten für ihre Handelsgüter keine Zölle mehr bezahlen und forderten darum Zollfreiheit. In einigen Städten widersetzten sie sich immer häufiger den Anordnungen des Stadtherrn und es kam deshalb zu langjährigen bewaffneten Auseinandersetzungen. In anderen Städten kauften die reichen Kaufleute ihrem Stadtherrn ein Recht nach dem anderen ab.

**M1 Der Heimatforscher
Manfred Thiedemann schrieb 1995:**
... Der Stadtherr hieß z. B. Graf Bernhard. Er brauchte von den reichen Kaufleuten seiner Stadt immer wieder Geld: Er wollte für seine Tochter eine teure Aussteuer kaufen. Er nahm an einem prunkvollen Turnier teil. ... Die Kaufleute gaben ihm das Geld. Sie verlangten aber jedes Mal, dass der Graf ihnen bestimmte Rechte überließ.
Eines Tages hatten sie ihr Ziel erreicht. Im großen Rathaussaal legten die versammelten Bürger dem Grafen Bernhard eine Urkunde vor. Darin stand: „Ich schwöre, den Bürgern der Stadt für immer und ewig alle Freiheiten zu lassen."
Der Graf schwor und unterschrieb. ...

Jetzt konnten die Patrizier selbst den Bürgermeister und die Ratsherren wählen. Der Rat setzte die Steuern fest, zog die Zölle ein und bestimmte, wofür das Geld verwendet werden sollte.

❶ ✍ Spielt folgende Szene: Graf Bernhard bittet die Kaufleute, ihm Geld zu leihen. Die Kaufleute beraten, was sie ihrem Stadtherrn antworten sollen.
▶ *Nehmt die Methode auf S. 224/225 „Ein Rollenspiel durchführen" zu Hilfe.*
❷ ✍ Beschreibt anhand von Schaubild 1, welche Rechte die Patrizier vom Stadtherrn erlangt haben.
▶ *Welche Bevölkerungsgruppen hatten auch weiterhin keine Mitwirkungsrechte?*

Bürgermeister

entscheiden gemeinsam über Angelegenheiten der Stadt

wählen

Ratsherren

wählen aus ihren Reihen

Patrizier, Handwerksmeister (Zunftmitglieder)

mit politischen Rechten

ohne politische Mitbestimmung

Frauen

Gesellen, Lehrlinge, Lohnarbeiter, Knechte

„Unehrliche Leute", Bettler

Juden

2 – Herrschaft in mittelalterlichen Städten ab dem 14. Jahrhundert. Schaubild.

Auch Handwerker fordern ihre Rechte

Vor allem die kleinen Kaufleute und Handwerker ermöglichten mit ihren Steuern, dass prächtige Rathäuser, Kirchen, Krankenhäuser und Stadtmauern gebaut wurden. Wenn es in der Stadt brannte, organisierten sie die Löscharbeiten. Im Kriegsfall trugen sie die Hauptlast bei der Verteidigung der Stadt. Aber von der Regierung der Stadt blieben sie ausgeschlossen. Seit dem 14. Jahrhundert wehrten sie sich immer mehr dagegen.

Q1 In einer Chronik, die etwa 100 Jahre nach den Ereignissen verfasst wurde, notierte ein Augsburger:

... Sturmglocken riefen in der Frühe des 23. Oktobers 1368 die Ratsherren zu einer außerordentlichen Ratssitzung zusammen. Schweigend eilten die Ratsherren durch die Reihen der bewaffneten Handwerker dem Rathaus zu. Dann besetzten Wachen der Zünfte die Rathauspforten und schlossen so die Falle.
Sechs ehrenwerte Zunftmeister traten vor den Rat der Stadt und Hans Weiß (ihr Sprecher) forderte in schlichten Worten die Teilnahme der Zünfte an der städtischen Regierung. Nach stundenlangen Debatten gaben die Ratsherren schließlich nach. Der auf dem Perlachplatz ausharrenden Menge verkündete man die alsbaldige Einführung der Zunftverfassung. Der Rat übergab ... die Hoheitszeichen der Stadtregierung: die Türschlüssel und die Schlüssel zur Sturmglocke und zum Ratsarchiv, das Stadtsiegel und das Stadtrechtsbuch. Dann schworen „Reich und Arm", Ratsherren und Handwerker, eine „zünftliche Regierung" zu führen.

❸ 🔊 Stellt euch folgende Situation vor: Hans Weiß und die übrigen fünf Zunftmeister (Q1) begründen vor dem Rat ihre Forderungen. Entwerft eine Rede, in der ein Patrizier darauf antwortet.

Wie in Augsburg, so forderten auch in anderen Städten die Bürger ein Mitspracherecht. In Köln gelang es 1396 den Handwerkern und kleinen Kaufleuten, die alleinige Macht der Patrizier zu brechen.

Wahlaufgaben

Ⓐ 🔊 Schreibt eine kurze Darstellung unter der Überschrift: Herrschaft in mittelalterlichen Städten.
Zeigt dabei mithilfe der Schaubilder 1 und 2, welche Veränderungen es zwischen dem 12. und 14. Jahrhundert gab.

Ⓑ 🔊 Informiert euch, wer in eurer Gemeinde den Bürgermeister und den Gemeinderat wählt.

Methode

Ein Rollenspiel durchführen

Was ist ein Rollenspiel?

In Rollenspielen könnt ihr versuchen, euch in die Situationen von Menschen zu versetzen. Sicher ist es schwer, sich vorzustellen, wie die Menschen früher gedacht haben. Trotzdem kann ein Rollenspiel dazu beitragen, Konflikte der Vergangenheit besser zu verstehen. Die folgenden Schritte sollen euch dabei helfen, ein Rollenspiel zu spielen.

Konflikte in mittelalterlichen Städten

Eine wichtiger Streitpunkt in der Geschichte der mittelalterlichen Städte war die Frage nach der Ausübung von Macht:
Wer hat welche Rechte?
Wer regiert?
Wer darf mitbestimmen?

Folgende Schritte helfen euch, ein Rollenspiel durchzuführen:

Schritt 1 Die Situationskarte lesen	Auf einer Situationskarte wird die Ausgangslage beschrieben, z. B.:
	■ Um welches Problem oder um welchen Konflikt geht es?
	■ Wer ist an dem Konflikt beteiligt?
	■ Soll das Rollenspiel eine Lösung anbieten? Wenn ja, welche?
	■ Gibt es mehrere Lösungen oder keine Lösung?
Schritt 2 **Die Rollenkarten lesen und verteilen**	■ Wer soll dargestellt werden (Name, Alter, Beruf ...)?
	■ Welche Stellung hat die Person in der Gesellschaft?
	■ Welche Charaktereigenschaften hat die Person?
	■ Welche Interessen verfolgt die Person?
Schritt 3 **Das Rollenspiel vorbereiten**	■ Die Rollen werden verteilt.
	■ Wie begegnen sich die Personen?
	■ Wer gerät mit wem aneinander?
	■ Welche Personen verfolgen dieselben oder ähnliche Ziele?
	■ Wie könnte die Person anfangen zu sprechen?
	■ Wie endet das Rollenspiel?
Schritt 4 **Das Rollenspiel vorspielen und auswerten**	Für die Spieler sind mehrere Beobachter zuständig. Sie achten auf folgende Fragen:
	■ Wird der Konflikt verständlich?
	■ Ist erkennbar, was welche Person warum will?
	■ Ist die Lösung glaubwürdig?
	■ Was kann geändert werden, damit der dargestellte Konflikt besser verstanden wird?

❶ 🔲 Bildet kleine Gruppen und bereitet das Rollenspiel vor.

❷ 🔲 Spielt das Rollenspiel von Seite 225 „Die Zünfte wollen sich an der Macht beteiligen."

Situationskarte

„Die Zünfte wollen an der Macht beteiligt werden."
*– Die Angehörigen der Zünfte kommen ohne Erlaubnis in
die Ratssitzung. Dort sitzen die reichen Patrizier und der
von ihnen gewählte Bürgermeister.*
*– Die Angehörigen der Zünfte fordern Mitspracherecht bei
allen wichtigen politischen Entscheidungen. Es kommt
zum Streit.*
…

Beispiellösung für ein Rollenspiel: „Die Zünfte
wollen sich an der Macht beteiligen."

Eine Gruppe der Klasse 6 c hat ein Rollenspiel
vorgespielt und besprochen:

Rollenkarte 1

Meister Hermann, Goldschmied, 43 Jahre
*– ist seit 20 Jahren Meister, ist reich geworden, zahlt viele
Steuern, genießt hohe Anerkennung in der ganzen Stadt*
– hat starkes Selbstvertrauen
*– ist immer beherrscht, nie aufbrausend, lässt sich aber
nicht für dumm verkaufen*
*– ist entschieden der Meinung, dass die Zunftmeister an der
Stadtherrschaft beteiligt werden müssen …*

Rollenkarte 2

Meister Karl, Weber, 34 Jahre
– ist seit acht Jahren Meister
– findet, dass er stark benachteiligt ist
– neigt dazu, schnell unkontrolliert zu reagieren
*– stimmt der Meinung Meister Hermanns zu, dass die
Zunftmeister an der Stadtherrschaft beteiligt werden
müssen*
…

Rollenkarte 3

Meisterin Griet, Seidenmachermeisterin
*– ist stolz darauf, als Frau einer Zunft anzugehören,
ungefragt ergreift sie das Wort, was zu Tumulten führt*
…
…

Rollenkarte 4

Martin von Rolle, Patrizier, Grundbesitzer
– durch Fernhandel reich geworden
*– lehnt entschieden jede Beteiligung der Zünfte ab, redet
verächtlich über die Meister (Gesindel)*
…

Rollenkarte 5

Bürgermeister Urs von Rust
– von den Patriziern zum Bürgermeister gewählt
– will vermitteln und verdirbt es sich mit allen
…

Rollenkarte 6

Michael Riesenbeck
*– Patrizier, ist sehr reich. Er will keinen Ärger und ist für
eine Beteiligung der Handwerker, um weiter in Ruhe seine
Geschäfte machen zu können.*
– …

Zum Schritt 3:
– Die Angehörigen der Zünfte
kommen in die Ratssitzung ohne
Erlaubnis, treten selbstbewusst
auf.
– Die Patrizier finden das unver-
schämt, einige sprechen den
Zunftangehörigen jedes Recht auf
Beteiligung an der Macht ab.
– Das Streitgespräch könnte der
Bürgermeister beginnen: „Was
wollt ihr denn hier? …"

Zum Schritt 4:
– Die Schülerinnen und Schüler
als Beobachter fanden, dass der
Konflikt zwischen Patriziern und
Zunftangehörigen im Rollenspiel
gut zu verstehen war.
– Kritisiert wurde, dass die Zunftangehörigen zu zurückhaltend
auftraten, denn wenn sie etwas erreichen wollen, müssen sie dies
auch deutlich zeigen.
– Auch die Rollen der Patrizier
sollten leicht verändert werden:
Einerseits sollten sie anfangs
noch ablehnender auftreten, an-
dererseits sollte im Laufe des Ge-
sprächs deutlich werden, dass
ihre Position in der Stadt gar nicht
so gesichert ist.

1 – Diese Rollenkarten hat die Klasse 6 c zu den Schritten 1 und 2 vorbereitet.

Welche Gefahren drohten der Stadt?

Gefahren in der mittelalterlichen Stadt

Vergleicht man den Lebensraum der Landbewohner (siehe Seite 188/189) mit dem der Stadtbewohner, so kann mehr sehr schnell feststellen, dass im Gegensatz zum Leben auf dem Land das Leben in der Stadt ganz anders ablief. Dort lebten viel mehr Menschen auf engem Raum zusammen, man achtete wenig auf Sauberkeit. Mist wurde z. B. vor dem Haus gelagert, die Nachttöpfe auf die Straßen entleert, Schweine, Kühe und andere Tiere hinterließen Spuren. Trinkwasser entnahm man oft aus verschmutzten Flüssen. Durch die Enge breiteten sich rasch Krankheiten aus.

Mit zwei besonders schwerwiegenden Gefahren könnt ihr euch auf dieser Doppelseite beschäftigen.

1 – Aussätzige vor der Stadt. Ausschnitt aus einer französischen Buchillustration, zwischen 1333 und 1350.

✱ Lepra
Infektionskrankheit, die zu entstellenden Veränderungen der Haut führt.

Seuchen

In manchen Jahren rafften Seuchen wie die Pest oder die Cholera bis zu einem Drittel der Bewohner hinweg. Zur Behandlung der Kranken gab es Ärzte, Apotheken und Spitäler. Die Krankenzimmer waren teilweise äußerst klein, und häufig mussten sich zwei Kranke ein Bett teilen. Daher war die Ansteckungsgefahr sehr groß. Menschen mit schweren ansteckenden Krankheiten wie die ✱Lepra (auch „Aussatz" genannt) mussten außerhalb der Stadt wohnen. Ihnen war das Betreten der Städte bei Strafe untersagt. Mit Klappern warnten sie jeden, der sich ihnen näherte.

Q1 Der italienische Gelehrte Giovanni Boccaccio (1313–1375) schrieb 1349:

... Die todbringende Pest gelangte ... von Ort zu Ort ... Gegen dieses Übel half keine menschliche Klugheit oder Maßregel, obgleich man ... die Stadt ... von vielem Unrat reinigen ließ, auch jedem Kranken den Eintritt verwehrte ... Ebensowenig nützten die demütigen Gebete ... Es kamen zu Anfang der Krankheit ... an den Weichen (seitliche Lendengegend) oder in den Achselhöhlen gewisse Geschwülste zum Vorschein, die ... Pestbeulen genannt wurden. Von den genannten Teilen des Körpers aus verbreiteten sich diese tödlichen Pestbeulen ... über alle übrigen Teile. ... Dabei schien es, als ob zur

ent tdecken

2 – Bei dem großen Stadtbrand von Bern 1405 zerstörte das Feuer an die 600 Häuser, über 100 Todesopfer waren zu beklagen. Buchmalerei, 1405.

Wahlaufgaben

Bildet Arbeitsgruppen und wählt entweder die Fragen unter A, B oder C zur Bearbeitung aus.

A

❶ Beschreibt die Bilder 1 und 2. Beachtet Tätigkeiten, Kleidung, Haltung usw.

B

❷ Erläutert anhand von Bild 1 und Q1, wie die Menschen in den mittelalterlichen Städten mit den Kranken umgingen.

❸ Beurteilt dieses Verhalten aus damaliger und heutiger Sicht.

▶ *Nehmt die Methode auf S. 78/79 „Ein eigenes Urteil bilden" zu Hilfe.*

C

❹ Berichtet mit Bild 2 und M1 über die Gefahr, die vom Feuer in mittelalterlichen Städten ausging.

❺ Erkundigt euch, welche Feuerschutzmaßnahmen in eurer Schule gelten.

Heilung dieses Übels weder ärztlicher Rat noch irgendeine Arznei wirksam oder förderlich wäre ... Fast alle starben binnen drei Tagen ...

Ich schweige davon, dass ein Mitbürger den anderen vermied, dass der Nachbar fast nie den Nachbarn pflegte und dass die Verwandten selten oder einander besuchten; ... dass ein Bruder den anderen im Stich ließ ...

Feuer

M1 Ein Historiker berichtet:

... Gleich dreimal wurde Cölln (das spätere Berlin) von Feuersbrünsten heimgesucht, denen ihre Bewohner schutzlos ausgeliefert waren: 1348, 1376 und 1380. Ursachen und Ausmaße waren unterschiedlicher Art.

Gemeinsam war jenen Bränden, dass der mittelalterliche Häuserbau die Städte damals überaus feueranfällig machte und Großfeuer rasch um sich greifen konnten. Die Häuser waren aus Holz und Lehm in Fachwerk erbaut und die Dächer mit feuerempfindlichen Holzschindeln oder gar Stroh gedeckt ...

Braunschweig brannte im 13. Jahrhundert fünfmal, Iserlohn in den Jahren 1448, 1510, 1530, 1616, 1635, 1665, 1677, 1685 und 1712.

Wie lebten Christen und Juden in der Stadt?

1 – Kirche und Judentum. Zeichen der Kirche sind die Kreuzesfahne und der Kelch; Abzeichen der Synagoge sind die Gesetzestafeln, die zerbrochene Lanze und die verbundenen Augen. Straßburger Münster, um 1230.

2 – Marienkirche in Lübeck, zwischen 1250 und 1350 erbaut. Foto, 2010.

Religion im Alltag

Das Leben der Menschen im Mittelalter wurde durch ihre Religion bestimmt. Täglich läuteten mehrmals die Glocken von den zahlreichen Kirchen und Klöstern in den Städten und auf dem Land. Die zahlreichen kirchlichen Feiertage prägten den Alltag ebenso wie die prächtigen Prozessionen, an denen man selbstverständlich teilnahm. Der Besuch der Gottesdienste am Sonntag war für jeden Bürger Pflicht. Von der Taufe bis zum Tod mit dem christlichen Begräbnis begleitete die Kirche jeden Menschen.

Angst vor dem Jüngsten Gericht

Die Menschen dieser Zeit wurden meistens nicht sehr alt. Ihr kurzes Leben war nur der Weg hin zu Gott, vor dem sie sich verantworten im „Jüngsten Gericht" mussten. Hier wurde über die ewige Verdammnis für die Bösen und die Aufnahme der Guten in den Himmel entschieden. Die Menschen fürchteten sich vor diesen Gericht, denn Gott schien ihnen immer wieder seinen Zorn durch Hungersnöte, Pest, Seuchen und die großen Stadtbrände zu zeigen.

Kirchen und Dome als ewiges Gebet

Die Gläubigen versuchten deshalb, Gott durch Gebete, die Gabe von Almosen, gute Werke und auch durch die Unterstützung der Kirchen- und Klosterbauten gnädig zu stimmen. Ein großer Dom, erbaut zum Lobe Gottes, war wie ein ständiges „Gebet aus Stein". Jeder half beim Bau einer Kirche mit, indem er Geld spendete, auch wenn er selbst noch so wenig davon hatte. Es dauerte manchmal Jahrhunderte, bis eine große Kirche fertig war.

❶ 🔲 Besprecht, wo und wann auch heute noch Religion im Alltag sichtbar wird.

3 – Juden werden ermordet, ihre Häuser ausgeraubt. Kolorierter Holzschnitt, 17. Jahrhundert.

Aus dem Miteinander ...

Obwohl die meisten Einwohner der Städte Christen waren, gab es auch Mitbürger jüdischen Glaubens. Wie alle anderen Bewohner wirkten sie am Zusammenleben in der Stadt mit. Sie beteiligten sich an der Verteidigung der Städte, trieben Handel und kauften sich ein Haus. Als Ärzte, Handwerker oder Kaufleute genossen viele von ihnen hohes Ansehen. Besonders erfolgreich waren sie als Fernhandelskaufleute. Sie knüpften Kontakte zu jüdischen Gemeinden rund um das Mittelmeer und konnten so manchmal schneller als andere hochwertige und seltene Waren aus diesen Ländern liefern.

... wird eine Verfolgung

Aus den jüdischen Mitbürgern wurden erst im Laufe der Zeit unliebsame Konkurrenten, dann Feinde. Seit dem 12. Jahrhundert zwang man die Juden, in der Öffentlichkeit einen spitzen Hut und auf ihrer Kleidung ein gelbes Abzeichen zu tragen sowie in *Ghettos zu wohnen. Die Zünfte weigerten sich jetzt, Juden aufzunehmen. Damit wurden sie nach und nach aus dem Handwerk hinausgedrängt. Papst Innozenz III. verbot im Jahre 1215 den Juden, Landbesitz zu erwerben oder zu bewirtschaften. So blieb ihnen als Erwerbsmöglichkeit nur noch der Handel und der Geldverleih. Christen war es nämlich verboten, Geld gegen Zinsen auszuleihen. Wer also Geld brauchte, lieh es sich bei einem Juden. So kam es, dass immer mehr Christen Schulden bei den jüdischen Mitbürgern hatten, die jetzt auch als „Sündenböcke" für jegliches Übel galten.

Q1 Die Straßburger Chronik berichtet über die Pest im Jahre 1349:

... Wegen dieser Pest wurden die Juden beschuldigt, sie hätten Gift in das Wasser und die Brunnen getan. Als nun in Straßburg alles Volk über die Juden ergrimmt war, versperrte man die Judengasse ... Dann fing man sie und verbrannte sie auf einem hölzernen Gerüst. Wer sich taufen lassen wollte, durfte am Leben bleiben.
Was man den Juden schuldig war, galt als bezahlt. Das Geld war auch die Ursache, warum die Juden getötet wurden. Wären sie arm und die Landesherren ihnen nichts schuldig gewesen, so hätte man sie auch nicht verbrannt.

❷🖿 Schreibt mithilfe des Textes, Q1 und der Bilder eine Erzählung, warum sich das Verhältnis der Christen zu den jüdischen Mitbürgern immer mehr verschlechterte. Verfasst den Text einmal aus der Sicht eines Christen, dann aus der Sicht eines Juden.

▶ *Wir Christen lebten in unserer Stadt eigentlich lange Zeit mit den Juden gut zusammen. Wir haben sie sogar bewundert, weil sie so tüchtig waren. Aber dann ...*

*Ghetto
Vom übrigen Stadtgebiet streng abgegrenztes Wohnviertel.

Wahlaufgaben

🅐🖿 Informiert euch, wie viele Kirchen und Klöster es in eurer Umgebung schon im Mittelalter gab.

🅑🖿 Nennt Beispiele für die Diskriminierung der Juden in den Städten und nehmt dazu Stellung.

Webcode: EV650521-229

Warum verloren die Grundherren ihren Einfluss?

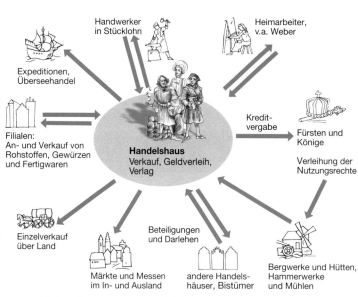

1 – Handelsbeziehungen eines Handelshauses im Spätmittelalter.

2 – Jakob Fugger mit seinem Buchhalter. Im Hintergrund sind Ablagen für die Niederlassungen der Fugger zu sehen. „Ofen" und „Antdorff" sind die heutigen Städte Budapest und Antwerpen. Buchmalerei, 1520.

* Messen
Überregionale Märkte, die oft mit einem kirchlichen Fest verbunden waren und mit einem Gottesdienst (einer „Messe") eröffnet wurden.

Städte werden Handelszentren

Ab der Mitte des 13. Jahrhunderts entwickelten sich Städte wie Florenz, Pisa, Paris, London, Nürnberg, Augsburg, Ulm oder Lübeck zu Handelszentren, in denen Waren aus ganz Europa gehandelt wurden.
In den Städten wuchs der Einfluss der Kaufleute. Auf vielfältige Weise erweiterten sie ihren Handel und ersannen neue Möglichkeiten, ihren Reichtum zu vermehren. Auf überregionalen *Messen, z. B. in Nürnberg oder Leipzig, boten sie ihre Waren an und kauften dort von anderen Fernhändlern.

> **Q1 In Briefen der Ravensburger Handelsgesellschaft hieß es um 1477:**
> a) ... nehmet die Dinge keck in die Hand und seid emsig und willig mit Kaufen und Verkaufen. ...
> b) ... Kehret allen Fleiß daran, dass ihr das Geld nicht schlafen lässt. Denn, wenn man auch wenig verdient, so ist dies immer noch besser, als gar nichts zu verdienen. ...

Verlagssystem

Durch die Erfindung des Verlagssystems brachten die Kaufleute Handwerker in ihre Abhängigkeit. Bei diesem System kaufte der Kaufmann zunächst den Rohstoff, beispielsweise Baumwolle. Er beauftragte nun ärmere Weber, aus der Wolle Tuche für einen geringen Lohn für ihn zu weben. Diese Tuche verkaufte er dann mit großen Gewinn in ganz Europa, ohne die Weber an dem Gewinn zu beteiligen. Mit der Zeit wurden die Weber von seinen Aufträgen abhängig.

❶ ▪ Zeigt mithilfe von Q1 und dem Text die Möglichkeiten der Kaufleute, in den mittelalterlichen Städten zu Reichtum zu kommen.
❷ ▪ Nennt die Einnahmequellen eines Grundherren (S. 184–187) und vergleicht mit denen eines Kaufmanns.
❸ ▪ Erklärt, wie das Verlagssystem funktionierte.

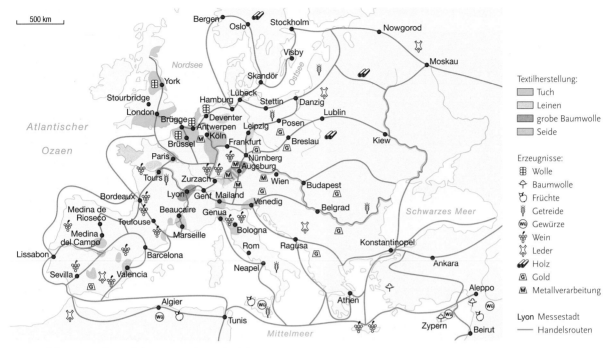

3 – Handelswege und Handelswaren im Spätmittelalter.

Textilherstellung:
- Tuch
- Leinen
- grobe Baumwolle
- Seide

Erzeugnisse:
- ⊞ Wolle
- ⚘ Baumwolle
- ♉ Früchte
- 🌾 Getreide
- ⓦ Gewürze
- 🌿 Wein
- 🍶 Leder
- 🪵 Holz
- Ⓖ Gold
- Ⓜ Metallverarbeitung

Lyon Messestadt
— Handelsrouten

Banken und Buchführung

In den oberitalienischen Städten entwickelten sich Vorläufer der heutigen Banken. Sie ermöglichten es den Fernkaufleuten, ohne Barzahlung in fremden Städten zu handeln. Eine weitere wichtige Erfindung war die doppelte Buchführung. Mit ihr konnte der Kaufmann am Ende eines Tages auf einen Blick sehen, ob er Gewinn oder Verlust gemacht hatte. Man notierte einfach Ausgaben und Einnahmen auf gegenüberliegenden Seiten eines Geschäftsbuches und verglich am Abend die Summen beider Seiten. Jede Geschäftstätigkeit wurde notiert und damit überprüfbar.

Kaufleute beeinflussen die Politik

Gegenüber den reichen Kaufleuten verloren die Adeligen, Ritter und die geistlichen wie weltlichen Grundherren ihren bestimmenden Einfluss in der mittelalterlichen Gesellschaft des 14. Jahrhunderts. Einer der reichen Kaufleute war zum Beispiel der Augsburger Kaufmann Jakob Fugger. Er gewann durch das Verleihen von Geld an Kaiser, Könige und Päpste großen politischen Einfluss. Als Sicherheiten für sein Geld erhielt er das Recht, *Silber- und Kupferminen auszubeuten. Jakob Fugger finanzierte mit seinem Reichtum Kriege und nahm selbst auf die Wahl des Kaisers bestimmenden Einfluss.

❹🗨 Beschreibt, welchen Einfluss Jakob Fugger auf Kaiser und Könige ausüben konnte.

* **Mine**
Bergbaulicher Betrieb (z. B. eine Zeche), in dem ein Rohstoff (unterirdisch) abgebaut wird.

Wahlaufgaben

Ⓐ🗨 Verfolgt auf der Karte die Lieferung von Baumwolle aus York nach Brüssel und Köln. Nennt mögliche Gefahren für den Transport und für die Kaufleute.

Ⓑ🗨 Ein Graf und ein Abt beklagen sich über den wachsenden Einfluss der Kaufleute. Entwerft dazu zwei Rollenkarten und spielt das Gespräch.

▶ *Nehmt die Methode auf S. 224/225 „Ein Rollenspiel durchführen" zu Hilfe.*

Das Erbe des Mittelalters

War das Mittelalter „finster"?

1 – Blick aus einem Gang einer mittelalterlichen Burg. Foto, 2009.

10.März 2010   MEDIEN   Süddeutsche Ze…   TV-K

Ab ins finsterste Mittelalter
Menschen bei Maischberger

Aussage eines berühmten Musikers in einer Talkshow im März 2010:

… Auf den Konzertreisen waren wir Stars, erinnerte er sich sichtlich bewegt. Doch stets fürchtete er die Rückkehr ins Internat – ins „finsterste Mittelalter" …

Rückfall ins finsterste Mittelalter
Premiere: „Die Rückkehr des Königs"

2 – Schlagzeilen aus verschiedenen Zeitungen.

Ein Schlagwort entsteht

Vor etwa dreihundert Jahren, im 18. Jahrhundert, entstand die Rede vom „finsteren Mittelalter". Berühmte Wissenschaftler und Dichter, die ihre eigene Zeit als besonders fortschrittlich ansahen, entwarfen ein Zerrbild vom Mittelalter. Sie erklärten die Zeit des Mittelalters für „finster", zurückgeblieben und „durch elende Fratzen entstellet". Dies taten sie ohne besondere Kenntnis des Mittelalters, um sich und ihr eigenes Zeitalter gegen frühere Zeiten hervorzuheben. Ihr eigenes Zeitalter nannten sie „Zeitalter der Aufklärung".

Das einmal eingeführte Wort vom „finsteren Mittelalter" wirkt bis heute fort. Es wird immer wieder verwendet, besonders von denen, die wenig oder nichts vom Mittelalter wissen.

❶ ▪ Erklärt mithilfe des Textes, wie das Schlagwort vom „finsteren Mittelalter" entstand.

❷ ▪ Untersucht die Überschriften (Bild 2) und beschreibt, wie der Begriff „finsteres Mittelalter" gebraucht wird. Was soll mit ihm jeweils ausgedrückt werden?

❸ ▪ Stellt fest, ob ihr über genügend Informationen verfügt, um die Redeweise vom „finsteren Mittelalter" beurteilen zu können.

❹ ▪ Stellt Stichworte für einen kleinen Vortrag zusammen, in dem ihr zeigt, dass das Mittelalter nicht „finster" war. Nennt einige wichtige Errungenschaften dieser Zeit.

▶ *die Dreifelderwirtschaft, Entstehung der Städte …*

❺ ▪ Betrachtet Bild 1 aufmerksam. Stellt euch vor, ihr würdet den Gang über die Treppe verlassen und zurückblicken. Wie würdet ihr den Gang nun beschreiben?

Zusammenfassung

Leben im Mittelalter

Vom Reich der Franken zum Deutschen Reich

Das Reich der Franken war von allen germanischen Reichen, die nach dem Niedergang Westroms gegründet wurden, das stärkste. König Chlodwig und seine Nachfolger – vor allem Karl der Große, der im Jahre 800 n. Chr. in Rom zum Kaiser gekrönt wurde – förderten die Ausbreitung des Christentums. So entstand ein einheitliches großes Reich, in dem unterschiedliche Stämme und Völker durch den gemeinsamen Glauben geeint wurden.

Nach dem Tode Karls im Jahre 814 zerfiel das Frankenreich in einen westfränkischen (das spätere Frankreich) und einen ostfränkischen Teil (das spätere Deutschland). König des Ostreiches wurde Heinrich I., Herzog von Sachsen. Sein Reich wurde erstmals als „Reich der Deutschen" bezeichnet.

482–919

Entstehung des Reichs der Deutschen.

Alltagsleben in Stadt und Land

Das Leben der Menschen im Mittelalter hing weitgehend davon ab, in welchen Stand sie hineingeboren wurden. Das tägliche Leben eines Adligen oder Geistlichen verlief anders als dasjenige von Stadtbewohnern oder Bauern. Die meisten Menschen lebten auf dem Land. Ihr Alltag bestand aus schwerer Landarbeit bei einfachsten Wohnverhältnissen und eintöniger Ernährung. Technische Neuerungen und die Einführung der Dreifelderwirtschaft seit dem 12. Jahrhundert brachten eine erhebliche Steigerung der Ernteerträge. Markt, Kauf und Verkauf bestimmten das Leben in der Stadt mit oft prächtigen Häusern der Patrizier und den großen Kirchen. Seit dem 12. Jahrhundert wurden viele Städte von einem Stadtherrn gegründet, der dadurch wichtige Einnahmen erhielt. Nach und nach übernahmen die Patrizier selbst die Stadtherrschaft. Seit dem 14. Jahrhundert erkämpften sich in vielen Städten auch die Zünfte Mitspracherechte.

Seit 1100

Zahlreiche Städtegründungen.

Leben auf der Burg

Die Burg war Wohn- und Herrschaftssitz und gleichzeitig sichtbares Zeichen der Macht des Burgherrn. Im Krieg bot sie den Bewohnern Schutz. Der Ritterstand besaß feste Vorstellungen davon, wie ein standesgemäßes Leben von Frau und Mann auszusehen hatte. Den Idealen der Treue und Gerechtigkeit sollte sich jeder Ritter verpflichtet fühlen, während die Frauen bereits im Mädchenalter auf ihre zukünftige Rolle als Dame des Ritters vorbereitet wurden.

Seit dem 10. Jahrhundert

Burgen dienen den Rittern als Wohn- und Herrschaftssitze.

Leben im Kloster

Seit dem 5. Jahrhundert zogen sich Christen aus der Alltagswelt zurück, um ihr Leben in einem Kloster ganz Gott zu weihen. Der Tagesablauf von Mönchen und Nonnen vollzog sich in einer strengen Ordnung von Gebets- und Ruhezeiten. Klöster waren Zentren von Bildung und Wissenschaft, Landwirtschaft und Handwerk.

Seit dem 10. Jahrhundert

Die Klöster entwickeln sich zu kulturellen Zentren.

Das kann ich ...

Leben im Mittelalter

1 – Die Belehnung geistlicher und weltlicher Fürsten. Abbildung aus einer Sammlung von Rechtsgrundsätzen, dem „Sachsenspiegel", 13. Jh.

Q1 **Der Bischof Adalbero von Laon schrieb 1016:**
... So gliedert sich also das Haus des Herrn, obschon einheitlich dem Glauben nach, in drei Teile: Die einen beten, die anderen kämpfen, die dritten arbeiten. Diese drei ... sind untrennbar verbunden. Vom Dienst des einen hängt die Tätigkeit der beiden anderen ab, so unterstützen sich alle wechselseitig ...

2 – Der Marktplatz von Augsburg. Ausschnitt aus einem Gemälde von Jörg Breu dem Älteren, um 1530.

1. Mai
(Walpurgisnacht):
Lämmerzehnt

25. Mai
(Urbanstag):
Obst und Weinzehnt

24. Juni
(Johannistag):
Fleischzehnt

13. Juni
(Margaretentag):
Getreidezehnt

15. August
(Mariä Himmelfahrt):
Gänsezehnt

24. August
(Bartholomäustag):
Geldzins für Eier und Ge-
treide.

(Rechts im Bild ist der hl.
Bartholomäus dargestellt,
der am 24. August gehäu-
tet wurde.)

3 – Aus einem bäuerlichen Abgabenkalender. Buchmalerei, 14. Jh.

Wichtige Begriffe

Lehen

Stände

Grundherrschaft

Dreifelderwirtschaft

Bauer

Ritter

Mönch

Stadtherr

Bürger

Rat

Markt

Zünfte

Wissen und erklären

❶ ▣ Erklärt euch gegenseitig die wichtigen Begriffe.

❷ ▣ Beschreibt, mit welchen Mitteln ein mittelalterlicher König seine Herrschaft sicherte (Bild 1).

❸ ▣ Erklärt, welche Stände es im Mittelalter gab und wie ihr Verhältnis zueinander war (Q1).

❹ ▣ Schildert, warum die Bauern von einem Grundherrn abhängig wurden und was für Folgen dies hatte (Bild 3).

❺ ▣ Notiert jeweils über die Lebensumstände eines Adligen, eines Mönches oder eines Bauern Stichworte.

❻ ▣ Erklärt, wie sich das Leben in den Städten vom Landleben unterschied. Nehmt Bild 2 zu Hilfe.

Anwenden

❼ ▣ Lest die Situationskarte (Bild 4) und entwerft für ein Rollenspiel Rollenkarten mithilfe der Methodenseiten 224/225. Spielt das Rollenspiel vor der Klasse.

Beurteilen und handeln

❽ ▣ Führt eine Pro-und-Kontra-Diskussion als Bauern: Hat die Abhängigkeit vom Grundherrn Vor- oder Nachteile gebracht?

❾ ▣ Sucht in eurer näheren Umgebung nach Spuren des Mittelalters und berichtet der Klasse.

❿ ▣ Stellt euch gegenseitig die Eintragungen in eurem Portfolio vor.

Situationskarte

Der Schuhmacherlehrling Butzbach trifft sich nach der Messe am Sonntag mit anderen Schuhmacherlehrlingen. Sie erzählen sich gegenseitig von den schlechten Bedingungen ihrer Ausbildung und beschließen, sich bei der Zunft der Schuhmacher zu beschweren. Als sie vor die Zunftmeister treten, will der Lehrherr seinen Lehrling Butzbach ohrfeigen ...

4 – Situationskarte für ein Rollenspiel.

Methode

Gewusst wie ... arbeiten mit Methode

Methodenübersicht

Wir legen ein Portfolio an

Ein Portfolio ist eine Mappe, in der ihr gelungene Arbeiten zusammenstellt. Im Unterricht klärt ihr, über welchen Zeitraum und zu welchem Thema das Portfolio angelegt wird. Das Portfolio ist aber mehr als eine Sammelmappe". Bei der Arbeit mit dem Portfolio gehört es auch dazu, sich über seinen Lernweg, über Schwierigkeiten und persönliche Interessen Gedanken zu machen.

... und so wird's gemacht:

1 Absprachen treffen

Gemeinsam besprecht ihr vor Arbeitsbeginn mit eurer Lehrerin/eurem Lehrert:

– Das Thema, die Zeit, die zur Erarbeitung zur Verfügung steht, die Form (z. B. eine Mappe) und die Erwartungen an das Portfolio. Alles kann in einer Checkliste stehen, die auch Pflicht- und Wahlaufgaben enthält

– Die Beratung durch die Lehrerin/den Lehrer (wann und wie?) und die Bewertung (z. B. durch euch selbst, durch Mitschüler/innen und die Lehrkraft).

2 Das Portfolio erarbeiten und fertigstellen

Das Portfolio wächst und lässt sich sehen:

– Die Gliederung wächst mit den fertigen Arbeiten und die Gestaltung passt zum Thema.

– Die Lernerfahrungen (was war gut, was war schwierig) werden immer gleich bei der Arbeit aufgeschrieben.

– Die fertigen Portfolios liegen im Klassenzimmer zum Anschauen für alle aus und ihr gebt euch gegenseitig Rückmeldungen (Feedbacks).

3 Das Portfolio auswerten

Das Portfoliogespräch mit der Lehrkraft gibt euch eine Rückmeldung:

– Wie ist der Gesamteindruck? Ist euer Portfolio vollständig?

– Die Einzelheiten: Was ist euch schon gut oder sehr gut gelungen? Woran könnt ihr noch arbeiten?

– In einem Bewertungsbogen können Ergebnisse und Ziele für das nächste Portfolio festgehalten werden.

Ein Museum erkunden

Vielleicht macht ihr eine Exkursion in ein Museum, das euch über die Zeit der Römer in eurer Nähe informiert. Dort haben Archäologen und andere Wissenschaftler Gegenstände aus der Römerzeit rekonstruiert und ausgestellt. Bestimmt sind auch Originalgegenstände aus der Römerzeit zu sehen. Sicher könnt ihr im Museum eine Menge lernen, wenn ihr durch die Räume geht und euch die „Exponate" – so nennt man die ausgestellten Gegenstände – anseht und die dazu gehörigen Texte lest. Aber viele Museen haben auch weitere Angebote. Mehr und besser lernen könnt ihr, wenn euer Museumsbesuch gut vorbereitet ist.

... und so wird's gemacht:

1 Den Museumsbesuch vorbereiten
- Welches Museum bietet etwas zum aktuellen Thema an?
- Welche Fragen interessieren uns?
- Was wollen wir im Museum lernen, was wir auch in Büchern erfahren können?
- Welche besonderen Programme bietet das Museum an?
- Welche Prospekte oder Materialien stellt das Museum für die Vorbereitung des Museumsbesuchs zur Verfügung?
- Wie sollen die Informationsmöglichkeiten genutzt werden?

2 Den Museumsbesuch durchführen
- Was machen wir zuerst: besondere Angebote wie museumspädagogische Führungen, Filmvorführungen und Experimente oder eine allgemeine Erkundung des Museums?
- Was kann notiert und fotografiert werden? (nach Erlaubnis fragen)
- Wie werden vom Museum im Vorfeld zur Verfügung gestellte Materialien benutzt?

3 Auswertung und Vorstellung
- Wie sollen die Ergebnisse des Museumsbesuchs festgehalten werden?
- Wie erfährt jemand am besten etwas über unsere Ergebnisse, der selbst nicht mit im Museum war?
- Wie präsentieren wir unsere Erfahrungen und Ergebnisse?
- Was ist bei unserem Museumsbesuch gut verlaufen? Was hätten wir in der Vorbereitung oder Durchführung besser machen können?

Eine Internetrecherche durchführen

Zu jeder Stadt findet man Informationen im Internet. Viele Internetseiten über eine Stadt dienen der Orientierung in dieser Stadt heute oder zeigen, was man dort machen kann: Die Vielzahl der Informationen wird schnell unübersehbar.

Die Schritte 1 bis 3 sollen euch helfen, euch über die Geschichte einer Stadt im Internet zu informieren. Sie zeigen, wie ihr schnell an Informationen kommt und sie auswerten könnt.

.... und so wird's gemacht:

1 geeignetes Suchwort suchen
- Welches Suchwort hilft mir weiter?
- Mit welchem Suchwort bekomme ich nicht zu umfangreiche Informationen oder zu wenige Informationen?

2 Brauchbarkeit und Übersichtlichkeit prüfen
- Ist der Artikel überschaubar?
- Hat die ausgewählte Seite ein Inhaltsverzeichnis, das mich sofort zu einer brauchbaren Stelle führt?

3 Informationen auswerten
- Verstehe ich den Text?
- Kann ich das Gelesene mit eigenen Worten wiedergeben?
- Muss ich unbekannte Wörter klären? Wenn ja, welche?
- Was sind die „Schlüsselwörter", die mir beim Verstehen des Textes weiterhelfen?
- Welche Bilder verwende ich, um meine Informationen zu veranschaulichen?

Wir lesen und verstehen Sachtexte

Ergebnisse von Forschungen in der Geschichte werden oft in Sachtexten zusammengefasst. Diese Sachtexte lesen wir, wenn wir über die Ergebnisse der Untersuchungen etwas erfahren wollen. Die Fünf-Schritte-Methode zum Lesen und Verstehen von Sachtexten hilft euch, Sachtexte besser zu verstehen und deren Inhalt mit eigenen Worten wiederzugeben.

…. und so wird's gemacht:

1 **Überfliegen und Thema erfassen**
  – Um welches Thema geht es?
  – Was wisst ihr schon darüber?
  – Was möchtet ihr noch wissen?

2 **Fragen stellen**
  – Um welche Sorte von Text handelt es sich?
  – W-Fragen:
    Wer? – Was? – Wann? – Wo? – Wie? – Warum?

3 **Ein zweites Mal lesen**
  – Unterstreicht schwierige/unklare Textstellen und unbekannte Wörter.
  – Klärt diese Stellen in der Klasse oder mithilfe eines Lexikons oder des Internets.
  – Markiert die wichtigsten Wörter (Schlüsselwörter) im Text (Textmarker). Markiert sparsam.

4 **Zwischenüberschriften finden**
  – Notiert Überschriften für die einzelnen Abschnitte, die ihren Inhalt knapp zusammenfassen.
  – Passt eure Überschrift zum Inhalt des Abschnitts und zur Art des Textes?

5 **Inhalt wiedergeben**
  – Gebt mithilfe der Zwischenüberschriften und unterstrichenen Wörter den Inhalt des Textes wieder, in Stichworten oder wenigen, kurzen Sätzen.

Ein eigenes Urteil bilden

Eine Meinung zum Handeln von Menschen haben wir schnell. Urteile können unterschiedlich ausfallen, müssen aber vor allem immer gut begründet werden. Doch wie gelingt es, zu einem begründeten Urteil über Vorkommnisse in der Geschichte zu gelangen?

… und so wird's gemacht:

1 **Einen ersten Eindruck gewinnen**
  (Vorausurteil)
  – Was ist eure spontane Meinung zu dem Geschehen?
  – Haltet fest, was ihr denkt und fühlt, während ihr einen Text zum ersten Mal lest, oder von einem Problem hört.

2 **Ein begründetes Sachurteil treffen**
  – Wie ist das Handeln der Menschen aus ihrer Zeit heraus zu beurteilen?
  – Warum handelten die Menschen so? Was hat sie geprägt? (Gesetze, Religion …)
  – Gab es unterschiedliche Sichtweisen bei den Beteiligten?
  – Haben die Menschen ihre Ziele erreicht?
  – Hätten sie ihre Ziele auch anders erreichen können?

3 **Ein begründetes Werturteil formulieren**
  – Wie steht ihr zu den damaligen Problemen aus heutiger Sicht?
  – Ist das Handeln der Beteiligten aus eurer Sicht gerechtfertigt?
  – Würdet ihr ebenso oder ganz anders handeln? Warum?
  – Hatten die Ereignisse nach eurer Meinung gute oder schlechte Folgen?

Arbeit mit Textquellen

Neben den Texten der Autorinnen und Autoren gibt es in diesem Schulbuch auch andere Textquellen, die von früher lebenden Menschen stammen. Das können Berichte, Briefe, Gesetze oder auch Inschriften sein. Sie sind manchmal schwer zu verstehen, weil ihre Verfasser z. B. einseitig berichten oder etwas verschweigen. Man muss die Texte also gezielt befragen.

... und so wird's gemacht:

1 Fragen zum Verfasser
– Wer ist der Verfasser?
– Hat der Verfasser die Ereignisse, über die er berichtet, selbst erlebt?
– Versucht der Verfasser neutral zu sein oder ergreift er deutlich Partei für bestimmte Personen?

2 Fragen zum Text
– Um welche Art von Text handelt es sich: Bericht, Erzählung, Inschrift usw.?
– Welche Begriffe sind unbekannt? – Wo kann man eine Erklärung finden?
– Wovon handelt der Text?
– Welcher Gesichtspunkt steht im Mittelpunkt?
– Lässt sich der Text in einzelne Abschnitte gliedern? Welche Überschriften könnten sie erhalten?
– Wie lassen sich die Informationen des Textes kurz zusammenfassen?

3 Meinungen und Informationen des Verfassers unterscheiden
– Welche Sätze enthalten Sachinformationen, welche Sätze geben nur die Meinung des Verfassers oder sein Urteil wieder?
– Wie kann man diese Unterschiede erkennen?
– Lässt sich mit der Herkunft des Verfassers erklären, warum er einseitig berichtet?

Textquellen vergleichen

1 Jede Quelle einzeln erschließen
– Wer ist der Verfasser?
– Um welche Art von Text handelt es sich: Bericht, Erzählung, Inschrift usw.?
– Welche Begriffe sind unbekannt? Wo kann man eine Erklärung finden?
– Wovon handelt der Text?
– Lässt sich der Text in einzelne Abschnitte gliedern?
– Welche Überschriften könnten sie erhalten?
– Wie lassen sich die Informationen des Textes kurz zusammenfassen?
– Welche Sätze enthalten Sachinformationen, welche Sätze geben die Meinung des Verfassers oder sein Urteil wieder?

2 Fragen zur Glaubwürdigkeit des Textes
– Waren die Autoren Augenzeugen?
– Mit welchem zeitlichen Abstand zum Geschehen wurden die Texte verfasst?

3 Informationen und Meinungen vergleichen
– Stimmen die Textaussagen überein oder widersprechen sie einander?
– Wo liegen Unterschiede?
– Wie sind diese Unterschiede zu erklären (Perspektive, unterschiedliche Interessenlagen der Autoren)?

4 Weitere Informationen sammeln
– Braucht ihr weitere Informationen (z. B. Lexika oder Sachtexte)?

5 Ergebnisse formulieren
– Notiert eure Ergebnisse.
– Wie lassen sich die Ergebnisse des Quellenvergleichs deuten?

Geschichtskarten auswerten

Den Umgang mit Karten kennt ihr bereits aus dem Erdkundeunterricht. Im Geschichtsunterricht benutzen
wir Geschichtskarten. Sie behandeln ein bestimmtes
historisches Thema. Um eine Karte richtig „lesen" zu
können, muss man sich vor allem die Erklärungen in
der Kartenlegende ansehen.

… und so wird's gemacht:

1 Was wird dargestellt?
  – Welches Gebiet ist dargestellt? Welcher Kartenaus-
    schnitt wurde gewählt?
  – Welcher Zeitraum wird behandelt?
  – Um welches Thema geht es?

2 Wie wird das Thema dargestellt?
  – Welche Informationen bietet die Legende?
  – Was bedeuten die Flächenfarben?
  – Welche Symbole kommen vor?
  – Wie groß sind die Entfernungen (Maßstab)?

3 Welche Informationen oder Fragen ergeben sich
  aus der Karte?
  – Macht Aussagen zu einzelnen Punkten.
  – Formuliert eine Gesamtaussage der Karte.
  – Notiert offene Fragen.

Eine Erzählung verfassen

Menschen haben schon immer Geschichten erzählt,
um Wissen über die Vergangenheit weiter zu geben.
Viele dieser Erzählungen kennt ihr. So zum Beispiel die
griechischen und römischen Sagen und die Berichte
von Historikern über frühere Zeiten. Einige davon findet ihr in diesem Schulbuch. Ihr könnt auch selbst eine
historische Erzählung schreiben. Ihr müsst dann berichten, wie es wirklich gewesen ist. Das heisst, ihr
dürft nicht irgendwelche Geschichten frei erfinden. Ein
Satz wie: „Dann stieg Cäsar in sein Flugzeug und flog
nach Ägypten" ist in einer historischen Erzählung nicht
möglich. Ihr könnt also nur berichten, was ihr selbst
erlebt oder was ihr aus glaubwürdigen Berichten anderer erfahren habt. Wenn ihr nicht sicher wisst, wie es
wirklich war, dann müsst ihr das angeben durch ein
„vermutlich" oder „sicher wissen wir das nicht" oder
„vielleicht war es so …".

… und so wird's gemacht:

1 Thema der Erzählung festlegen
  – Über welches Thema will ich etwas erzählen?
  – Was soll im Mittelpunkt der Erzählung stehen?
  – Über welchen Zeitraum will ich erzählen, wie kann ich
    ihn eingrenzen?
  – Was gehört nicht zu der Erzählung mit diesem The-
    ma?

2 Fragen stellen
  – Welche Quellen und Berichte gibt es zu meinem The-
    ma?
  – Wo kann ich suchen? (Bibliothek, Archiv, Museum, In-
    ternet, Schulbuch)
  – Kann ich jemanden zu den Ereignissen befragen?

3 Spuren suchen
  – Wie beginne ich meine Erzählung? (weit ausholend,
    mit dem zentralen Ereignis, mit dem Denken oder
    Handeln einer Person?)
  – Wie verknüpfe ich einzelne Teile der Erzählung?
  – Wie mache ich deutlich, dass dieser Teil der Erzählung
    nicht durch Quellen belegt ist? (vermutlich, wahr-
    scheinlich, so könnte es gewesen sein)
  – Wie beende ich die Erzählung?

Wir untersuchen Bilder

Bilder sind Quellen. Gemälde und Wandmalereien enthalten oft Hinweise, was Menschen früher gedacht und erhofft haben, wie sie lebten und was sie sich wünschten. Deshalb sind diese Bilder für uns heute wichtige Quellen.

... und so wird's gemacht:

1 Die Einzelheiten eines Bildes möglichst genau beschreiben
 – Welche Personen/Gegenstände sind dargestellt?
 – Wie sind sie dargestellt? Kleidung, Frisuren usw. beachten.
 – Gibt es Unterschiede in der Darstellung (Größe/ Hautfarbe)?
 – Welche weiteren Gegenstände sind auf dem Bild zu sehen?
 – Aus welcher Zeit stammt das Bild? (Bildlegende beachten)

2 Zusammenhänge erklären
 – Welche Tätigkeiten üben die Personen aus?
 – Wie ist das Verhältnis der Personen zueinander?
 – Gibt es Merkmale, die eine besondere Bedeutung haben könnten?
 – Wie kann man das Thema des Bildes kurz zusammenfassen?

3 Zusätzliche Informationen über das Bild und die dargestellten Personen könnt ihr mithilfe des Internets bekommen.
 – Von wem wurde das Bild in Auftrag gegeben?
 – Was kann man über die dargestellten Personen aus anderen Quellen erfahren?
 – Gibt es noch andere Bilder zu diesem Thema?
 – Was verstehe ich nicht und wo finde ich dann noch weitere Informationen?

Eine Sachquelle untersuchen

Fast überall, vor allem aber in Museen und Ausstellungen, findet ihr Sachquellen, auch gegenständliche Quellen genannt. Sie sind neben Text- und Bildquellen die wichtigste und größte Gruppe historischer Überreste. Zu unterscheiden sind bewegliche Objekte, wie Werkzeuge, Einrichtungsgegenstände, Geld und Abzeichen, und ortsfeste Objekte, wie Gebäude.

Nicht alle der unten aufgeführten Fragen lassen sich bei der Untersuchung einer Sachquelle beantworten, da die hierzu nötigen Informationen oft fehlen.

... und so wird's gemacht:

1 Die Sachquelle beschreiben
 – Wie sieht das Objekt aus? Aus welchen Teilen besteht es?
 – Aus welchen Materialien ist es hergestellt?
 – Gibt es Verzierungen oder Inschriften (z. B. bei Münzen)?

2 Die Funktion der Sachquelle erkunden
 – Wozu wurde das Objekt genutzt?
 – Welche Hinweise ergeben sich aus ihm selbst?
 – Welche Hinweise liefert die Bildlegende (bzw. die Beschriftung im Museum)?
 – Welche weiteren Informationen stehen zur Verfügung (z. B. im Museum, aus Sachbüchern, Internet)?

3 Die geschichtliche Bedeutung der Sachquelle erschließen
 – Welche Rückschlüsse lässt die Sachquelle auf das Leben, Arbeiten und Wohnen der Menschen in jener Zeit zu?
 – Wie ist die Sachquelle zeitlich einzuordnen?

Ein Rollenspiel durchführen

In Rollenspielen könnt ihr versuchen, euch in die Situationen anderer Menschen zu versetzen. Sicher ist es schwer, sich vorzustellen, wie die Menschen früher gedacht haben. Trotzdem kann ein Rollenspiel dazu beitragen, Konflikte der Vergangenheit besser zu verstehen. Die folgenden Schritte sollen euch dabei helfen, selbst ein Rollenspiel zu entwickeln und zu spielen. Eine wichtiger Streitpunkt in der Geschichte der mittelalterlichen Städte war die Frage nach der Ausübung von Macht:

Wer hat welche Rechte?

Wer regiert?

Wer darf mitbestimmen?

… und so wird's gemacht:

1 Die Situationskarte schreiben

Auf einer Situationskarte wird die Ausgangslage beschrieben, z. B.:
- Um welches Problem oder um welchen Konflikt geht es?
- Wer ist an dem Konflikt beteiligt?
- Soll das Rollenspiel eine Lösung anbieten? Wenn ja, welche?
- Gibt es mehrere Lösungen oder keine Lösung?

2 Die Rollenkarten schreiben und verteilen
- Wer soll dargestellt werden? (Name, Alter, Beruf …)
- Welche Stellung hat die Person in der Gesellschaft?
- Welche Charaktereigenschaften hat die Person?
- Welche Interessen verfolgt die Person?

3 Das Rollenspiel vorbereiten
- Die Rollen werden verteilt.
- Wie begegnen sich die Personen?
- Wer gerät mit wem aneinander?
- Welche Personen verfolgen dieselben oder ähnliche Ziele?
- Wie könnte die Person anfangen zu sprechen?
- Wie endet das Rollenspiel?

4 Das Rollenspiel vorspielen und auswerten

Für die Spieler sind mehrere Beobachter zuständig. Sie achten auf folgende Fragen:
- Wird der Konflikt verständlich?
- Ist erkennbar, was welche Person warum will?
- Ist die Lösung glaubwürdig?
- Was kann geändert werden, damit der dargestellte Konflikt besser verstanden wird?

Wir erstellen ein Lernplakat

Ein Lernplakat dient der Ergebnissicherung eurer Arbeit. Ihr könnt damit wichtige Ergebnisse zusammenfassen und veranschaulichen. Mit einem Lernplakat könnt ihr ein Thema präsentieren, euren Mitschülern vorstellen und erläutern.

… und so wird's gemacht:

1 Thema auswählen

Orientiert euch, welche Themen zur Auswahl stehen. Entscheidet euch für ein Thema. Ihr könnt mit einem Partner oder in der Gruppe arbeiten.

2 Wahlthema erarbeiten

Arbeitet euer Wahlthema in Partnerarbeit oder Gruppenarbeit durch.
- Lest die Texte, betrachtet das Bildmaterial dazu.
- Bereitet das Lernplakat vor:
  Wie soll die Überschrift lauten?
- Welche Materialien werden benötigt?
  Stellt gemeinsam einen Arbeitsplan auf.

3 Material sammeln und auswählen

Sammelt Bilder, Texte und weitere Materialien zu eurem Lernplakat. Ihr könnt in Sachbüchern, in einem Lexikon oder im Internet über das Thema weiter recherchieren. Tragt eure Ergebnisse zusammen.

4 Das Lernplakat gestalten

Achtet dabei auf Folgendes:
- Die Überschrift muss gut lesbar sein.
- Die Bilder und Fotos müssen zum Thema passen.
- Es muss insgesamt gut erkennbar sein, um welches Thema es geht.
- Die Texte und die Bilder sollten so angeordnet sein, dass die Betrachter schnell das Wichtigste erfassen können.
- Das Lernplakat informiert und zeigt eure Arbeitsergebnisse. Ihr könnt mithilfe des Plakates das Thema erläutern (Kurzvortrag).

1928
mein Ururgroßvater bei der Feldarbeit

1945
meine Familie flüchtet aus dem Sudetenland

ca. 1985
meine Oma und meine Mutter an der Nordsee

2011
Geburt meiner Kusine Lena

1905
meine Ururgroßmutter

1945
Ende des Zweiten Weltkrieges

1952
mein Großvater im Kinderwagen

1972
Geburt meiner Mutter

2014
meine Schwester und ihre Freundinnen

Zeit — 1910 1920 1930 1940 1950 1960 1970 1980 1990 2000 2014

Wir erstellen eine Zeitleiste

Wenn ihr zu Hause in euren Fotoalben blättert, werdet ihr auf Bilder aus eurer Vergangenheit stoßen. Nicht an alles werdet ihr euch erinnern. Zu manchen Bildern können euch nur eure Eltern oder Großeltern etwas erzählen. Eure Fotografien sind wichtige Bildquellen eurer eigenen Geschichte. Wenn ihr sie zeitlich ordnet, könnt ihr mit ihnen eure Lebensgeschichte und die Geschichte eurer Familie darstellen. … und so wird's gemacht:

1 Bilder sammeln
 – Sucht zu Hause Bilder von eurer Familie.
 – Lasst euch dazu von euren Eltern und Großeltern aus deren Leben erzählen.

2 Fragen stellen
 – Sortiert ähnliche Bilder aus und macht Fotokopien von den ausgewählten Bildern.
 – Schreibt zu jedem Bild auf, aus welchem Jahr es stammt.
 – Berechnet, wie viele Jahre seitdem bis heute vergangen sind.

3 Zeitleiste anlegen
 – Nehmt eine Tapetenbahn und zeichnet darauf einen Zeitstrahl.
 – Unterteilt den Zeitstrahl auf der Tapetenbahn in mindestens zehn gleiche Abschnitte.
 – Schreibt von rechts nach links unter die Markierungen die Jahreszahlen 2010, 2000, 1990, 1980 …
 – Markiert dann die Jahreszahl des aktuellen Jahres.

4 Zeitleiste gestalten
 – Legt euer Bildmaterial auf und probiert verschiedene Gestaltungsmöglichkeiten aus.
 – Klebt die Bilder auf und beschriftet sie.

Im Internet etwas suchen

1 Am einfachsten ist es, wenn man die Adresse kennt. Sehr häufig wird inzwischen in Zeitungen, Zeitschriften und im Fernsehen die Internetadresse angegeben – sie beginnt mit „www". Achtet darauf, die Adresse genau anzugeben – vor allem die Punkte. Manche Adressen sind naheliegend: www.nrw.de

2 Viele Adressen sind hingegen unbekannt. Sie müssen über „Suchmaschinen" herausgefunden werden. Wichtige Suchmaschinen sind:
www.google.de,
www.metager.de,
www.yahoo.de
Und die bekanntesten Suchmaschinen für Kinder findet ihr unter:
www.blindekuh.de
oder
www.kiddysearch.de

Mit Suchmaschinen umgehen

1 Gebt den Namen der gewünschten Suchmaschine ein.

2 Auf der Startseite der Suchmaschine gebt ihr den Suchbegriff ein: „Steinzeit". Die Suchmaschine durchforstet das ganze Web und ihr erhaltet innerhalb kürzester Zeit auf dem Bildschirm eine Liste mit Internetadressen. An der Statuszeile könnt ihr ablesen, wie viele Einträge diese Liste umfasst.

3 Die Liste ist zu lang? Ihr könnt die Auswahl auch durch zwei oder mehr Suchbegriffe einschränken (z. B. „Jungsteinzeit": „Arbeitsteilung").

4 Sobald ihr eine vielversprechende Adresse habt, klickt ihr mit dem Mauszeiger auf diesen Link. Findet ihr unter der angezeigten Seite Informationen, die ihr zur Lösung der Fragestellung gebrauchen könnt, solltet ihr sie komplett oder in Auszügen auf der Festplatte des Computers speichern und ausdrucken. Gebt die Adresse dieser Seite als „Quelle" an, auch wenn nur Auszüge verwendet werden sollen.
Und Achtung: Jeder kann im Internet Inhalte ungeprüft veröffentlichen. Ihr müsst also auch prüfen, von wem die Informationen stammen und – soweit dies geht – ob sie sachlich richtig sind.

Eine Pro-und-Kontra-Diskussion führen

In einer Pro-und-Kontra-Diskussion werden unterschiedliche Positionen einander gegenübergestellt. Dabei müsst ihr auch Sichtweisen und Begründungen vertreten, die vielleicht nicht eurer eigenen Meinung entsprechen.

1 Vorbereitung
Zunächst müssen die Rollen festgelegt werden. Alle übrigen Schüler bilden das Publikum. Ein Moderator eröffnet und leitet die Diskussion.

2 Ablauf
Die Pro-und-Kontra-Diskussion kann in mehrere Phasen unterteilt werden. Bei der Eröffnung begrüßt der Moderator die Teilnehmer, erläutert die Spielregeln und nennt das Thema. Anschließend findet eine erste Abstimmung statt. Nun stellen die verschiedenen Gruppen ihre Meinung dar und begründen sie. Es können auch Sachverständige gehört werden. Im Anschluss an die Diskussion findet eine zweite Abstimmung statt.

3 Tipps zur Umsetzung
Ihr solltet vor der Diskussion bereits mit dem Thema vertraut sein und verschiedene Meinungen dazu kennengelernt haben.
Wichtig ist es, genau zuzuhören, auf die Argumente der Gegenpartei einzugehen und sie durch überzeugende Argumente zu entkräften.

Eine Collage erstellen

Collagen sind Bildplakate zu einem ausgesuchten Thema. Als Material könnt ihr Bilder aus Zeitungen und Zeitschriften ausschneiden, Fotos und Postkarten auf ein großes Blatt Papier kleben, aber auch selbst dazu malen und beschriften.

Tipps beim Plakate- und Folienerstellen

1 Überschrift
Jedes Plakat / jede Folie hat einen Namen.

2 Große Schrift
Nur so ist der Text auch lesbar. Bei Plakaten am besten dicke Stifte verwenden.

3 Struktur
Der Aufbau muss mit einem Blick erkennbar sein. Da helfen
– Blockbildung,
– Trennlinien,
– Kästen.

4 Sinneinheiten
Was inhaltlich zusammengehört, soll räumlich auch nah beieinander stehen.

5 Wichtiges hervorheben
Dies lässt sich durch farbige Schrift, Unterstreichen, Umrahmen oder Schraffieren erreichen.

6 Farben
Sie beleben das Plakat / die Folie. Pro Darstellung maximal drei Farben verwenden.

7 Bild schlägt Wort
Nicht nur Text, sondern auch Schemazeichnungen, Diagramme oder Bilder verwenden.

8 Mut zur Lücke
Auch Freiflächen sind Gestaltungselemente. Mindestens ein Drittel freilassen.

9 Fernwirkung
Aus mindestens fünf Metern Entfernung müssen Plakate noch gut lesbar sein. Bei Folien sollte dies auch vom hinteren Bereich des Raumes möglich sein.

Eine Mindmap erstellen

Eine Mindmap ist eine Gedankenlandkarte. Sie hilft, Informationen zu ordnen und besser im Gedächtnis zu behalten.
Bei einer Mindmap fängt man in der Mitte an. Mindmaps bestehen aus Hauptästen und Nebenästen.
Es werden immer nur Stichwörter aufgeschrieben.
Eine Mindmap zu erstellen, funktioniert in drei Schritten:

1 Nehmt ein unliniertes Blatt Papier und schreibt euer Thema / den zentralen Begriff in die Mitte des Blattes.

2 Überlegt, welche wichtigen Dinge / Oberbegriffe euch zu dem Thema einfallen. Von der Mitte ausgehend zeichnet ihr für jeden gefundenen Oberbegriff die Hauptstränge (Äste) und an jedem Ast notiert ihr den Oberbegriff.

3 Von den Ästen gehen Zweige ab, an denen ihr die untergeordneten Gesichtspunkte und Begriffe notieren könnt.
Tipp: Verwendet für Mindmaps immer Druckbuchstaben. Sie sind leichter zu entziffern als Schreibschrift.

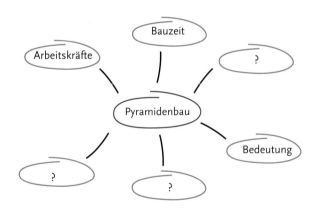

Ein Cluster erstellen

1 Schreibt in die Mitte eines leeren Blattes das Wort, zu dem ihr Ideen sammeln wollt. Kreist das Wort ein.

2 Schreibt nun die Wörter rund um das Wort auf, die euch genau jetzt in den Sinn kommen.

3 Verbindet die neuen Wörter durch Striche mit dem Kernwort.

Ihr könnt so viele Wörter aufschreiben, wie euch in ungefähr fünf bis zehn Minuten einfallen.

Fließdiagramme zeichnen

Mit Fließdiagrammen können Abläufe und Entwicklungen anschaulich dargestellt werden, z. B. einen Ausgangspunkt (Entwicklung des Vormenschen) und ein Ziel (Moderner Mensch in Europa). Dabei können die Fließdiagramme verschieden aussehen.

1 Variante 1

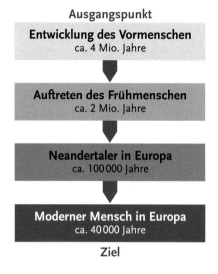

2 Variante 2

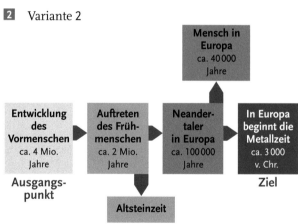

Mengendiagramme erstellen

Mit Mengendiagrammen kann man die Überschneidungen verschiedener Gruppen, Meinungen, Verfassungen usw. darstellen. Man kann so z. B. die Überschneidungen / Gemeinsamkeiten von Altsteinzeit-Jungsteinzeit, Katholiken-Protestanten untersuchen.

1 Mengendiagramm mit 2 Elementen

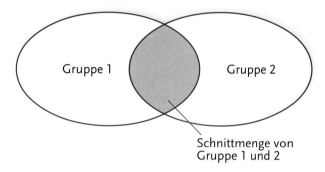

2 Mengendiagramm mit 3 Elementen

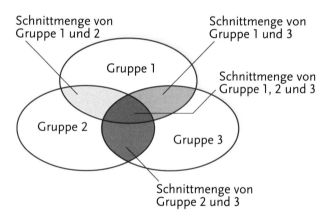

Ein Ereignis darstellen

Ein Ereignis mit einer Grafik darzustellen, verschafft einen schnellen Überblick über das Ereignis. Auf einen Blick könnt ihr entnehmen, warum, wann, wie, was, wo etwas geschah und wer beteiligt war.

Ursache-Wirkungs-Diagramme erstellen

Mit dem Ursache-Wirkungsdiagramm können zu einem Thema Ursachen und Wirkungen dargestellt werden, z. B. beim Thema „Metallzeit" hat die Ursache „Herstellung von Metallwerkzeugen" die Wirkung, dass sich die Werkzeuge viel langlebiger wurden.

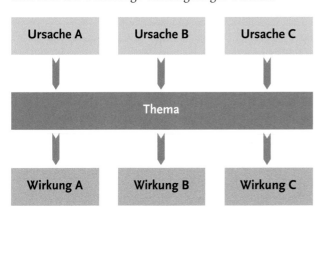

Geschehnisse als Ereigniskette darstellen

Mit der Ereigniskette können komplexe Geschehnisse in ihrer Abfolge anschaulich dargestellt werden. Es können statt vollständiger Sätze auch Stichworte verwendet werden.

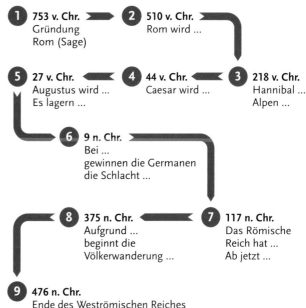

Biografien darstellen

Mit der folgenden Grafik könnt ihr Biografien übersichtlich und strukturiert darstellen:
- Welcher historische Hintergrund war für die ausgewählte Person wichtig?
- Welche Einflüsse wirkten auf sie ein?
- Welche Handlungen bzw. Leistungen hat sie erbracht?
- Welche Wirkungen hatten diese Handlungen bzw. Leistungen?

Lexikon

A

Abt/Äbtissin
Der/die von den Mönchen bzw. den Nonnen gewählte Vorsteher/in eines Klosters.

Abendland
Land im Westen, wo (scheinbar) die Sonne untergeht, d. h. West- und Mitteleuropa.

Adlige
Die Edlen – Angehörige einer in der Gesellschaft hervorgehobenen Gruppe, eines Standes, ausgestattet mit erblichen Vorrechten. Adliger konnte man von Geburt aus sein (Geburtsadel); Adliger konnte man aber auch werden, indem man im Dienst des Königs tätig war (Amts- oder Dienstadel).

Akropolis
(griechisch = die Hochstadt, Oberstadt). In den griechischen Städten die Burganlage, in der sich häufig auch der Tempel der Stadtgottheit befand.

Altertum/Antike
Umfasst den Zeitraum von etwa 3000 v. Chr. bis 500 n. Chr.

Altsteinzeit
Vor etwa 2 Millionen Jahren begann die Altsteinzeit. Sie endete mit der letzten Eiszeit um 9000 v. Chr. In dieser Zeit lebten die Menschen ausschließlich als Jäger und Sammler. Sie zogen in familienähnlichen Lebensgemeinschaften von etwa 20 bis 30 Personen umher. Ihre Geräte und Waffen stellten sie aus Steinen, Knochen und Holz her.

Archäologie
Die Altertumswissenschaft, die durch Ausgrabungen und Bodenfunde alte Kulturen erforscht. Viele Funde werden zufällig entdeckt, z. B. bei Bauarbeiten, und dann von Archäologen sorgfältig ausgegraben. Die Auswertung der Funde erfolgt im Labor.

Azteken
Hochkultur in Mittelamerika, deren Kultur von den spanischen Eroberern 1521 zerstört wurde.

B

Benediktiner
Mönche, die nach der Regel des heiligen Benedikt von Nursia leben. Die Benediktsregel war seit der Zeit der Karolinger die bestimmende Mönchsregel in Europa gewesen.

Berufe
Mit der Sesshaftwerdung der Menschen in der Jungsteinzeit entwickelte sich immer mehr eine Arbeitsteilung. So gab es zur Herstellung besonders schöner und guter Werkzeuge bereits Spezialisten. Händler übernahmen die Aufgabe, Rohstoffe und Waren zu transportieren oder fertige Geräte anzubieten.

Bischof
(weibl.: Bischöfin). In der christlichen Kirche der oder die leitende Geistliche eines größeren Bezirks. In der katholischen Kirche gibt es keine weiblichen Bischöfe.

Bronzezeit
um 3000–1000 v. Chr.: Die Verarbeitung von Bronze setzt sich zuerst im östlichen Mittelmeerraum für Werkzeuge, Waffen und Schmuck durch.

Bürger
Ursprünglich die Bezeichnung für die im Schutz einer Burg lebenden Menschen. Seit dem Mittelalter die Bezeichnung für die freien Stadtbewohner mit vollem Bürgerrecht. Seit etwa 1800 der Name für die Angehörigen eines Staates.

C

Cromagnon-Mensch
Bezeichnung für den anatomisch modernen Menschen (Homo sapiens) der letzten Eiszeit. Der erste Nachweis von Homo sapiens stammt aus der Zeit vor etwa 40 000 Jahren. Cromagnon war der Name einer Höhle in Frankreich, in der 1898 fünf Skelette dieser Menschenart gefunden wurden.

D

Demokratie
Die erste Demokratie (= Volksherrschaft) gab es in Athen im 5. Jahrh. v. Chr. In der Volksversammlung durften alle Bürger, d. h. alle Männer, abstimmen. Frauen, Fremde (Metöken) und Sklaven waren davon ausgeschlossen.

Dreifelderwirtschaft
Bei der Nutzung des Bodens wird das Ackerland dreigeteilt: Auf einem Teil wird Wintergetreide, auf dem zweiten Sommergetreide angebaut. Das dritte Feld bleibt ungenutzt („Brache"). In einem steten Wechsel werden die Felder dieser Reihenfolge bewirtschaftet.

E

Eiszeiten
Durch den weltweiten Rückgang der Temperaturen kam es in verschiedenen Epochen der Erdgeschichte zum Vorrücken von Gletschern. Von Nordeuropa kommend schoben sich die Eismassen immer weiter nach Mitteleuropa. Die Zeiträume zwischen den Eiszeiten nennt man Warmzeiten.

Eid des Hippokrates
Der griechische Arzt Hippokrates (460 v. Ch.–370 v. Chr.) gilt als Begründer der Medizin. Noch heute ist sein Eid Grundlage des Arztgelöbnisses.

Epoche
Zeitalter, ein größerer Abschnitt in der Geschichte.

Etrusker
So nannten die Römer ein antikes Volk, das zwischen 800 und 100 v. Chr. in Mittelitalien lebte. Deren Könige regierten Rom im 6. und im 5. Jahrhundert v. Chr.

F

Flusskultur
Die Lage am Nil und die Nutzung des Wassers waren zentrale Ursachen für die Entwicklung Ägyptens zur Hochkultur. Wir sprechen daher auch von einer Flusstalkultur.

Forum
Markt- und Versammlungsplatz in einer römischen Stadt.

Franken
Westgermanischer Stamm zur Zeit Chlodwigs. In seiner Blütezeit ansässig in dem Gebiet des Rheins bis an die Küste des Atlantischen Ozeans.

Frondienst
(althochdeutsch: fron = Herr). Dienste, die hörige Bauern ihrem Grundherrn unentgeltlich leisten mussten, wie z. B. säen, ernten, pflügen.

Fronhof
Herrenhof, Mittelpunkt einer Grundherrschaft.

Frühgeschichte
Aus dieser Zeit gibt es erste schriftliche Quellen, die jedoch für eine umfassende Geschichtsschreibung nicht ausreichen. Die Frühgeschichte beginnt etwa ab dem 3. Jahrtausend v. Chr.

G

Gallien
nannten die Römer das heutige Frankreich, Belgien, Teile Norditaliens und der Schweiz. Heute werden die Gallier auch Kelten genannt. Keltische Siedlungen gab es auch in anderen Gebieten Europas und im Mittelmeerraum.

Generation
Die Gesamtheit der Menschen, die innerhalb eines bestimmten Zeitabschnittes leben. Eine Generation umfasst die Zeitspanne, bis Kinder wieder Kinder bekommen. Das sind ungefähr 25 Jahre.

Germanen
Sammelbegriff für die Stämme mit germanischen Sprachen, die in der Metallzeit in Norddeutschland, Dänemark und Südschweden lebten.

Geschichte
Darunter wird alles verstanden, was in der Vergangenheit passiert ist.

Ghetto
Judenviertel. Der Name stammt aus dem Italienischen und war ursprünglich der Name des Judenviertels von Venedig.

Gilden
siehe Zünfte.

Grundherrschaft
Herrschaft über das Land und die Menschen, die auf ihm wohnten. Bauern erhielten vom Grundherrn Land, mussten dafür Abgaben entrichten und Dienste leisten.

H

Heloten
Zwangsarbeiter, die für die spartanischen Herren das Land bebauten. Als Sklaven waren sie Eigentum des spartanischen Staates.

Hierarchie
(griechisch = „heilige Herrschaft"). Eine Rangfolge oder stufenmäßig aufgebaute Ordnung, in der Befehle von oben nach unten gegeben und von der nächstniedrigen Stufe ausgeführt werden müssen.

Historiker/in
Wissenschaftler, der sich mit der Erforschung und Darstellung der Geschichte beschäftigt.

Hochkultur
Ein Zusammenschluss von Menschen zu einem Gemeinwesen (Staat), unter einer dauerhaften Herrschaft eines Königs. Schrift, Kunst, Recht und Religion zeichnen eine Hochkultur aus.

Höriger
Ein von seinem Grundherrn abhängiger Bauer. Er erhielt vom Grundherrn Land zur Bewirtschaftung und musste dafür Abgaben und Dienste leisten. Hörige waren an das ihnen übergebene Land gebunden und konnten zusammen damit verkauft oder verschenkt werden.

I

Investitur
(lat.: investitura = Einkleidung). Die Einsetzung in ein geistliches Amt. Im Mittelalter stritten Kaiser und Papst um das Recht zur Investitur von Bischöfen und Äbten.

J

Jungsteinzeit
Sie begann im Vorderen Orient um 9000 v. Chr., im heutigen Deutschland etwa um 5500 v. Chr., und dauerte bis etwa 3000 v. Chr. In dieser Zeit gingen die Menschen zum Feldbau und zur Tierhaltung über. Sie wurden sesshaft und lebten in Siedlungen.

K

Kaiser
Herrschertitel für einen „König der Könige". Das Wort leitet sich ab vom Ehrentitel „Caesar" der römischen Kaiser der Antike.

Kastell
Kleines, befestigtes Truppenlager der Römer, hauptsächlich am Limes zur Grenzsicherung eingerichtet.

Kelten
Sie bewohnten um 500 v. Chr. ein Gebiet, das sich von Ostfrankreich über West- und Süddeutschland bis nach Tschechien erstreckte. Von diesem Kerngebiet aus zogen im Laufe der Jahrhunderte immer wieder keltische Stämme bis nach Italien, Griechenland oder sogar Kleinasien. Andere drangen bis an die französische Mittelmeerküste vor, setzten nach England über und besiedelten auch Irland. In ihrem gesamten Herrschaftsbereich führten die Kelten den Gebrauch des Eisens ein. Woher sie die Kenntnis der Eisenverarbeitung hatten, ist bis heute nicht bekannt.

Kirchenbann
Durch den Kirchenbann wurde eine Person aus der Kirche ausgeschlossen. Einem Gebannten war es z. B. verboten, eine Kirche zu betreten, und er konnte auch nicht kirchlich bestattet werden. Kein Christ durfte mit einem Gebannten sprechen, Geschäfte betreiben usw. Nach auferlegter Buße konnte der Kirchenbann wieder aufgehoben werden.

Kloster
Kirche mit Wohn- und Wirtschaftsgebäude, abgeschlossen von der Umgebung. Hier beten und arbeiten Mönche bzw. Nonnen nach bestimmten kirchlichen Regeln. Klöster waren im Mittelalter Zentren der Bildung und Wissenschaft, hatten Vorbildfunktion für die Landwirtschaft und die Tierzucht.

Konkordat

Bezeichnung für einen Vertrag zwischen dem katholischen Kirchenstaat (Vatikan) und einem anderen Staat.

Konsuln

Die beiden obersten Beamten in der römischen Republik. Sie wurden von der Volksversammlung für die Dauer eines Jahres gewählt.

L

Lehen

(= Geliehenes). Im Mittelalter das Nutzungsrecht an einer Sache (Grundbesitz, Rechte, Ämter); es wird vom Eigentümer (Lehnsherrn) an einen Lehnsmann übertragen. Der Lehnsmann verspricht dem Lehnsherrn dafür die Treue und bestimmte Leistungen.

Lehnwörter

Aus einer fremden Sprache, z. B. aus dem Lateinischen, übernommenes (entlehntes) Wort, das sich in Aussprache und Schreibweise der übernehmenden Sprache angepasst hat.

Leibeigene Bauern

Bauern, die in völliger Abhängigkeit von ihrem Herrn lebten. Leibeigene durften ohne Genehmigung des Lehnsherrn weder wegziehen noch heiraten.

Limes

(lateinisch = Grenzweg). Grenzbefestigung der Römer mit Wällen, Gräben, Wachtürmen und Kastellen.

M

Markt

Handelsplatz, der mit dem Marktrecht ausgestattet war und eine eigene Rechtsordnung besaß. Der Marktherr (König, Bischof oder Fürst) garantierte den Marktfrieden und die Sicherheit. Streitigkeiten wurden vor einem eigenen Marktgericht verhandelt. Aus Marktplätzen entwickelten sich häufig mittelalterliche Städte.

Mesopotamien

Das Land zwischen den Flüssen Euphrat und Tigris. Um 3000 v. Chr. schufen die Sumerer hier eine der ersten Hochkulturen.

Metallzeit

Um 3000 v. Chr. setzte sich die Bronze bei der Verarbeitung für Waffen, Werkzeuge und Schmuck durch. Ab 1000 v. Chr. begann in Europa die Eisenzeit.

Metöken

(griechisch = Mitbewohner). Bewohner Athens, die vor allem in Handwerk und Handel tätig waren. Obwohl sie keine Sklaven waren, durften sie nicht an der Volksversammlung teilnehmen oder Land besitzen.

Missionare

(lat. missio = Auftrag, Sendung). Bezeichnung für Glaubensboten, die im Auftrag der Kirche den christlichen Glauben unter Nichtchristen verkündeten.

Mittelalter

Die Zeit zwischen Altertum und Neuzeit. Sie beginnt mit der Auflösung des Römischen Reiches (4. Jh.) und endet mit den Entdeckungen (um 1500).

N

Neandertaler

Eine Menschenart, die von etwa 130 000 bis 30 000 im Vorderen Orient und in Europa lebte. Benannt wurde sie nach einem Fund im Neandertal bei Düsseldorf.

Neolithische Revolution

Die Epoche der Jungsteinzeit (= Neolithikum) begann um 9000 v. Chr. In der Jungsteinzeit änderte sich das Leben der Menschen grundlegend. Sie lebten nicht nur vom Sammeln und Jagen, sondern ernährten sich von Ackerbau und Viehzucht. Sie wurden zunehmend sesshaft und wohnten in festen Siedlungen. Diese radikale Änderung der Lebensweise wird neolithische Revolution genannt.

Nil

Der längste Fluss der Erde misst vom Ursprung bis zur Mündung 6650 km. Das lange und schmale Niltal ist an manchen Stellen nur 1 km, nirgends mehr als 20 km breit. Der Nil ist ein Fluss, der auch im trockenen Ägypten Wasser führt, weil er aus einem niederschlagsreichen Gebiet kommt.

Nomaden

Die Jäger und Sammler der Altsteinzeit hatten keinen festen Wohnsitz, sondern wechselten im Laufe eines Jahres ihren Siedlungsplatz, um Gebiete aufzusuchen, in denen es ausreichend pflanzliche Nahrung und Tiere gab, die sie bejagen konnten.

O

Olymp

(griechisch = Olympus). Der Olymp ist ein Gebirge in Griechenland an der Grenze Thessaliens und Makedoniens. Es ist bis 2911 m hoch. Nach der Vorstellung der alten Griechen lebten auf den Gipfeln des Olymps die griechischen Götter.

Olympische Spiele

Sportliche Wettkämpfe, die zu Ehren des Gottvaters Zeus in Olympia veranstaltet wuden. 293 mal – von 776 v. Chr. bis 393 n. Chr. – konnten die Spiele in ununterbrochener Reihenfolge stattfinden. Danach wurden sie durch den römischen Kaiser Theodosius (347–395 n. Chr.) als heidnischer Brauch verboten. Der Franzose Baron de Coubertin (1863–1937) rief sie erst 1896 wieder ins Leben.

Orden

Gemeinschaft von Männern oder Frauen, die sich feierlich durch ein Gelübde verpflichten, ihr Leben in den Dienst Gottes zu stellen. Sie geloben Armut, ein eheloses Leben und Gehorsam gegenüber dem Abt bzw. der Äbtissin.

Orakelstätten

Hier befragten die alten Griechen ihre Götter. Gegen eine Gebühr erteilten Priester – im Auftrag der Götter – Vorhersagen über die Zukunft. Delphi gehörte zu den berühmtesten Orakelstätten in Griechenland. Seine Weissagungen ließen mehrere Deutungen zu. Orakel nannte man die Weissagungsstätte und die Weissagung selbst.

Oströmisches Reich

(auch: Byzantinisches Reich). Aus dem östlichen Teil des Römischen Reiches entstandenes Reich. Seine Blütezeit war im 6. Jahrhundert n. Chr. Es endete im Jahr 1453.

P

Papst

(lat. papa = Vater). Oberhaupt der katholischen Kirche.

Papyrus

An den Ufern des Nils ernteten die Ägypter die Papyrusstaude, ein Sumpfgras, das bis zu 6 m hoch wird. Aus dem Mark der Stängel stellten die Ägypter den Vorläufer des Papiers her. Die Schreiber zeichneten ihre Hieroglyphen auf den Papyrus. Einige Papyrusrollen waren über 20 m lang. Da es in Ägypten heiß und trocken ist, sind viele Schriftrollen bis heute gut erhalten und lesbar.

Patrizier

(lateinisch patres = die Väter). Der römische Adel. In der städtischen Gesellschaft des Mittelalters waren die Patrizier wohlhabende Bürger mit besonderen Vorrechten bei der Stadtregierung.

Pfalz

(lat. palatium = Palast) Da die mittelalterlichen Könige nicht von einer Hauptstadt aus regierten, sondern umherreisten (Reisekönigtum) gab es königliche Güter, in dem die Könige mit ihrem Gefolge auf Reisen untergebracht waren. Die Pfalzen waren keine Paläste, sondern große und gut befestigte Höfe. Sie dienten den Königen und ihrem Gefolge auch als Verwaltungssitz und Gerichtsort.

Pharao

Titel der ägyptischen Könige. Der Begriff bedeutet „großes Haus", das heißt Palast. Der Pharao war als Alleinherrscher oberster Herr aller Menschen am Nil. Ihm gehörten das Land, aber auch die Menschen und Tiere, die darin lebten. Es gab auch einige Frauen auf dem Pharaonenthron.

Plebejer

(lateinisch plebs = Menge, Masse). Freie Bauern, Handwerker, Händler und Kaufleute in Rom, die nicht zum römischen Adel gehörten.

Polis

(griechisch = Burg, Stadt; Mehrzahl: Poleis). Bezeichnung für die im alten Griechenland selbstständigen Stadtstaaten, z. B. Athen, Sparta, Korinth. Die Einwohner einer Polis verstanden sich als Gemeinschaft. Sie waren stolz auf ihre politische Selbstständigkeit und achteten darauf, wirtschaftlich unabhängig zu bleiben.

Proletarier

(lat. proles = die Nachkommenschaft) Bezeichnung der Römer für die Besitzlosen, die nichts außer ihrer Nachkommenschaft besaßen.

Provinz

Alle Besitzungen des römischen Staates außerhalb der Halbinsel Italien hießen Provinzen.

Pyramide

Grab- und Tempelformen verschiedener Kulturen. Im alten Ägypten waren dies mächtige Königsgräber für den Pharao. Die größte ist die Cheopspyramide (erbaut um 2540 v. Chr.).

Q

Quellen/Zeugnisse

Alle Überreste und Überlieferungen aus der Vergangenheit. Zu den **schriftlichen Quellen** zählen wir: Tagebücher, Inschriften, Verträge, Briefe, Urkunden ... Zu den Sachquellen gehören: Gefäße, Werkzeuge, Knochen, Baudenkmäler. **Bildliche Quellen** sind: Fotografien, Karten, Zeichnungen, Grafiken.

R

Reichsinsignien

(lat. insignia = Abzeichen) Abzeichen für einen Herrscher. Sie gehen auf römische Amtsabzeichen zurück. Die mittelalterlichen deutschen Herrscher sahen sich als Nachfolger der römischen Kaiser an. Dazu zählen: Zepter, Krone, Reichsapfel, Schwert und Heilige Lanze.

Republik

(von dem lateinischen Wort „res publica" = die öffentliche Sache). Der Begriff für eine Staatsform, in der das Volk oder ein Teil des Volkes die Macht ausübt.

Romanisierung

Häufig übernahmen die besiegten Völker die römische Lebensweise, indem sie sich z. B. kleideten, ernährten oder wohnten wie die Römer. Auch in der Bauweise ihrer Häuser ahmten sie das römische Vorbild nach. Diesen Vorgang bezeichnet man heute als Romanisierung.

S

Senat

(lateinisch senex = Greis). Rat der Ältesten, eigentliches Regierungsorgan in der römischen Republik.

Sesshaftwerdung

Der Übergang von der Alt- in die Jungsteinzeit war dadurch gekennzeichnet, dass die Menschen nicht mehr als nomadisierende Jäger und Sammler umherzogen, sondern sich an festen Plätzen niederließen, Häuser bauten sowie Ackerbau und Viehzucht betrieben.

Sippe

Bei den Germanen wurde die Großfamilie als Sippe bezeichnet: Alle durch Abstammung oder auch Eheschließung verwandten Menschen bildeten eine Gemeinschaft, die z. B. bei Blutrache gemeinsam handelte.

Staat

Als Staat wird eine Form des Zusammenlebens bezeichnet, bei der eine Gruppe von Menschen – das Volk – in einem abgegrenzten Gebiet nach einer bestimmten Ordnung lebt. Der ägyptische Staat gilt als einer der ersten Staaten, die wir kennen.

Staatsreligion

Offizielle und einzige Religion eines Staates. Keine anderen Religionen werden geduldet.

Stadtherr

Grundherr einer Stadt (Graf, Bischof, Herzog), der die Stadt auf seinem Gebiet gründete.

Stadtmauer

Mauer, die zum Schutz der Stadt errichtet wurde. Für ihren Bau und Erhalt erhob der Rat der Stadt eine Steuer.

Stadtrecht

Besondere Rechte einer Stadt, z. B. das Recht, sich eine Mauer zu bauen, das Recht, Münzen zu prägen oder das Recht, sich selbst zu verwalten.

Stamm

Eine lose Gruppierung von Familien und Sippen, die in ihrer Lebensweise viele Gemeinsamkeiten haben.

Stände

Gesellschaftliche Gruppen, die sich voneinander durch Herkunft, Beruf und eigene Rechte abgrenzen. Im Mittelalter unterschied man zwischen dem Stand der Geistlichkeit, des Adels und der Bauern. In der städtischen Gesellschaft kamen noch die Bürger hinzu.

T

Totengericht

Die Ägypter glaubten an ein Totengericht: Danach müssen sich die Menschen nach ihrem Tod vor einem Gericht der Götter für ihre Lebensführung verantworten. Hatte sich der Mensch im Leben nicht rechtschaffen verhalten, so musste er den „Zweiten Tod" sterben, der ihn endgültig auslöschte.

U

Urgeschichte

Darunter versteht man den Zeitraum vom Beginn der Menschheitsgeschichte bis um etwa 3000 v. Chr.. Für diesen Zeitraum gibt es keine schriftlichen Quellen.

V

Vasall

(keltisch = Knecht). Bezeichnung für einen Lehnsmann, der von einem Lehnsherrn abhängig ist. Es wird noch unterschieden zwischen Kron- und Untervasallen.

Verfassung

Eine Verfassung legt fest, welche Aufgaben und Rechte die Bürger haben und wer den Staat regiert. Sie kann eine „geschriebene Verfassung" sein, wie etwa das Grundgesetz der Bundesrepublik Deutschland.

Völkerwanderung

Umfangreiche Wanderbewegungen germanischer Völker zwischen 300 und 500 n. Chr.; aufgrund von Klimaverschlechterung, Hunger und Kriegen drängten die Germanen von Norden und Osten in das Römische Reich.

W

Wesir

Stellvertreter des Pharaos. Er war oberster Richter, Polizeichef und Heerführer.

Z

Zeitleiste

Damit wir die lange Geschichte der Menschheit überhaupt darstellen können, benutzen wir eine Zeitleiste. Sie ist eine Linie, auf der man Jahre, Jahrzehnte oder Jahrtausende einträgt.

Zeitzeuge

Eine Person, die in der Zeit, die beschrieben wird, gelebt hat und das Geschehen selbst miterlebt hat.

Zünfte

Zusammenschlüsse von Handwerkern einer Berufsrichtung in den mittelalterlichen Städten. Es galt der Zunftzwang, d. h. kein Meister durfte ohne Mitgliedschaft in einer Zunft seinen Beruf ausüben. Die Zünfte kümmerten sich auch um private Belange ihrer Mitglieder, z. B. um die Ausbildung der Kinder.

Jugend- und Sachbücher

Geschichte betrifft uns

▶ Hofmann, Mira/Humann, Wolfgang/ Clasen, Christoph: **Der Jugend Brockhaus** Geschichte.

▶ Muir Wood, Robert/Hayward, Tim: **Atlas der Urzeit und Dino saurier.** Tessloff, Nürnberg.

▶ Ziegler, Cornelia/Schellenberger, Hans. G.: **Die Erde.** Bindlach.

Leben in urgeschichtlicher Zeit

▶ Beyerlein, Gabriele: **Der goldene Kegel.** Stuttgart (Thienemann) 2007.

▶ Hohler, Franz: **Tschipo in der Steinzeit.** Eine abenteuerliche Traumreise, Ravensburg (Ravensburger Buchverlag) 2009.

▶ Korn, Wolfgang: **Detektive der Vergangenheit: Expeditionen in die Welt der Archäologie.** München (Bloomsburg) 2008.

▶ Lornsen, Dirk: **Tirkan.** Stuttgart (Thienemann) 1994.

▶ Ders.: **Rokal, der Steinzeitjäger.** Stuttgart (Thienemann) 1987.

▶ McIntosh, Jane: **Archäologie.** Die Erforschung versunkener Kulturen. Hildesheim (Gestenberg) 2005.

▶ Sülzenbacher, Gudrun: **Die Gletschermumie.** Mit Ötzi auf Entdeckungsreise durch die Jungsteinzeit. Wien (Folio) 2012.

▶ Sutcliff, Rosemary: **Scharlachrot.** Stuttgart (Freies Geistesleben) 2007.

Ägypten – Beispiel einer frühen Hochkultur

▶ Deary, Terry/Hepplewhite, Peter u. a.: **Allgemeinwissen für Schüler – Ägypter, Griechen, Römer.** Würzburg (Arena) 2005.

▶ Holler, Renée: **Tatort Geschichte.** Spurensuche am Nil. Bindlach (Loewe) 2008.

▶ Koenig, Viviane: **Das Leben der Kinder im alten Ägypten.** München (Knesebeck) 2006.

▶ Korn, Wolfang: **Das alte Ägypten.** Geheimnisvolles Land am Nil. Hildesheim (Gerstenberg) 2010.

▶ Kurth, Dieter: **Das alte Ägypten (= Was ist was, Band** 70). Nürnberg (Tessloff) 2010.

▶ Lenk, Fabian: **Geheimnis um Tutanchamun (= Die Zeitdetektive, Bd.** 5). Ravensburg (Ravensburger) 2006.

▶ McGraw, Eloise Jarvis u. a.: **Tochter des Nils.** Abenteuer-Roman, Weinheim (Beltz & Gelberg), Neuausgabe 2011.

▶ Putnam, James: **Mumien.** Hildesheim (Gerstenberg) 2005.

▶ Ders.: **Pyramiden.** Hildesheim (Gerstenberg) 2007.

▶ Sangl, Michaela/Holler, Renée: **Rettet den Pharao!** Bindlach (Loewe) 2012.

Griechenland in der Antike

▶ Evslin, Bernard: **Götter, Helden, Ungeheuer – Die Welt der griechischen Mythologie.** München (dtv) 2008.

▶ Holler, Renée: **Tatort Geschichte.** Unter den Augen der Götter. Ein Ratekrimi aus dem alten Olympia. Bindlach (Loewe) 2008.

▶ Hutter, Claus/Köthe, Rainer: **Demokratie (= Was ist was, Bd.** 103). Nürnberg (Tessloff) 2005.

▶ Kersten, Detlef/Berger, Ulrike: **Was Kinder wissen wollen.** Warum laufen Läufer links herum? Verblüffende Antworten über Sport und Olympia, Familie Media (Velber Buchverlag), 2008.

▶ Pearson, Anne/Christina Hartkamp: **Das alte Griechenland.** Kultur und Alltagsleben einer faszinierenden Epoche. Hildesheim (Gerstenberg) 2008

Zum Weiterlesen

Jugend- und Sachbücher

Das römische Weltreich

▶ Bachmann, Petra/Sonnabend, Holger: **Ruhmreiche Gladiatoren und mächtige Herrscher: 20 sensationelle Ereignisse der antiken Welt.** Weinheim (Beltz & Gelberg) 2008.

▶ Coulon, Gérard: **Das Leben der Kinder im alten Rom: Weltgeschichte für junge Leser.** München (Knesebeck) 2006.

▶ Elsner, Hildegard: **Die Germanen** (= Was ist was, Bd. 62). Nürnberg (Tessloff) 2012.

▶ Link, Fabian: **Tatort Geschichte.** Verschwörung gegen Hannibal. Ein Ratekrimi aus der Römerzeit, Bindlach (Loewe) 2006.

▶ Seidemann, Maria: **Das will ich wissen: Das alte Rom.** Würzburg (Arena) 2006.

▶ Dies.: **Der Sieg über Varus.** München (dtv) 2009.

▶ Schmauder, Michael: **Die Völkerwanderung** (= Was ist was, Bd. 67). Nürnberg (Tessloff) 2010.

▶ Smirnoff, Nikolai/Kliemt, Frank u. A.: **Gladiatoren** (= Was ist was, Bd. 82). Nürnberg (Tessloff) 2010.

▶ Stöver, Hans Dieter: **Mord auf der Via Appia/ Die Frau des Senators.** Bonn (Bocola) 2008.

▶ Sutcliff, Rosemary/Brone, Astrid von dem: **Der Adler der Neunten Legion.** München (dtv) 2011.

▶ Wierlemann, Sabine: **Das Geheimnis des roten Mantels.** Hildesheim (Olms) 2012

Leben im Mittelalter

▶ Adelmeyer, Anette: **Das Leben im Kloster.** Ein Benediktinermönch im Mittelalter. Petersberg (Imhof) 2007.

▶ Alexandre-Bidon, Danièle: **Das Leben der Kinder im Mittelalter.** München (Knesebeck) 2007.

▶ Bentele, Günther: **Leben im Mittelalter – Zwei Knappen und der Ruf des Königs.** Würzburg (Arena) 2010.

▶ Lenk, Fabian: **Der Mönch ohne Gesicht.** Bindlach (Loewe) 2008.

▶ Seidemann, Maria: **Das will ich wissen: Das Leben im Mittelalter.** Würzburg (Arena) 2008.

▶ Tarnowski, Wolfgang: **Ritter** (= Was ist was, Bd. 88). Nürnberg (Tessloff) 2010.

▶ Tielmann, Christian: **Die Zeitenläufer – Mit Volldampf ins Mittelalter.** München (cbj) 2011.

▶ Zitelmann, Arnulf: **Unter Gauklern: Abenteuer-Roman (Gulliver), Weinheim (Beltz & Gelberg) 2011.**

Leben in urgeschichtlicher Zeit

S. 30 M1: Filser, Hubert: Die Geburtsstunde des Urmenschen. In: Süddeutsche Zeitung, 9. April 2010, S. 16; **S. 30–31 M2:** Filser, Hubert: Die Geburtsstunde des Urmenschen. In: Süddeutsche Zeitung, 9. April 2010, S. 16; **S. 32 M1:** Owen, Linda R.: Männer jagen, Frauen kochen? In: Archäologisches Landesmuseum Baden-Württemberg (Hrsg.); Rau, Susanne (Red.): Eiszeit – Kunst und Kultur. Begleitband zur Großen Landesausstellung im Kunstgebäude Stuttgart, 18. September 2009 bis 10. Januar 2010, Osterfildern (Thorbecke) 2009, S. 159; **S. 32 M2:** Owen, Linda R.: Männer jagen, Frauen kochen? In: Archäologisches Landesmuseum Baden-Württemberg (Hrsg.); Rau, Susanne (Red.): Eiszeit – Kunst und Kultur. Begleitband zur Großen Landesausstellung im Kunstgebäude Stuttgart, 18. September 2009 bis 10. Januar 2010, Osterfildern (Thorbecke) 2009, S. 161; **S. 41 M1:** http://www.planet-schule.de/wissenspool/zurueck-indie-steinzeit/inhalt/hintergrund/soziales-leben-und-kultur-inder-jungsteinzeit.html (29.03.2011); **S. 49 M1:** Güven Purtul: Zeitreise durch die Pipeline. In: Süddeutsche Zeitung Nr. 99 vom 28./29. April 2012, S. 29; **S. 50 M1:** Rastbichler Zissernig, Elisabeth: Die Fundsache – eine Zufallsgeschichte? In: Fleckinger, Angelika (Hrsg.): Ötzi 2.0. – Eine Mumie zwischen Wissenschaft, Kult und Mythos. Stuttgart (Theiss) 2011, S. 50; **S. 51 M2:** http://www.iceman.it/de/node/24, © Südtiroler Archäologiemuseum (07.10.2014); **S. 51 M3:** Egarter-Vigl, Eduard: Kriminalfall Ötzi. In: Fleckinger, Angelika (Hrsg.): Ötzi 2.0. – Eine Mumie zwischen Wissenschaft, Kult und Mythos. Stuttgart (Theiss) 2011, S. 73 f.; **S. 54 M1:** zit. nach: Geo Kompakt, 2007 Nr. 13 (Die Steinzeit), S. 74, Was in der Steinzeit auf den Tisch kam

Ägypten – Beispiel einer frühen Hochkultur

S. 60 Q1: Assmann, Jan (Hrsg.): Ägyptische Hymnen und Gebete, Zürich (Artemis) 1975, S. 500 ff. (bearb.); **S. 64 M1:** Kurth, Dieter: Das alte Ägypten (= Was ist was, Bd. 70), Nürnberg (Tessloff) 2010, S. 25; **S. 66 M1:** Schlott, Adelheid: Schrift und Schreiber im Alten Ägypten, München (C. H. Beck) 1989, S. 53 ff.; **S. 67 Q1:** Brunner, Helmut: Altägyptische Weisheit, Darmstadt (Wissenschaftliche Buchgesellschaft) 1988, S. 153 ff. ; **S. 68 Q1:** Erman, Adolf/Ostenfeld-Lange, Hans: Papyrus Lansing – Eine ägyptische Schulhandschrift der 20. Dynastie, Bd. 10, Heft 3., Kopenhagen (Danske videnskabernes selskab, Historisk-filologiske meddelelser) 1925, S. 22 f.; **S. 70 Q1:** Brunner-Traut, Emma: Mädchenbildung und gesellschaftliche Stellung der Frau im Alten Ägypten: In: Johann Georg Prinz von Hohenzollern; Liedtke, Max (Hrsg.): Der weite Schulweg der Mädchen, Bad Heilbrunn (Verlag Julius Klinkhardt) 1990; **S. 71 M1:** Kurth, Dieter: Das Alte Ägypten (= Was ist Was? Band 70), Nürnberg (Tessloff) 2010, S. 42 und 45; **S. 72 Q1:** Herodot. Historien. Zitiert nach: Haussig, Hans Wilhelm (Hrsg.), Stuttgart (Kröner) 1957, S. 85. übers. von August Horneffer; **S. 72 Q2:** Hugo Gressmann (Hrsg.): Altorientalische Texte und Bilder zum Alten Testament, Berlin-Leipzig (de Gruyter & Co) 21926, S. 9 ff.; **S. 73 Q3:** Brunner-Traut, Emma: In: DIE ALTEN AEGYPTER – VERBORGENES LEBEN UNTER DEN PHARAONEN Verlag Kohlhammer 1976, S. 238; **S. 79 Q1:** Erman, Adolf/Ranke, Hermann: Ägypten und ägyptisches Leben im Altertum. Tübingen (J. C. B. Mohr) 1923, S. 141 f.; **S. 79 Q2:** Erman, Adolf/Ranke, Hermann: Ägypten und ägyptisches Leben im Altertum. Tübingen (J. C. B. Mohr) 1923, S. 141 f.; **S. 83 Q1:** Feix, Josef (Übers.): Herodot. Historien II, München (Heimeran) 1977, S. 203 ff.

Griechenland in der Antike

S. 91 Q1: Drees, Ludwig: Olympia – Götter, Künstler und Athleten. Stuttgart (W. Kohlhammer Verlag) 1967, S. 68 (gekürzt und zusammengefasst); **S. 92 M1:** Drees, Ludwig: Olympia – Götter, Künstler und Athleten, Stuttgart (W. Kohlhammer Verlag) 1967, S. 59; **S. 97 Q1:** Heitsch, Ernst (Hrsg. + Übers.): Die Fragmente. München (Artemis) 1983, S. 19 (bearb.); **S. 97 Q2:** Xenophanes: Aus den Elegien, in: Diels, Hermann (griechisch und deutsch): Die Fragmente der Vorsokratiker, Bd. 1. Berlin 1922, S. 54 ff.; **S. 98–99 Q1:** Thukydides II, 37–46: Zitiert nach: Kleinknecht, Wolfgang/Krieger, Herbert (Hrsg.): Materialien für den Geschichtsunterricht in den mittleren Klassen, Bd. 2: Altertum. Braunschweig (Diesterweg) 1982, S. 96; **S. 99 M1:** Weeber, Karl Wilhelm: Smog über Attika – Umweltverhalten im Altertum. Zürich, München (Artemis) 1990, S. 20; **S. 100 Q1:** Bux, Ernst (Hrsg. und Übers.): Xenophon – Die Sokratischen Schriften. Stuttgart (Kröner) 1956, o. S.; **S. 101 Q2:** Tarn, William: Die Kultur der hellenistischen Welt, Darmstadt (Wissenschaftliche Buchgesellschaft) 1966, S. 302. Übers. von Bayer, Gertrud; **S. 102 M1:** Miquel, Pierre/Probst, Pierre/Renwrantz, Heike (Übers.): So lebten sie im alten Griechenland, Hamburg (Tessloff) 1982, o. S.; **S. 102 Q1:** Bux, Ernst (Hrsg. und Übers.): Xenophon – Die Sokratischen Schriften, Stuttgart (Kröner) 1956, o. S.; **S. 104 Q1:** Arend, Walter (Bearb.): Geschichte in Quellen, Band 1: Altertum. Alter Orient – Hellas – Rom, München (bsv) 1970; **S. 105 Q2:** Ziegler, Konrad (Übers.): Plutarch. Große Griechen und Römer, Bd. 1. München (Artemis) 1954, S. 154 ff.; **S. 106 Q1:** Plutarch: Lykurgos 5 ff. (Übers. Von Jochen Martin), zit. nach Geschichtsbuch I. Berlin (Cornelsen) 1992, S. 78; **S. 109 Q1:** Herodot, Historien II. (Heimeran) München 1977, übersetzt von Josef Feix, Seite 78; **S. 109 Q2:** Herodot, Historien II. (Heimeran) München 1977, übersetzt von Josef Feix, Seite 78; **S. 113 Q1:** Plutarch, Aristides 7. Zitiert nach: Große Griechen und Römer. Eingel. und übers. Von Konrad Ziegler, Zürich/München (Artemis), 1954/7, S. 5 ff.

Das römische Weltreich

S. 121 Q1: Zwölfer, Norbert (Hrsg.): Geschichtsbuch 1, Neue Ausgabe, Berlin (Cornelsen) 1992, S. 134 f. (Livius); **S. 126 Q1:** Plutarch: Große Griechen und Römer Bd. 1, Tiberius Gracchus 9. Zürich/Stuttgart. Artemis. 1954; **S. 128 Q1:** Arend, Walter (Bearb.): Geschichte in Quellen, Bd. 1: Altertum. Alter Orient – Hellas – Rom, München (bsv) 1970, S. 35; **S. 129 Q2:** Arend, Walter (Bearb.): Geschichte in Quellen, Bd. 1: Altertum. Alter Orient – Hellas – Rom, München (bsv) 1970, S. 535; **S. 129 Q3:** Arend, Walter (Bearb.): Geschichte in Quellen, Bd. 1: Altertum. Alter Orient – Hellas – Rom, München (bsv) 1970, S. 535; **S. 130 Q1:** zit. nach: W. Kleinknecht / H. Krieger: Materialien für den Geschichtsunterricht, Bd. 2: Altertum. Frankfurt/Main (Diesterweg) 1978, S. 317 f.; **S. 130 Q2:** Willert, Helmut (Übers.): Tacitus: Annalen 1, 2; **S. 131 Q1:** Carcopino, Jérôme/Niemeyer, Wilhelm (Übers.): Rom – Leben und Kultur in der Kaiserzeit, Stuttgart (Reclam) 1977, S. 247; **S. 132 M1:** Carcopino, Jérôme/Niemeyer, Wilhelm (Übers.): Rom – Leben und Kultur in der Kaiserzeit, Stuttgart (Reclam) 1977, S. 247; **S. 134 M1:** Morvillez, Eric: Die Römer – Spuren der Geschichte, Königswinter (Fleurus) 2004, S. 34; **S. 135 Q1:** Arend, Walter (Bearb.): Geschichte in Quellen, Bd. 1: Altertum. Alter Orient – Hellas – Rom, München (bsv) 1965, S. 593; **S. 135 M2:** Schuller, Wolfgang: Frauen in der griechischen Geschichte. Konstanzer Bibliothek. Bd. 3. Konstanz (Universitätsverlag) 1985, S. 18; **S. 136 Q1:** W. Kleinknecht/H. Krieger: Materialien für den Geschichtsunterricht in mittleren Klassen. Bd. 2: Altertum. Frankfurt a. Main (Diesterweg) 1982, Seite 605; **S. 137 Q2:** Arend, Walter (Bearb.): Geschichte in Quellen, Bd. 1: Altertum. Alter Orient – Hellas – Rom, München (bsv) 1970, S. 667; **S. 137 Q3:** Juvenal, 3. Satire 60 ff. (übers. und bearb.); **S. 140 Q1:** Ziegler, Konrad (Übers.): Plutarch – Große Griechen und Römer, Bd. 1, München (Artemis) 1954, S. 347 f.; **S. 141 Q2:** Pohlenz, Max (Übers.): Seneca: Stoa und Stoiker, Zürich (Artemis) 1948, S. 265; **S. 143 Q1:** Ziegler, Konrad (Übers.): Plutarch. Große Griechen und Römer, Bd. 1. München (Artemis) 1954, S. 258; **S. 143 Q2:** Florus, Epitome 118, 14, zit. nach: Guarino, Antonio/Gullath, Brigitte (Übers.): Spartakus. Analyse eines Mythos. München (DTV) 1980, S. 126; **S. 143 Q3:** Veh, Otto (Übers.): Appian, Römische Geschichte I, S. 539 f., Stuttgart (Hiersemann) 1989, S. 93; **S. 144 Q1:** Arend, Walter (Bearb.): Geschichte in Quellen, Bd. 1: Altertum. Alter Orient – Hellas – Rom, München (bsv) 1970, S. 647; **S. 148 Q1:** Lindauer, Josef (Hrsg. und Übers.): Tacitus. Germania, München (dtv) 1979, S. 144 f.; **S. 149 Q2:** Lindauer, Josef (Hrsg. Und Übers.): Tacitus. Germania, München (dtv) 1979, S. 144 f.; **S. 152 Q1:** Veh, Otto (Übers.): Cassius Dio: Römische Geschichte. Zürich (Artemis) 1986, o. S.; **S. 153 Q2:** Kesting, Hermann: Arminius und die Varusschlacht. Freiburg (Rombach Buchverlag) 1961, o. S.; **S. 156 Q1:** Capelle, Wilhelm (Übers.): Das alte Germanien – Hieronymus an Ageruchias, Nr. 123, 16 f. Jena (E. Diederichs) 1929, S. 386; **S. 157 Q2:** http://www.spiegel.de/spiegel/ spiegelgeschichte/d-63823565.html (25.03.2011); **S. 158 Q1:** Das Neue Testament. Briefe des Paulus an die Römer 12, 9–15; **S. 158 Q2:** Gutschera, Herbert/Thierfelder, Jörg (Hrsg.): Brennpunkte der Kirchengeschichte. Paderborn (Schöningh) 1976, S. 88; **S. 159 Q3:** Gutschera, Herbert/Thierfelder, Jörg (Hrsg.): Brennpunkte der Kirchengeschichte. Paderborn (Schöningh) 1976, S. 88; **S. 161 Q1:** Plinius der Ältere, Naturalis Historia VI, 54, Übers. vom Verfasser (aus: Mosaik 1, S. 153, M3); **S. 165 Q1:** Giebel, Marion (Hrsg.): Augustus – Res gestae 1, Stuttgart (Reclam) 1975, S. 22 f., 34 f.

Leben im Mittelalter

S. 170 Q1: Lautemann, Wolfgang/Schlenke, Manfred (Hrsg.): Geschichte in Quellen, Bd. 2: Mittelalter, München (bsv) 1975, S. 27; **S. 171 Q2:** Quellen zur karolingische Reichsgeschichte 1, neubearb. v. Reinhold Rau unter Verwendung der Übersetzungen von O. Abel und J. v. Jasmund, Darmstadt (WBG) von 1955, S. 15; **S. 172 Q1:** Bühler, Johannes: Das Frankenreich. Frankfurt/M. (Insel) 1923, S. 393; **S. 173 Q2:** Lautemann, Wolfgang/Schlenke, Manfred (Hrsg.): Geschichte in Quellen, Bd. 2: Mittelalter. München (bsv) 1965, o. S.; **S. 174 Q1:** Lautemann, Wolfgang/Schlenke, Manfred (Hrsg.): Geschichte in Quellen, Bd. 2: Mittelalter. München (bsv) 1965, 147 f.; **S. 175 Q2:** Lautemann, Wolfgang/Schlenke, Manfred (Hrsg.): Geschichte in Quellen, Bd. 2: Mittelalter. München (bsv) 1965, o. S.; **S. 177 Q1:** Gansno, Francois Louis; Groh, Dieter und Groh, Ruth (Übers.): Was ist das Lehnswesen? Darmstadt (Wissenschaftliche Buchgesellschaft) 1989, o. S.; **S. 179 Q1:** zitiert nach Franz, Günther: Staatsverfassungen. München (Oldenbourg) 1964, S. 499–503; **S. 180 Q1:** Lautemann, Wolfgang/ Schlenke, Manfred (Hrsg.): Geschichte in Quellen, Bd. 2: Mittelalter. München (bsv) 1965, o. S.; **S. 181 Q2:** Lautemann, Wolfgang/ Schlenke, Manfred (Hrsg.): Geschichte in Quellen, Bd. 2: Mittelalter. München (bsv) 1965, o. S.; **S. 182 Q1:** Brackert, Helmut/

Christ, Hannelore/Holzschuh, Horst (Hrsg.): Literatur in der Schule, Bd. 1: Mittelalterliche Texte im Unterricht, München (C. H. Beck) 1972 und 1976, S. 153 f.; **S. 185 Q1:** Franz, Günther: Der Bauernstand im Mittelalter. Darmstadt (Wissenschaftliche Buchgesellschaft) 1967, S. 83 ff.; **S. 187 M1:** Goetz, Hans Werner: Leben im Mittelalter. München (C. H. Beck) 1986, S. 157; **S. 195 Q1:** Borst, Otto: Alltagsleben im Mittelalter, Frankfurt a. M. (Insel Verlag) 1965, S. 95; **S. 196 Q1:** Thornton, Thomas Perry/Schirokauers, Arno (Hrsg.): Höfische Tischzuchten. Texte des späten Mittelalters, Bd. 4. Berlin (E. Schmidt) 1957, S. 39 f.; **S. 203 M1:** http://www.ruhr-guide.de/rg.php/left/menu/mid/artikel/ id/3166/kat_id/1/parent_id/7/kp_titel/Ritterfestspiele%20 auf%20Burg%20Satzvey (28.04.2011); **S. 204–205 Q1:** Fässler, Franz (Hrsg.): Die großen Ordensregeln. Einsiedeln (Johannes Verlag) 1994, S. 149 f.; **S. 206–207 M1:** Zierer, Otto: Bilder der Jahrhunderte. München (Bertelsmann) 1969, S. 73 f.; **S. 207 M2:** http://www.abtei-gerleve.de/index.php?option=com_content& task=view&id=93&Itemid=124 (28.04.2011); **S. 208 M1:** Ackermann, Winfried: Wurzeln unserer Gegenwart, Bd. 2. München (Ehrenwirth) 1987, S. 46; **S. 209 M2:** Pleticha, Heinrich: Bürger, Bauern und Bettelmann. Würzburg (Arena) 1976, S. 11; **S. 210 M1:** Pleticha, Heinrich: Bürger, Bauern und Bettelmann. Würzburg (Arena) 1976, o. S.; **S. 210 M2:** Pleticha, Heinrich (Hrsg.): Deutsche Geschichte, Bd. 2. München (Bertelsmann) 1982; **S. 211 Q1:** Keutgen, Friedrich (Hrsg.): Urkunden zur städtischen Verfassungsgeschichte, Aalen (Scientia) 1965, S. 133; **S. 213 zu Schritt 3:** Seite „Geschichte der Stadt Münster“. In: Wikipedia, Die freie Enzyklopädie. Bearbeitungsstand: 3. März 2015, 14:16 UTC. URL: http://de.wikipedia.org/w/index.php?title=Geschichte_der_Stadt _M%C3%BCnster&oldid=139408778 (Abgerufen: 9. März 2015, 12:59 UTC); **S. 217 M1:** Siegfried, Anita: Auf der Gasse und hinter dem Ofen. Düsseldorf (Sauerländer) 1995, S. 40; **S. 217 Q1:** Lautemann, Wolfgang (Hrsg.): Weltgeschichte im Aufriss, Bd. 2, Braunschweig (Diesterweg) 1971, S. 73 f.; **S. 220 Q1:** Borst, Otto: Alltagsleben im Mittelalter. Frankfurt/M. (Insel) 1983, S. 223 f.; **S. 221 Q2:** Möncke, Gisela (Übers.): Quellen zur Wirtschafts- und Sozialgeschichte mittel- und oberdeutscher Städte im Spätmittelalter. Darmstadt (Wissenschaftliche Buchgesellschaft) 1982, Nr. 128; **S. 222 M1:** Thiedemann, Manfred: Die Bewohner einer Stadt, in: Entdecken und Verstehen Realschule Baden-Württemberg, Band 1, Cornelsen Verlag, Berlin 2004, S. 194; **S. 223 Q1:** Ripper, Werner: Weltgeschichte im Aufriss. Von den bürgerlichen Revolutionen bis zum Imperialismus, Bd. 2. Braunschweig (Diesterweg) 1974, S. 165; **S. 226–227 Q1:** Boccacchio, Giovanni: Das Dekameron. Die Novellen des ersten und zweiten Tages, Zürich (Diogenes) 1984, S. 8–13; **S. 227 M1:** http://www.luise-berlin.de/ bms/bmstext/ 9801prob.htm (28.04.2011); **S. 229 Q1:** Ehrlich, Ernst Ludwig: Geschichte der Juden in Deutschland, Düsseldorf (Econ) 1981, S. 30; **S. 230 Q1:** Teil a) Eitel, Peter (Bearb.)/Koppmann, Jan (Bearb.): Quellen zur Geschichte der Großen Ravensburger Handelsgesellschaft. 9. Lieferung, Ravensburg (Ravensburger Buchverlag) 1996, S. 11; **S. 230 Q1:** Teil b) zit. nach: Horst Buszello: Die Hanse. Die Große Ravensburger Handelsgesellschaft. Die Fugger. Materialheft. Paderborn (Schöningh) 1983, S. 27; **S. 234 Q1:** Epperlein, Siegfried: Bäuerliches Leben im Mittelalter. Köln (Böhlau) 2003, S. 245

Fotos

Cover: mauritius images/imageBROKER/Hans Blossey; **S. 2/l.:** mauritius-Images, Mittenwald/imagebroker/Rainer F. Steusslo/ Intro; **S. 2/r.:** Interfoto München (vormals Laenderpress, Düsseldorf); **S. 3:** picture-alliance/KPA; **S. 4/l.:** f1 online; **S. 4/r.:** The Bridgeman/Art Library; **S. 10–11/1:** mauritius-Images, Mittenwald/imagebroker/Rainer F. Steusslo/Intro; **S. 12/1:** picture-alliance/© dpa/Susannah V. Vergau; **S. 12/2:** bridgeman/Neil Holmes; **S. 13/3:** akg-images; **S. 13/4:** bridgeman Images; **S. 13/5:** Artothek Weilheim/Hans Hinz; **S. 13/6:** RelaXimages/Corbis; **S. 14/1:** mauritius images/Edmund Nägele; **S. 14/2:** Rainer Hackenberg/VISUM; **S. 14/3:** Glow Images; **S. 14/4:** Archäologisches Freilichtmuseum Oerlinghausen e.V.; **S. 14/5:** picture-alliance/Defodia; **S. 15/6:** akg-images/Rainer Hackenberg; **S. 15/7:** picture-alliance/chromorange/Rolf W. Hapke; **S. 15/8:** picture-alliance/Rainer Hackenberg; **S. 17/1 + 243/1:** akg-images/arkivi UG; **S. 17/2 + 243/2:** picture-alliance/dpa; **S. 17/3 + 243/3:** look-foto; **S. 17/4 + 243/4:** Shutterstock/Vanessa Nel; **S. 17/5 + 243/5:** mauritius images; **S. 17/6 + 243/6:** plainpicture; **S. 17/7 + 243/7:** Fotolia/Four happy teenage friends (copyright); **S. 20/1:** akg-images; **S. 20/2:** akg – images; **S. 20/3:** picture-alliance/Bildarchiv Hansmann; **S. 21/4:** INTERFOTO/Alinari; **S. 21/5:** bpk/Museum für Vor- und Frühgeschichte, SMB/Herbert Kraft; **S. 21/6:** bpk; **S. 21/7:** Peter Wirtz, Dormagen; **S. 21/8:** picture-alliance/© dpa-Fotoreport/Lehtikuva Oy; **S. 23/2:** Birgit Wenzel, Berlin; **S. 23/4:** Birgit Wenzel, Berlin; **S. 23/5:** Birgit Wenzel, Berlin; **S. 24/3:** mauritius/imagesbroker/Ingo Kuzia/Intro; **S. 25/5:** INTERFOTO/TV-Yesterday; **S. 25/6:** Interfoto/ARTCOLOR; **S. 29/5:** picture-alliance/Ton Koene; **S. 29/o. l.:** culture-images/Natural History Museum; **S. 29/o. m.:** YourPhotoToday/PM; **S. 29/o. r.:** akg-images/De Agostini Picture Lib.; **S. 34/1:** picture-alliance/Rheinisches Landesmuseum, Bonn/Atelier, WILD LIFE ART, Breitenau/WW; **S. 34/2:** Imago; **S. 36/1:** © National Geographic Society/ Corbis; **S. 36/2:** © Landesamt für Archäologie Sachsen, Dresden, Ch. Heiermann; **S. 36/2:** Institut für Ur- und Frühgeschichte, Universität Tübingen; **S. 37/3:** Institut für Ur- und Frühgeschichte, © Universität Tübingen/Juraj Liták; **S. 37/4:** © ROSENI Verlag/Martin Birker; **S. 37/5:** INTERFOTO/SuperStock/Fine Art Images; **S. 45 (Randspalte):** Peter Frankenstein, Hendrik Zwietasch, Landesmuseum Württemberg, Stuttgart; **S. 46/1:** www.federseemuseum.de; **S. 47/2:** picture-alliance/© dpa-Report; **S. 49/1:** Marc Steinmetz/VISUM; **S. 49/2:** picture-alliance/© dpa/ Jochen Lübke; **S. 50/1:** Paul Hanny; **S. 50/2:** mauritius images/ Alamy; **S. 51/3:** Südtiroler Archäologiemuseum – www.iceman.it; **S. 52/1, o. l.:** mauritius images/Alamy; **S. 52/1, l.m. + Randspalte.:** picture-alliance/LVR-LandesMuseum Bonn/Michael Theny; **S. 52/1, l. u.:** picture-alliance/dpa/Oliver Berg; **S. 52/1, o. r.:** Gustav-Lübcke Museum, Hamm; **S. 52/1, r. m.:** (Urne + Steinmesser) LWL-Archäologie für Westfalen/Prof.Dr. Michael Baales; **S. 52/1, u. r.:** Reuters/Siu Chiu; **S. 55/4:** picture-alliance/DEA/G. Dagli Orti; **S. 55/5:** © Landesamt für Archäologie Sachsen/Juraj Lipták; **S. 56–57/1:** Interfoto München (vormals Laenderpress, Düsseldorf); **S. 59/2:** Bildarchiv Preußischer Kulturbesitz, Berlin; **S. 59/3:** picture-alliance/Bildagentur Huber/Picture Finders; **S. 59/4:** picture-alliance/Travel Pix/Robert Harding World Imagery; **S. 60/1:** Andrea Hiesinger; **S. 64/1:** picture alliance/© dpa,

Foto: Susannah V. Vergau; **S. 64/2:** picturealliance/dpa/dpaweb; **S. 66/2:** bpk/Scala; **S. 69/2:** Francis Dzikowski/akg-images; **S. 69/3:** akg-images/Erich Lessing; **S. 69/4:** bridgeman; **S. 70/1:** Bildarchiv Preußischer Kulturbesitz, Berlin; **S. 70/2:** bpk/Scala; **S. 71/3:** bridgeman Images; **S. 73/2:** akg-images/Erich Lessing; **S. 75/1:** © Photo Scala Florenz; **S. 75/2:** akg-images/François Guénet; **S. 79/1:** akg-images/James Morris; **S. 81/1:** picture-alliance/ Travel Pix/Robert Harding World Imagery; **S. 81/3:** Interfoto München (vormals Laenderpress, Düsseldorf); **S. 81/4:** akg-images/Erich Lessing; **S. 82/1:** Jürgen Liepe; **S. 83/4:** Spielende Kinder, Seite 14 aus: Imke Rudel, Frag mich waS.Altes Ägypten. Illustriert von Emmanuelle Etienne© 2007 Loewe Verlag GmbH, Bindlach; **S. 84–85/1:** picture-alliance/KPA; **S. 87/2:** picture-alliance/ASA/Andreas Meier; **S. 87/3:** Bildarchiv Preußischer Kulturbesitz, Berlin/MoMa; **S. 87/4:** mauritius-images; **S. 88/1:** LOOK-Foto/Thomas Stankiewicz; **S. 91/2:** CEO Stiftung Archäologie, München; **S. 91/3:** look and learn/bridgeman Images; **S. 92/1:** akg-images; **S. 92/2:** akg-images; **S. 92/3:** akg-images; **S. 93/4:** picture-alliance/Sven Simon; **S. 93/5:** picture-alliance/dpa; **S. 93/6:** picture-alliance/Sven Simon; **S. 97/1:** akg-images; **S. 97/2:** akg-images; **S. 100/1:** picture-alliance/Artcolor; **S. 100/2:** akg-images/Erich Lessing; **S. 100/3:** akg-images/Erich Lessing; **S. 101/4:** akg-images/Peter Connolly; **S. 101/5:** Bildarchiv Preußischer Kulturbesitz, Berlin/Antikensammlung SMB/Jürgen Liepe; **S. 102/1:** akg-images/Erich Lessing; **S. 102/2:** akg-images/Erich Lessing; **S. 103/3:** bpk, Berlin/Antikensammlung, SMB/Johannes Laurentius; **S. 104/2:** akg-images/Peter Connolly; **S. 105/3:** akg-images/Erich Lessing; **S. 105/4:** Interfoto/AAAC; **S. 107/2:** Art Archive/images. de; **S. 107/3:** akg-images/Lessing, Erich; **S. 109/2:** Staatliche Antikensammlung, Glyptothek, München, Foto: Christa Koppermann; **S. 109/3:** akg/North Wind Picture Archives; **S. 110/1:** picture alliance/CHROMORANGE/TipsImages/Guido Alberto Rossi; **S. 110/2:** picture-alliance/Frank May; **S. 111/2:** Bildarchiv Preußischer Kulturbesitz, Berlin/MoMa; **S. 111/3:** picture-alliance/CHROMORANGE/TipsImages/Guido Alberto Rossi; **S. 111/4:** mauritius-images; **S. 112/2:** Picture-alliance/dpa/© VG Bild-Kunst, Bonn 2014; **S. 113/3:** akg-images; **S. 114–115/1:** f1online; **S. 116:** bpk Berlin/Scala; **S. 117/2:** INTERFOTO/NG Collection; **S. 117/3:** Okapia/Lineair-Karl F. Schöfmann/imageBROKER/OKAPIA; **S. 117/5:** Bildarchiv Foto Marburg; **S. 117/o.:** akg-images; **S. 118/1:** bpk Berlin/Scala; **S. 127/2:** Okapia/Lineair – Karl F. Schöfmann/imageBROKER/OKAPIA; **S. 128/1:** akg-images; **S. 128/l.:** Bildarchiv Preußischer Kulturbesitz, Berlin; **S. 129/2:** akg-images; **S. 131/2:** akg-images/Erich Lessing; **S. 134/1:** Bridgeman Art Library/A. Dagli Orti, De Agostini Picture Library; **S. 134/2:** Art Archive/images.de; **S. 135/3:** Scala Archives © 2011 Photo Scala; **S. 135/4:** Scala Archives © 2011 Photo Scala; **S. 136/1:** picture-alliance/akg-images; **S. 136/2:** picture-alliance/United Archives/DEA PICTURE LIBRARY; **S. 140/1:** bpk/Scala-courtesy of the Ministero Beni e Att. Culturali; **S. 141/3:** picture-alliance/Mary Evans Picture Library; **S. 141/4:** picture-alliance/Szenenfoto „Spartacus, USA 1960"; **S. 143/1:** picture-alliance/Ronald Grant Archive/Mary Evan; **S. 150/1:** Limesmuseum Aalen; **S. 153/2:** picture-alliance/Anke Fleig/Sven Simon; **S. 155/2:** LVR-Archäologischer Park Xanten/LVR-Römer-Museum/Axel Thünker DGPh; **S. 159/3:** picture-alliance/Jan

Haas; **S. 162/1:** picture-alliance/dpa; **S. 163/1:** bpk Berlin/Scala; **S. 163/3:** akg-images; **S. 163/4:** Limesmuseum Aalen; **S. 166–167/1:** The Bridgeman/Art Library; **S. 169/2:** Blickwinkel/McPhoto; **S. 169/3:** Bildarchiv Preußischer Kulturbesitz, Berlin/Lutz Braun; **S. 169/4:** akg-images/British Library; **S. 169/5:** akg-images; **S. 171/2:** akg-images; **S. 173/2:** Staatliche Münzsammlung München, Fotograf: Nicolai Kästner; **S. 173/3:** bpk/Münzkabinett, SMB/Karin März; **S. 175/2:** akg-images; **S. 175/3:** akg-images; **S. 177/2:** akg-images; **S. 180/1:** akg-images; **S. 181/2:** akg-images; **S. 181/3:** akg-images; **S. 182/1:** akg-images; **S. 183/2:** picture-alliance/akg-images; **S. 183/3:** picture-alliance/Prisma Archivo; **S. 184/1:** akg-images/British Library; **S. 186/1:** akg-images; **S. 187/2:** ullsteinbild-The Granger Collection; **S. 194/1:** picture-alliance/dpa-Zentralbild/Euroluftbild.de/Hans Blossey; **S. 194/2:** mauritius images/Edmund Nägele; **S. 194/3:** © Martin Jung/imageBROKER/Corbis; **S. 195/4:** akg-images; **S. 196/1:** akg-images; **S. 197/2:** The Bridgeman Art Library; **S. 198/1:** akg-images; **S. 198/2:** akg-images; **S. 199/3:** picturealliance/akg-images; **S. 199/4:** akg-images; **S. 201/1:** Deutsches Historisches Museum (Bildarchiv), Berlin; **S. 201/2:** bridgeman Images; **S. 201/3:** Bildarchiv Preußischer Kulturbesitz, Berlin, RMN (Jean-Gilles Berizzi); **S. 202/1:** www.ruhr-guide.de; **S. 202/2:** Der Fotoschmied – Michael „Mike" Goehre; **S. 203/3, l.:** Der Fotoschmied – Michael „Mike" Goehre; **S. 203/3, r.:** Der Fotoschmied – Michael „Mike" Goehre; **S. 205/o.:** © LEEMAGE/images.de; **S. 205/2., v.o.:** Bildarchiv Preußischer Kulturbesitz, Berlin; **S. 205/3.,v.o.:** akg-images/British Library; **S. 205/4.,v.o.:** Photo Scala, Florence - courtesy of the Ministero Beni e Att. Culturali; **S. 205/u.:** bpk/Hermann Buresch; **S. 206/1:** akg-images/British Library; **S. 206/2:** akg-images; **S. 207/3:** ullstein bild – imagebroker.net; **S. 208/1:** Akg-images/historic-maps; **S. 209/2:** Akg-images/De Agostini Picture Lib.; **S. 214/1:** Wolfgang Humann, Münster; **S. 214/l.:** Wolfgang Humann, Münster; **S. 215/3:** Stadtarchiv Soest; **S. 216/1:** Heinz-Joachim Draeger: Von Koggen und Kaufleuten © Convent Verlag GmbH Hamburg; **S. 218/1:** Bridgeman Giraudon; **S. 218/2:** Bridgeman Giraudon; **S. 219/3:** Bridgeman Giraudon; **S. 219/4:** akg-images/Electa; **S. 220/1:** akg-images/British Library; **S. 221/2:** akg-images; **S. 226/1:** Bridgeman/Bibliotheque de L´Arsenal, Paris, Archives Charmet; **S. 227/2:** ullsteinbild- Archiv Gerstenberg; **S. 228/1:** Volker Junker, Schutterwald; **S. 228/2:** akg-images/Stefan Drechsel; **S. 229/3:** Stadtarchiv Würzburg; **S. 230/2:** akg- images; **S. 232/1:** Thomas Berger-v. d. Heide, Göttingen; **S. 232/2:** Thomas Berger-v. d. Heide, Göttingen; **S. 233/2:** Akg-images/historic-maps; **S. 233/3:** picture-alliance/dpa-Zentralbild/Euroluftbild.de/Hans Blossey; **S. 233/4:** akg-images/British Library; **S. 234/1:** akg-images; **S. 234/2:** akg-images; **S. 235/3:** akg-images; **S. 236/u.:** Colourbox.com; **S. 237/o.:** Thomas Schulz, Teupitz; **S. 240/o.:** picture-alliance/Lehtikuva/Hehkuva; **S. 241/o.:** © Photo Scala, Florenz; **S. 242/o.:** Peter Wirtz, Dormagen; **S. 247/u.:** akg-images; **S. 257/1:** Gabriele Beyerlein: Der goldene Kegel © Thienemann Verlag, Stuttgart; **S. 257/2:** Wolfgang Korn: Das Alte Ägypten © Gerstenberg Verlag Hildesheim; **S. 258/1:** Arnulf Zittelmann: Unter Gauklern © Beltz Rübelmann Holding GmbH Co. KG, Hemsbach, 2011

Grafik/Illustration/Karte
S. 2/m.: Michael Teßmer, Hamburg; **S. 18/1:** A. Pflügner, Mörfelden-Walldorf; **S. 18/2:** A. Pflügner, Mörfelden-Walldorf; **S. 24/2:** A. Pflügner, Mörfelden-Walldorf; **S. 26–27:** Michael Teßmer, Hamburg; **S. 28/1:** Carlos Borrell, Berlin; **S. 29/2:** Michael Teßmer, Hamburg; **S. 29/3:** Michael Teßmer, Hamburg; **S. 29/4:** Thomas Binder, Magdeburg; **S. 30–31/1:** Michael Teßmer, Hamburg; **S. 32/1:** Michael Teßmer, Hamburg; **S. 32/2:** Michael Teßmer, Hamburg; **S. 33/3:** Michael Teßmer, Hamburg; **S. 35/3:** Carlos Borrell, Berlin; **S. 38/1:** Thomas Binder, Magdeburg; **S. 39/2:** Carlos Borrell, Berlin; **S. 40/1:** Michael Teßmer, Hamburg; **S. 41/2:** Michael Teßmer, Hamburg; **S. 42–43/1:** Michael Teßmer, Hamburg; **S. 44/1:** Michael Teßmer, Hamburg; **S. 45/2:** Michael Teßmer, Hamburg; **S. 52/1:** Carlos Borrell, Berlin; **S. 53/1:** Michael Teßmer, Hamburg; **S. 53/2:** Michael Teßmer, Hamburg; **S. 53/3:** Michael Teßmer, Hamburg; **S. 53/4:** Michael Teßmer, Hamburg; **S. 54/2:** Hans Wunderlich, Berlin; **S. 55/3:** Ika Gerrard, Hamburg; **S. 58/1:** Carlos Borrell, Berlin; **S. 61/2:** Michael Teßmer, Hamburg; **S. 62–63/1:** Michael Teßmer, Hamburg; **S. 65/3:** Michael Teßmer, Hamburg; **S. 66/1:** Klaus Becker, Oberursel; **S. 67/3:** Klaus Becker, Oberursel; **S. 68/1:** Klaus Becker, Oberursel; **S. 66 (Randspalte):** Klaus Becker, Oberursel; **S. 72/1:** Hans Wunderlich, Berlin; **S. 75/3:** Hans Wunderlich, Berlin; **S. 76/1:** Hans Wunderlich, Berlin; **S. 77 2** Klaus Becker, Oberursel; **S. 77/3:** Klaus Becker, Oberursel; **S. 77/4** Klaus Becker, Oberursel; **S. 77/5** Klaus Becker, Oberursel; **S. 80/1:** Carlos Borrell, Berlin; **S. 81/2** Klaus Becker, Oberursel; **S. 82/2:** CV Archiv; **S. 82/3:** Michael Teßmer, Hamburg; **S. 86/1:** Carlos Borrell, Berlin; **S. 87/5:** CV Archiv; **S. 89/2:** Carlos Borrell, Berlin; **S. 90/1 (Götterbilder, außer Hermes):** Matthias Pflügner, Berlin; **S. 90/1 (Götterbild, Hermes):** Thomas Binder, Magdeburg; **S. 94–95/1:** Michael Teßmer, Hamburg; **S. 98/1:** Carlos Borrell, Berlin; **S. 99/2:** Michael Teßmer, Hamburg; **S. 104/1:** Carlos Borrell, Berlin; **S. 106/1:** Michael Teßmer, Hamburg; **S. 108/1:** Carlos Borrell, Berlin; **S. 111/1:** Wdh von Seite 86/1, Michael Teßmer, Hamburg; **S. 112/1:** Michael Teßmer, Hamburg; **S. 116 1:** Wdh auf S. 163/2 Carlos Borrell, Berlin; **S. 114/115 (Collageelemente):** Michael Teßmer, Hamburg; **S. 117/4:** Hans Wunderlich, Berlin; **S. 119/2:** Klaus Becker, Oberursel; **S. 120/1:** Michael Teßmer, Hamburg; **S. 121/2:** CV Archiv; **S. 123/1:** Elisabeth Galas, Bad Breisig; **S. 123/2:** Elisabeth Galas, Bad Breisig; **S. 123/3:** Elisabeth Galas, Bad Breisig; **S. 123/4:** Elisabeth Galas, Bad Breisig; **S. 123/5:** Carlos Borrell, Berlin; **S. 124/1:** Carlos Borrell, Berlin; **S. 125/2:** Hans Wunderlich, Berlin; **S. 126/1:** Michael Teßmer, Hamburg; **S. 127/3:** Hans Wunderlich, Berlin; **S. 130/1:** Michael Teßmer, Hamburg; **S. 132/1:** Carlos Borrell, Berlin; **S. 133/2:** Carsten Märtin, Oldenburg; **S. 137/3:** Bettina Bick, Berlin; **S. 138–139/1:** Michael Teßmer, Hamburg; **S. 140/2:** Michael Teßmer, Hamburg; **S. 144/1:** Carlos Borrell, Berlin; **S. 145/2:** Klaus Becker, Oberursel; **S. 145/3:** Klaus Becker, Oberursel; **S. 146/1:** Michael Teßmer, Hamburg; **S. 147/2:** Michael Teßmer, Hamburg; **S. 148/1:** Bettina Bick, Berlin; **S. 149/2:** Bettina Bick, Berlin; **S. 151/2:** Michael Teßmer, Hamburg; **S. 152/1:** Elisabeth Galas, Bad Breisig; **S. 156/1:** Michael Teßmer, Hamburg; **S. 157/2:** Carlos Borrell, Berlin; **S. 158/1:** Carlos Borrell, Berlin;

S.159/2: Klaus Becker, Oberursel; **S.160/1:** Carlos Borrell, Berlin; **S.161/2:** Carlos Borrell, Berlin; **S.162/2:** Carlos Borrell, Berlin; **S.163/2:** Carlos Borrell, Berlin; **S.164/1:** Bettina Bick, Berlin; **S.164/2:** Carsten Märtin, Oldenburg; **S.165/3:** Carlos Borrell, Berlin; **S.168/1:** Carlos Borrell, Berlin; **S.170/1:** Carlos Borrell, Berlin; **S.172/1:** Carlos Borrell, Berlin; **S.174/1:** Carlos Borrell, Berlin; **S.176/1:** Michael Teßmer, Hamburg; **S.178/1:** Carlos Borrell, Berlin; **S.185/2:** Michael Teßmer, Hamburg; **S.188–189/1:** Michael Teßmer, Hamburg; **S.190 (Randspalte):** Klaus Becker, Oberursel; **S.190/1:** Heimann und Schwantes, Berlin; **S.191/2:** Heimann und Schwantes, Berlin; **S.191/3:** Heimann und Schwantes, Berlin; **S.191 (Randspalte):** Klaus Becker, Oberursel; **S.192–** **193/1:** Klaus Becker, Oberursel; **S.204/1:** Thomas Binder, Magdeburg; **S.205/2:** CV Archiv; **S.210/1:** Bettina Bick, Berlin; **S.211/2:** CV Archiv; **S.220/1:** CV Archiv; **S.214/2:** Carlos Borrell, Berlin; **S.217/2:** Carsten Märtin, Oldenburg; **S.217/3:** Carsten Märtin, Oldenburg; **S.222/1:** Michael Teßmer, Hamburg; **S.223/2:** Michael Teßmer, Hamburg; **S.230/1:** Michael Teßmer, Hamburg; **S.231/3:** Carlos Borrell, Berlin; **S.233/1:** Carlos Borrell, Berlin; **S.244/u.:** Elisabeth Galas, Bad Breisig; **S.245/l. + r.:** Elisabeth Galas, Bad Breisig; **S.246:** Elisabeth Galas, Bad Breisig; **S.247:** Elisabeth Galas, Bad Breisig; **Klappenkarten Umschlag:** Carlos Borrell, Berlin

Projektleitung:	Dr. Christine Keitz
Redaktion:	Uschi Pein-Schmidt, Sickte
Illustration/Grafik:	Klaus Becker, Oberursel; Bettina Bick, Berlin; Thomas Binder, Magdeburg; Elisabeth Galas, Bad Breisig; Ika Gerrard, Hamburg; Carsten Märtin, Oldenburg; A. Pflügner, Mörfelden-Walldorf; Matthias Pflügner, Berlin; Michael Teßmer, Hamburg; Hans Wunderlich, Berlin
Karten:	Carlos Borrell, Berlin
Bildassistenz:	Christina Sandig, Svea Schade, Franziska Becker
Gesamtgestaltung:	Heimann und Schwantes, Berlin
Technische Umsetzung:	zweiband.media, Berlin

Das Umschlagbild zeigt ein rekonstruiertes Kolosseum im Archäologischen Park Xanten.
Imagesmauritius images/imageBROKER/Hans Blossey

www.cornelsen.de

Die Links zu externen Webseiten Dritter, die in diesem Lehrwerk angegeben sind, wurden vor Drucklegung sorgfältig auf ihre Aktualität geprüft. Der Verlag übernimmt keine Gewähr für die Aktualität und den Inhalt dieser Seiten oder solcher, die mit ihnen verlinkt sind.

1. Auflage, 1. Druck 2015

Alle Drucke dieser Auflage sind inhaltlich unverändert und können im Unterricht nebeneinander verwendet werden.

Druck: Mohn Media Mohndruck, Gütersloh

ISBN 978-3-06-065052-1

PEFC zertifiziert
Dieses Produkt stammt aus nachhaltig bewirtschafteten Wäldern und kontrollierten Quellen.
www.pefc.de
PEFC
PEFC/04-31-1033

Exkursionsziele: Spuren des mittelalterlichen Nordrhein-Westfalen

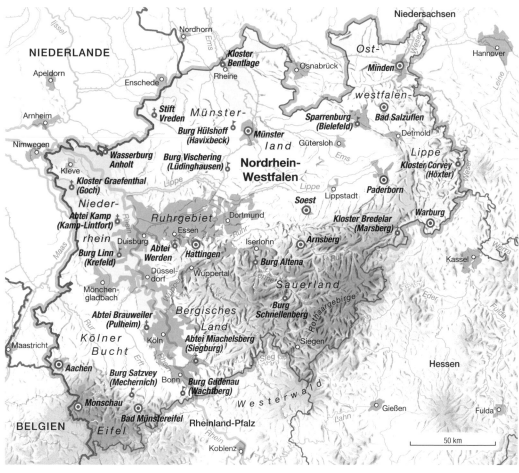

⊙ Städte mit erhaltenem mittelalterlichen Stadtkern (Auswahl)
♗ bedeutende mittelalterliche Burgen
♟ bedeutende mittelalterliche Klöster

Darum geht es ...

▶ Beispiele und Starthilfen

informieren (erkundigen, herausfinden, befragen)

Selbstständig Informationen über Geschichte beschaffen (z. B. durch Lexika, Fachbücher, Internet, Museen, Expert/innen ...) und sachlich vorstellen.

- Überlegt, woher ihr die gesuchten Informationen beschaffen könnt.
- Klärt, wie ihr die Infos verarbeiten wollt (z. B. mündlich als Referat, schriftlich ... .)
- Haltet alle Infos z.B. als Notiz, Skizze ... fest.
- Gebt immer eure Quellen an.

↗ **Informationen, Daten ...**

Referat: Caesar

▶ *Mithilfe dieser Mindmap möchte ich euch über Caesar berichten ... Meine Informationen habe ich aus ...*

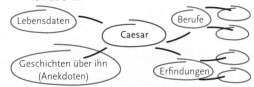

nennen (aufzählen, notieren)

In knapper und übersichtlicher Form einzelne, korrekte Informationen zusammenzutragen.

- Beginnt mit einer Überschrift, dem Thema.
- Ordnet die Informationen übersichtlich.
- Eine Tabelle kann hilfreich sein.
- Fasst euch kurz.

↗ **Informationen in Texten, Schaubildern ...**

Techniken in urgeschichtlicher Zeit

▶

Altsteinzeit	Jungsteinzeit	Metallzeit
Jagen	Töpfern	Erzabbau
Sammeln	Weben	Schmelzen
...	...	...

spielen (sprechen als, handeln als ...)

Sich in eine Situation in der Vergangenheit hineindenken, sie aus der Sicht der Beteiligten einschätzen und entsprechend handeln.

- Verschafft euch Informationen über die Zeit und die Beteiligten, über ihre Bedeutung, Ziele, Wünsche, Möglichkeiten, Grenzen ... .
- Schätzt die Situation aus der Rolle, die ihr übernehmt, ein. Was könnten die Beteiligten gedacht und gesagt haben?
- Sprecht euch über den Ablauf des Spiels, über den Beginn und den Abschluss ab. Fertigt Notizen an.

↗ **Situationen, Konflikte, Gespräche, Reden ...**

Begegnung von altsteinzeitlichen und jungsteinzeitlichen Menschen

▶ *Beginn: Gegenseitiges Betrachten, Neugier, Ablegen der Waffen ...*
▶ *Einladung an die Gäste, gemeinsames Essen ...*
▶ *Hauptteil: Fragen an die Dorfbewohner zum Hausbau, Werkzeugen, Schmuck ...*
▶ *Gegenseitiges Berichten über Lebensgewohnheiten, dabei jeweils die Vorteile betonen ...*
▶ *Personen mit besonderen Fähigkeiten berichten ...*
▶ *Abschluss: Gäste ziehen friedlich ab ...*

vergleichen

Wesentliche Übereinstimmungen und Unterschiede finden, vorstellen und im geschichtlichen Zusammenhang begründen.

- Verschafft euch einen Überblick über das, was zu vergleichen ist, Stichwörter sind hilfreich.
- Ordnet nach 1. Übereinstimmungen und Ähnlichkeiten und 2. nach Unterschieden, Widersprüchen, Gegensätzen.
- Eine Tabelle kann sinnvoll sein.
- Beachtet die jeweilige Zeit und die Umstände.

↗ **Zeiträume, Entwicklungen, Vorstellungen ...**

Vergleich: Vorstellungen vom Leben ...

▶

Ägyptische Vorstellungen	Meine Vorstellung
Ein Leben nach dem Tod	
ja	ja
Anzahl der Götter	
Viele mit bestimmten Aufgaben	Ein Gott, ...

zusammenfassen (zusammentragen, wiedergeben)

Wesentliches herausfinden, Informationen knapp und richtig in Satzform und mit eigenen Worten wiedergeben.

- Sucht (im Text) wesentliche Informationen.
- Formuliert in knapper Form.
- Schreibt nicht aus dem Buch ab, sondern erstellt eigene Texte.

↗ **Informationen in Texten, Grafiken ...**

Erkenntnisse der Wissenschaftler über ...

▶ *„Ötzi" lebte vor etwa ... und wurde zirka ...*
▶ *Zu seiner Kleidung gehörten ...*
▶ *Für einen gewaltsamen Tod sprechen ...*